MAX CAMEO

VONNE STRASSE INNEN WALD

VONNE STRASSE INNEN WALD

MAX CAMEO

Mein krasser Weg vom Gangster zum Naturschützer

riva

Bibliografische Information der Deutschen Nationalbibliothek
Die Deutsche Nationalbibliothek verzeichnet diese Publikation in der Deutschen Nationalbibliografie. Detaillierte bibliografische Daten sind im Internet über http://dnb.d-nb.de abrufbar.

Für Fragen und Anregungen
info@m-vg.de

Wichtiger Hinweis
Ausschließlich zum Zweck der besseren Lesbarkeit wurde auf eine genderspezifische Schreibweise sowie eine Mehrfachbezeichnung verzichtet. Alle personenbezogenen Bezeichnungen sind somit geschlechtsneutral zu verstehen.

Originalausgabe
1. Auflage 2023

Türkenstraße 89
80799 München
Tel.: 089 651285-0
Fax: 089 652096

Redaktion: Oliver Uschmann
Umschlaggestaltung: Maria Verdorfer
Umschlagabbildungen und Abbildungen Innenteil: Marcia Dambowy; Shutterstock.com: watin; CS Stock; Benita Bola; Silvanoi Brunner; Johannes Da Costa; Friedrich Hahne; Max Hahne; Susanne Hahne; Marcel Koch; Marvin Messam; Dawid Rogaszweski; Adrian Usher
Satz: abavo GmbH, Buchloe
Druck: CPI
Printed in the EU

ISBN Print 978-3-7423-2420-7
ISBN E-Book (PDF) 978-3-7453-2179-1
ISBN E-Book (EPUB, Mobi) 978-3-7453-2180-7

Wir produzieren nachhaltig
www.m-vg.de

Weitere Informationen zum Verlag finden Sie unter
www.rivaverlag.de
Beachten Sie auch unsere weiteren Verlage unter www.m-vg.de

Inhalt

Rosa, ich liebe Deine reine Seele und die Gabe, die Schönheit in allem zu sehen.

Marcia, Du hast mich aufgefangen, mich stark gemacht, das ist auch Dein Buch.

Mama, Danke, dass Du alles mit Begeisterung teilst, was ich mache.

Papa, ich bin stolz auf Dich und darauf, wie wir heute sind.

Anmerkung des Autors:
Die meisten der hier im Buch auftauchenden Personen wurden aufgrund des Schutzes ihrer Persönlichkeit namentlich verfremdet. Ähnlichkeiten mit lebenden oder toten Personen sind rein zufällig und keineswegs beabsichtigt.

Prolog

Manchmal spüre ich noch den kalten Stahl an meiner Schläfe. Höre, wie der Hahn des Revolvers gespannt wird. Mir fährt derselbe Gedanke wie damals durch den Kopf. »Scheiße Max, dieses Mal kommst du damit nicht davon.« Diese Gedanken, sie kommen seltener. Ich habe jetzt innere Ruhe gefunden. Lass mich dich mitnehmen an den Ort, an dem ich Glück und Geborgenheit fand.

Am schönsten ist es in meinem Wald, wenn der Frühling die Welt begrüßt und der kalte Winter den Rückzug antritt. Ich stampfe dann über den Boden, der feucht ist vom geschmolzenen Schnee, auf die Anhöhe, von der ich den Wald überblicken kann. Wenn ich nach oben in den blauen Himmel schaue, sehe ich die Schwärme der Zugvögel, die aus dem Süden heimkommen. Ich sehe, wie das Grün zurückkehrt, wie das Leben erwacht. Höre die Rufe der Spechte und den des Kuckucks. Beobachte die Eichhörnchen, wie sie flink von Ast zu Ast springen. Und manchmal, wenn es im Wald ganz ruhig ist, blicke ich in die scheuen Augen eines jungen Rehs, das sich zwischen den Zweigen versteckt.

Wenn ich an solchen Frühlingstagen zwischen den Stämmen der Bäume spaziere, meinen Wanderstab in der Hand, die Augen schließe und tief Luft hole, dann spüre ich, wie das Glück meine Lungenflügel flutet. Diese kalte und frische Luft in meinem Körper. Die Freiheit, einfach ich sein zu dürfen. Einfach Mensch sein zu dürfen. Einfach Max sein zu dürfen. Ich atme das Leben ein. Lächle und denke: »Du hast es geschafft, Max. Du bist diesen Weg gegangen und jetzt bist du angekommen.«

Doch dann denke ich an den Sommer. An die trockenen Böden. An die unmenschliche Hitze, die der Klimawandel zu uns trägt. Jemand schnipst unachtsam eine Zigarette aus dem Fenster eines fahrenden Autos. Andere entfachen unbedacht ein Lagerfeuer. Ich sehe, wie mein Wald brennt. Sehe die verkohlten Stämme auf dem schwarzen Grund. Die Bäume sind stumm, doch ich kann ihre Schreie hören. Und ich sehe mich, wie ich in Flammen stehe. Ich versuche zu atmen, aber da ist nur Rauch. Ich sehe mich in den Lauf der Pistole blicken, sehe, wie der Ex von Lindas Freundin versucht, mich mit einem Messer niederzustechen, sehe den Präsidenten des Clubs, wie er immer wieder auf mich einschlägt. Ich war dem Tod schon oft so nahe. Konnte fühlen, wie seine kalte Hand über meine Stirn strich und dann doch von mir abgelassen hat.

So wie ich weiterleben durfte, wünsche ich mir, dass auch der Wald weiterleben kann. Dafür kämpfe ich jetzt. Meinem Wald ist es egal, ob ich eine goldene Uhr am Handgelenk trage, ob ich Respekt auf der Straße bekomme oder den neuesten Porsche fahre.

Es gab Zeiten in meinem Leben, da waren mir solche Sachen wichtig. Ich habe Menschen Gewalt angedroht und angetan, um die Anerkennung einer Gang zu bekommen. Ich habe Frauen dazu manipuliert, ihren

Körper zu verkaufen, ihre kaputten Seelen ausgenutzt, damit ich mir ein teures Auto oder Schmuck leisten konnte. Diese Menschen sind Opfer meiner Selbstsucht geworden. Meiner Selbstsucht? Vielleicht eher meiner Unsicherheit. Mein ganzes Leben lang habe ich nach Geborgenheit gesucht, nach einem Platz, an dem ich Max sein durfte. Und dabei gab es diesen Platz schon immer. Direkt vor meinen Augen: die Natur!

Ich habe das Wissen um das Glück des Waldes schon seit meiner Kindheit in mir getragen. Doch irgendwo in meinem Leben ging es verloren. Ich möchte dich mitnehmen auf meinen Weg zurück zur Natur. Meinen Weg von der Straße in den Wald. Du wirst mit mir viele Höhen und Tiefen erleben. Ich nehme dich mit in die Unterwelt. Eine Welt voller Drogen, Gewalt und Prostitution. Ich werde dir nicht von allem berichten können, was damals passiert ist. Manche Geschichten sind nicht wichtig für meinen Weg, andere darf ich aus juristischen Gründen nicht erzählen.

Doch du wirst von meinen gescheiterten Träumen erfahren und von meinen innersten Ängsten. Aber du lernst auch viel über die Natur und den Wald und warum wir jetzt handeln müssen, um unsere Wälder und unsere Erde zu retten. Und du erfährst, warum der Wald auch dein Leben besser machen kann. Dies ist mein Weg vom Gangster zum Naturschützer.

Wenn deine Welt zerbricht

Herr Peters saß mit schmerzverzerrtem Gesicht auf seinem Stuhl. Er hatte sich mit der falschen Siebenjährigen angelegt.

»Du kleine Mistkröte«, schrie er Toni hinterher. Aber sie hörte ihn nicht mehr. Alles war weit weg, als sie die Treppen runterrannte. Wie ein schlechter Traum, aus dem man aufwacht, aber der noch für ein paar Sekunden nach dem Aufwachen nachhallt. Doch dann ist man wieder da. In der echten Welt. Ich sehe sie noch vor mir, wie sie den Stuhl mit voller Wucht gegen Peters' Schienbein schlägt. Sehe ihr wütendes Gesicht. Aber wenn man ganz genau hinschaut, sieht man, was sich hinter der Wut verbirgt. Erleichterung! Erleichterung, sich gewehrt zu haben gegen die Ungerechtigkeit. Ungerechtigkeit und Autorität – sie liegen manchmal nah beieinander. Toni und ich rannten, bis wir nicht mehr konnten. Wir rannten bis zum Rande des Waldes, wo wir uns sicher fühlten. Im Wald gibt es keine Autorität. Auch keine Ungerechtigkeit. Vor der Natur sind wir alle gleich. Sie bewertet uns nicht nach Aussehen oder Reichtum. Sie bedeutet Freiheit vor den Zwängen unserer nach Wachstum ausgerichteten Gesellschaft. Aber ich sollte von vorne beginnen.

Wer verstehen will, wie ich der wurde, der ich heute bin, der muss mich zurück in meine Kindheit begleiten.

Ich wurde im Jahr 1986 geboren. Als kleiner Junge kannte ich nur zwei Farben. Das mal matschige, mal trockene Braun des Bodens und das Grün der Wälder und Wiesen. Diese Zeit hat mich geprägt. Ich war ein Kind des Waldes und ohne diese Erfahrung hätte ich es nicht mehr zurückgeschafft auf den geraden Weg. Nicht herausgeschafft aus dem Sumpf der Schattenwelt von Kriminalität und Rotlicht. Vielleicht wäre ich in Haft gekommen oder hätte anderen und mir noch mehr Leid zugefügt. Im Rückblick erscheint es mir eine Ironie des Schicksals zu sein, dass ich den Schlüssel für ein glückliches Leben schon als Kind in den Händen hielt. Aber in meiner Kindheit wurden auch die Weichen gestellt für das Leben, das mich auf die schiefe Bahn führte.

Als ich auf die Welt kam, waren meine Eltern gerade mit der Uni fertig. Die beiden hatten sich vor ihrem Studium kennengelernt und ineinander verliebt. Meine Mutter trat ihre erste Stelle als Kunstlehrerin an. Mein Vater begann seine berufliche Laufbahn zur selben Zeit beim Gesundheitsamt. Beide stammten sie aus einfachen Verhältnissen und hatten sich mit Fleiß eine bessere Zukunft als ihre Eltern aufgebaut.

Zu Beginn ihres Berufslebens war das Geld knapp und wir lebten die ersten sechs Jahre meines Lebens zusammen mit den Eltern meiner Mutter und meinem Onkel in einem großen Forsthaus, das wir gemietet hatten. Ein Anwesen wie aus einem Kinderbuch von Astrid Lindgren. Mein eigenes kleines Bullerbü. Das alte Gutshaus lag eingebettet in ein Waldstück an einem Hang, auf dem eine Streuobstwiese lag. Wir hatten einen großen Hof mit einer Scheune und einem Silo. Meine Großeltern züchteten Kaninchen und auf der Wiese weideten Schafe. Jeden Frühling blühten die Obstbäume auf unserer Wiese und schenkten uns im Sommer und Herbst ihre Früchte. Ich kann mich bis heute noch an den saftigen und sauren Geschmack der alten Apfelsorten erinnern, die es in keinem Supermarkt zu kaufen gibt.

Im Winter tobte ich durch den Schnee oder fuhr den ganzen Tag mit meinem Schlitten den Abhang hinab. Alle Kinder aus der Straße kamen vorbei, um bei uns zu rodeln.

Im Frühling streifte ich mit meinen Freunden durch den Wald und sog die frische Luft der Berge und Bäume tief in meine kleinen Lungen.

Im Sommer rannten wir über die Wiesen, bis wir Seitenstechen bekamen. Aber wir kannten keine Schmerzen. Jeder Brennnesselstich und jede verdreckte Schramme gerieten bei dem Spaß, den wir hatten, in Vergessenheit.

Und wenn ich abends nach einem langen Tag als Entdecker und Forscher auf den Hof zurückkehrte, saß mein Großvater oft mit seinen Freunden draußen. Die alten Herren unterhielten sich, rauchten und tranken Selbstgebrannten. Wir grillten auch oft zusammen und der ganze Hof roch nach Holzkohle. Und manchmal, wenn ich morgens am Silo vorbeilief, lag dort ein Kumpel meines Großvaters, um seinen Rausch auszuschlafen. Es war ein einfaches Leben, aber ich konnte mir als kleiner Junge kein schöneres erträumen.

Wer die Mentalität meiner Großeltern begreifen will, muss die Region verstehen, in der ich aufgewachsen bin. Ein Landstrich im Westen Deutschlands, in dem vielen Menschen ein einfaches Leben vorbestimmt war und auch heute noch ist. Das Sauerland rund um die Stadt Altena ist neben dem Wald vor allem von einer Sache geprägt: der Drahtindustrie. Wer durch die engen Talstraßen dieser Ortschaften fährt, begegnet ständig ihrer industriellen Vergangenheit und Gegenwart.

Fernab der Metropolregionen wurde hier schon um das Jahr 1600 Stahldraht gezogen. Und auch heute noch gibt es jahrhundertealte Betriebe, die das Material für den Weltmarkt produzieren. Der Draht aus dem Sauerland steht für allerbeste Qualität. Doch viele der Familienunternehmen mussten im Zuge der Globalisierung dichtmachen. Seit den Sechzigerjahren haben viele Menschen die Region verlassen. Doch der Betrieb, in dem mein Großvater malochte, hielt dem Preiskampf stand. Er war Arbeiter in einem Walzwerk für Drähte und kannte nur Arbeit und die Natur. Mehr schien er in seinem Leben nicht zu brauchen: eine Tätigkeit, die der Familie Brot auf den Tisch brachte, und eine Umwelt, mit der er in Einklang lebte. Ich konnte als Kind nicht verstehen, wie mein Großvater jeden Morgen um 7 Uhr, nachdem er die Tiere gefüttert und seine speckige Ledertasche mit dem von Großmutter zubereiteten Butterbrot gegriffen hatte, gut gelaunt in die Fabrik gehen konnte und erst zum Abendbrot mit einem Lächeln im Gesicht nach Hause kam. Ich hatte erlebt, wie hart er jeden Tag arbeiten musste, als ich ihn einmal im Walzwerk besuchte. Stundenlanges Stehen, immer wieder dieselben

Handgriffe. Früher kam es zudem vor, dass sich Arbeiter in den großen Walzen ihre Finger zerquetschten.

Eines Abends, als er nach Hause kam, fragte ich ihn, warum er immer so gut gelaunt sei, obwohl er jeden Tag zur Arbeit müsse. »Max«, antwortete er, »wenn das Leben dir harte Arbeit gibt, dann beschwer dich nicht, sondern lache! Und je beschissener alles ist, umso mehr musst du lachen.«

Das war die Einstellung meines Großvaters. Ich habe diesen Satz bis heute nicht vergessen, obwohl mir erst später klar wurde, was er meinte. Heute denke ich demütig an dieses Gespräch zurück. Wir gingen oft miteinander spazieren und er brachte mir viel über den Wald bei. Ich lernte, die Gesänge der Vögel zu erkennen oder wie man die Spuren eines Dachses von denen eines Fuchses unterscheidet. Und Pilzesammeln! Mein Großvater lehrte mich viel über die verschiedenen Sorten. Als kleiner Junge konnte ich so bereits einen Honigpilz von einem Stockschwämmchen unterscheiden. Und wenn wir abends nach einem langen Spaziergang nach Hause kamen, saß die ganze Familie bereits um den Tisch versammelt und meine Großmutter tischte so auf, dass alle mehr als satt wurden.

Zur Erntezeit lud mein Großvater die Familien der türkischen Gastarbeiter aus seiner Firma ein, reichlich Obst zu pflücken. Es war ein buntes Treiben, das dann auf unserer Wiese stattfand und meine Großeltern erfreuten sich an den vielen Kindern, die zwischen den Bäumen herumtobten. »Wir können das ganze Obst sowieso nicht alleine essen«, sagte mein Großvater immer.

Mir fällt kaum ein Tag in den ersten sechs Jahren meines Lebens ein, an dem ich nicht glücklich war, an dem ich nicht zwischen den Bäumen und Sträuchern herumstreifte. Ich war eins mit der Natur und kannte keinen anderen Zustand. Doch der Anfang des Endes meiner idyllischen Kindheit begann an einem Tag, der für jedes Kind etwas ganz Besonderes ist.

* * *

Ich hatte mich eigentlich immer auf meine Einschulung gefreut. Zwar mochte ich den Kindergarten ganz gerne, aber auf die Schulzeit war ich richtig heiß. Meine Mutter war ja Lehrerin und ich liebte meine Mutter. Warum sollte die Schule also kein großartiger Ort sein, wenn dort jemand wie sie arbeitete? Ich sollte es bald besser wissen.

Es waren die ersten Tage nach meiner Einschulung. Herr Peters, mein Klassenlehrer, hatte uns eine Fleißaufgabe gegeben. Wir sollten alle zehnmal alle Zahlen bis 10 aufschreiben, während er an seinem Pult saß und schmatzend eine Salzstange nach der anderen in seinen Mund schob. Er war süchtig nach dem Zeug. Ich starrte auf mein Heft, um ihm nicht in die Augen zu schauen. Ich merkte, wie er uns beobachtete. Plötzlich hörte ich seine Stimme.

»Viktoria und Daniel. Seid ihr beide schon fertig?«, fragte er in einem ernsten Ton. Die beiden nickten und schauten ihn erwartungsvoll an. Doch statt eines wirklichen Lobes, sagte Peters zu den beiden:

»Weil ihr so schnell wart, habe ich eine besondere Belohnung für euch.«

Er machte ein Handzeichen, mit denen er die beiden zu sich rief. Verunsichert standen die Kinder auf und gingen nach vorne.

»Legt mal eure Hand auf meinen Nacken. Viktoria du links, Daniel du rechts. Und dann schön kneten und massieren.«

Ich war geschockt. Ich war ein kleiner Junge, aber ich spürte sofort, da stimmte etwas nicht.

»Na, hopp. Worauf wartet ihr?«, fragte Peters mit einem barschen Ton. Verängstigt stellten sich die beiden Kinder hinter ihn und begannen seine Schultern zu kraulen. In mir zerbrach etwas. Ich war so angewidert. Daniel und Viktoria taten mir unglaublich leid. Ich stellte mir vor, wie sich ihre Kinderhände anfühlten auf dem verschwitzten, haarigen Nacken dieses fremden Mannes.

»Ah, so ist gut«, sagte Peters, während er mit geschlossenen Augen ein genießerisches Gesicht machte und in seine Tüte mit den Salzstangen griff.

»Jetzt ist genug«, sagte er nach ein paar Minuten, »husch, setzt euch.« Dann stand Peters auf und schritt an der Tafel auf und ab, die Arme auf dem Rücken gekreuzt.

»Wer keine Lust hat zu arbeiten oder besonders schnell fertig ist, der darf ab jetzt immer nach vorne kommen und mir den Rücken kraulen. Und jetzt gibt es die ersten Hausaufgaben für euch!« Peters führte aus, was wir zu Hause machen sollten, und beendete seine Ausführungen:

»Ich werde euch jeden Tag Hausaufgaben aufgeben. Und ihr werdet sie machen. Denn wenn ihr sie nicht macht, werdet ihr noch mehr Aufgaben von mir bekommen. Kapiert?«

Einige Kinder nickten, andere schauten verwirrt. Wieso sollte ich das machen, was mir dieser ekelhafte Mann sagte? Ich meldete mich.

»Der Junge mit der Brille, der kleine Maulwurf dahinten. Was willst du?«, fragte Peters.

»Ich heiße Max, nicht Maulwurf«, antwortete ich und stellte meine Frage. »Warum sollen wir diese Hausaufgaben machen? Was ist der Sinn von Hausaufgaben?«

»Eine gute Frage«, sagte Peters und lächelte spöttisch.

»Ich könnte euch sagen, Hausaufgaben sind wichtig, damit ihr etwas lernt. Oder damit ihr fleißiger werdet. Aber – und das ist der wichtigste Grund – ihr macht die Hausaufgaben, weil ICH sage, dass ihr sie macht. Und ab jetzt will ich dazu nichts mehr hören.« So beendete mein sogenannter Klassenlehrer seinen Vortrag. Ich kann es nicht garantieren, aber ich bin mir ziemlich sicher, dass es keine schlimmeren Übergriffe gab. Ich habe Herrn Peters auch Jahre später unter seinem richtigen Namen gegoogelt und nichts in die Richtung gefunden. Der Typ war einfach ein machtgeiles Arschloch. Und wo konnte man eine solche Neigung besser ausleben als in einem Klassenraum mit über 20 zerbrechlichen Kinderseelen? Von diesem Tag an hasste ich die Schule.

Am Abend saß ich am Küchentisch meiner Großeltern und starrte auf die leere Seite in meinem Übungsheft. Herr Peters hatte uns aufgetragen, das ganze ABC mehrmals abzuschreiben. Mein Vater saß neben mir und raufte sich die Haare.

»Verdammt, Max. Wir sitzen hier jetzt schon eine halbe Stunde. Und du hast noch keinen einzigen Buchstaben aufgeschrieben. Was soll das?« Mein Vater war verzweifelt.

»Ich versteh nicht, warum ich das machen soll!«, antwortete ich.

»Weil das das Leben ist, Max. So läuft das nun mal.«

Ich schwieg. Damals konnte ich nicht verstehen, warum ich mich weigerte, die Hausaufgaben zu machen. Ein starkes Gefühl in mir hinderte mich daran, den Stift in die Hand zu nehmen und die Linien nachzuzeichnen. Heute weiß ich, dass es meine Abneigung gegenüber Autoritäten war, die das erste Mal zum Vorschein kam. Und Herr Peters hatte diese Abneigung wie eine kleine Flamme entfacht, die im Laufe meines Lebens ein loderndes Feuer werden sollte.

Das war auch das erste Mal, dass ich mit meinem Vater nicht über meine Gefühle sprechen konnte. Ich hätte mir gewünscht, dass er gesagt hätte: »Max, was auch immer das Problem ist. Wir bekommen das hin. Du musst die Hausaufgaben nicht machen und ich spreche morgen mit deinem Klassenlehrer.« Aber das tat er nicht. Stattdessen stand er auf und ließ mich am Küchentisch sitzen.

»Du stehst erst auf, wenn du fertig bist!« Seine Stimme klang so weit weg. Von Traurigkeit und Enttäuschung gelähmt saß ich noch eine ganze Weile vor dem leeren Übungsheft, bis ich begann, langsam die Linien nachzuziehen.

Ich nehme es meinem Vater nicht übel. Er wusste damals nicht, was mit mir los war, und war selbst noch ein junger Mensch. Aber es war der erste große Riss zwischen uns, der zu einem Graben werden sollte.

***

Herr Peters erwies sich auch in den folgenden Wochen als Tyrann alter Schule. Wenn er gekonnt hätte, hätte er uns sicher gerne mal ein paar mit dem Rohrstock mitgegeben. Diese Zeiten waren zum Glück vorbei. Doch er hatte andere Möglichkeiten, uns zu triezen und zu demütigen. Wer aus der Reihe tanzte, bekam auch gerne mal eine Ohrfeige mit.

Ich war komplett desillusioniert. Ich hatte mich auch auf die Schule gefreut, weil ich dachte, es gäbe dort weniger Regeln als im Kindergarten. Und jetzt musste ich mir von diesem Kerl Befehle erteilen lassen, deren Sinn ich nicht verstand. Neben mir, dem »Jungen aus dem Wald«, wie mich Peters manchmal nannte, hatte er es vor allem auf die schwächeren und ärmeren Kinder abgesehen. Antonia war eines dieser Kinder. Ich erinnere mich noch gut an den Tag, an dem es passierte.

Herr Peters saß an seinem Pult und kaute genüsslich seine Salzstange. Sein Schmatzen war bis an das Ende unseres Klassenraums zu hören. Ich saß mit Antonia und ein paar anderen Kindern am Gruppentisch hinten am Fenster. Bevor Peters kam, hatten wir Kunstunterricht. Quasi ein Kontrastprogramm zu seinen strengen Deutsch- und Mathestunden, in denen wir vor allem zuhören und in Stillarbeit Aufgaben erledigen mussten. Unsere Bilder hingen zum Trocknen an der Tafel. Wir sollten unser Haus und unsere Familie mit Wasserfarben malen.

Während wir schweigend über unseren Aufgaben saßen, ging Peters an der Tafel entlang und schaute sich unsere kleinen Kunstwerke an. Bei meinem Bild blieb er stehen. Ich hatte unser Forsthaus und meine ganze Familie gemalt. Meine Oma stand in der Küche, mein Opa saß draußen im Hof, neben ihm mein Onkel mit seiner E-Gitarre. Meine Eltern hatte ich händchenhaltend aufs Dach gesetzt. Drum herum viele Bäume. Und obwohl die Wasserfarben verlaufen waren, wie es nun mal ist, wenn Kinder malen, sah mein Bild nicht schlecht aus. Das musste auch Peters anerkennen, jedoch nicht, ohne mir einen Seitenhieb mitzugeben.

»Das hat doch sicher unser kleiner Waldschrat gemalt«, sagte er mit einem ironischen Unterton, »er kann nicht schönschreiben und kaum 1 und 1 zusammenrechnen, aber malen kann es, unser Maxl.« Ich schaute ihn verächtlich an. Er grinste nur blöd zurück und schritt weiter, bis er vor Antonias Bild stehen blieb. Toni hatte die Mietskaserne gemalt, in der sie lebte. Eine Frauenfigur stand weinend am Fenster, während eine männliche Figur vor dem Haus mit einem Koffer stand.

»Ach schau an. Das ist doch deine Baracke oder, Antonia?« Sie nickte und schaute mich an. Ihr Blick sagte mir, dass Peters nicht zu weit gehen sollte. Ihre Augen füllten sich mit Tränen, gleichzeitig bebten ihre Lippen vor Wut. Sie war eine Kämpferin. Das wusste ich von diesem Tag an.

»Und der Papa ist also ausgezogen«, fuhr Peters fort und starrte beharrlich auf das Bild. Ein guter Lehrer hätte das Bild zum Anlass genommen, um mit Antonia vor der Tür ein ruhiges Gespräch über ihre Situation zu Hause zu führen. Aber nicht Peters. »Ich wäre auch abgehauen, wenn ich so eine strunzblöde Tochter hätte«, beendete er den Satz nach einer langen Pause. Das hätte er nicht tun sollen.

Antonia sprang auf und griff sich ihren Stuhl an der Lehne. Ihr Kopf war rot angelaufen. Wutentbrannt rannte sie mit dem Stuhl im Anschlag auf Peters zu. »Halt deinen gemeinen Mund, du fieser alter Sack«, schrie sie, während sie wie ein Berserker mit dem Stuhl auf Peters' Beine einschlug. Der wusste gar nicht, wie ihm geschah, und schrie vor Schmerz, als Antonia ihm volle Kanne ein Stuhlbein gegen die Kniescheibe donnerte. Die Klasse grölte und feuerte Toni mit lauten Rufen an. Als Peters wieder die Fassung gewann und ein Stuhlbein zu greifen bekam, rannte Toni raus und ich ihr hinterher. Wir rannten, bis wir am Waldrand ankamen und vollkommen aus der Puste waren. Dann setzten wir uns auf einen toten Baumstamm.

»Das war krass«, sagte ich und wir mussten beide laut loslachen.

»Hast du sein Gesicht gesehen?«, fragte Toni.

»Dem hast du es voll gegeben.«

Tonis Wangen waren immer noch nass von ihren Tränen. Rotze lief aus ihrer Nase. Ich zog ein Taschentuch aus meiner Jackentasche. Mein Großvater hatte mir eines seiner Stofftaschentücher geschenkt, welches ich immer bei mir trug.

»Danke, Max«, schniefte Toni und drückte sich das Tuch an ihre kleine Nase.

»Kein Problem.«

»Ich finde es voll cool, dass du direkt am Wald wohnst. Viele coole Typen wohnen da. Mogli, Tarzan, Robin Hood.«

»Ja, die sind echt alle cool.«

Wir schwiegen uns an, bis ich mich traute zu fragen.

»Sag mal, das mit dem Bild. Was hat das zu bedeuten?«

»Meine Eltern haben sich getrennt«, sagte Toni mit einer sehr erwachsenen Stimme. Ich denke, eigentlich wusste sie damals noch nicht, was das bedeutet. Und ich auch nicht.

»Mhhh, also sie haben jetzt getrennte Zimmer? Oder wie ist das?«

»Meine Mama und mein Papa lieben sich nicht mehr. Er wohnt jetzt bei einer anderen Frau.«

»Denkst du, das kann meinen Eltern auch passieren?«

Am nächsten Tag in der Schule tat Peters so, als wäre nichts vorgefallen. Wahrscheinlich wusste er, dass er bei der Sache nicht gut wegkommen würde. Antonia ließ er von diesem Tag an in Ruhe. Und ich glaube, ich habe nie wieder in meinem Leben einen erwachsenen Mann gesehen, der so viel Angst vor einer Siebenjährigen hatte. Doch die Frage, die ich Antonia gestellt hatte, beschäftigte mich noch lange. Würden sich meine Eltern auch trennen? Und wäre ich daran schuld?

***

Als ich ein paar Tage später aus der Schule nach Hause kam, ging ich in die Küche. Meine Mutter machte gerade den Abwasch. Ich ging auf sie zu und umarmte sie. Dann stellte ich die Frage, die so lange in meinen Gedanken herumschwirrte.

»Mama, werdet ihr euch trennen? Du und Papa?« Meine Mutter kniete sich hin und schaute mir tief in die Augen.

»Natürlich nicht, mein Schatz.« Sie wischte mir eine Träne von der Wange.

»Wie kommst du denn auf so was?«, fragte meine Mutter.

»Ich habe doch mitbekommen, dass ihr euch am Wochenende gestritten habt«, antwortete ich. Ja, sie stritten in letzter Zeit öfter. Das hatte auch ich bemerkt in meiner kindlichen Unschuld. Um zu verstehen, was da zwischen meinen Eltern lief, muss man wissen, dass beide sehr starke Charaktere waren und sind. Und sehr gegensätzliche! Und manche ihrer Eigenschaften sind auf mich übergangen. Da ist das Künstlerische und Kreative meiner Mutter, das mir später das Leben retten sollte und ohne das es dieses Buch wahrscheinlich nie gegeben hätte. Und da ist das Wilde, Rebellische und auch Exzessive, das ich von meinem Vater habe. Ja, Papa was a Rolling Stone. Als meine Mutter ihn kennenlernte … es fällt mir wirklich schwer, darüber zu schreiben … aber ich will die Dinge beim Namen nennen. Mein Vater hatte damals ein Alkoholproblem. Meine Mutter hat ihn gerettet. Punkt. Sie war die Verantwortungsvolle, der Anker, der meinem Vater immer wieder Halt gegeben hat. Aber mein Vater, so wie für Rockstars üblich, hatte eine gewisse Wirkung auf Frauen mit seinen langen schwarzen Haaren und dem braungebrannten Baustellenkörper. Das sorgte damals für Konflikte zwischen meinen Eltern.

Ich möchte das nicht weiter vertiefen. Der kleine Max begann langsam zu lernen, dass das Leben auch dunkle Seiten hatte. Herr Peters und die Konflikte meiner Eltern belasteten mich sehr. Aber im Sommer meines ersten Schuljahrs erwartete mich ein Unglück, das meinen Lebensweg bis heute prägt.

* * *

Eines Abends, als meine ersten Sommerferien gerade begonnen hatten, saßen meine Eltern zusammen mit meinem Onkel und meinen Großeltern am großen Küchentisch. Ich sah in ihren Gesichtern, dass etwas nicht stimmte. Mein Großvater schaute betrübt auf den Boden. Aber als Kind konnte ich die Gefahr nur als abstraktes Gefühl spüren, ich verstand nicht, was passierte. Als meine Mutter mich sah, stand sie auf und beugte sich zu mir. Sie schaute mich liebevoll an, konnte den Ernst der Lage jedoch nicht vor mir verbergen. Ich spürte, dass etwas nicht stimmte.

»Max, gehst du bitte in dein Zimmer? Wir müssen hier noch etwas besprechen.«

»Was ist denn los, Mama?«, fragte ich.

»Alles ist gut. Erwachsenenkram, mein Schatz.«

Ich schaute zu meinem Großvater. Er nickte mir zu und lächelte. Ich verließ die Küche, doch anstatt in meinem Zimmer zu verschwinden, trat ich ein paarmal auf die Treppenstufen, damit es sich so anhörte, als würde ich hochgehen. Tatsächlich versteckte ich mich hinter der Tür und lauschte aus der Dunkelheit dem Gespräch, das meine Welt zerbrechen ließ.

»Wir können uns ja kaum die Miete leisten«, sagte mein Vater. »Wie sollen wir denn das Haus kaufen?«

Ich hörte meine Großmutter schniefen: »Aber es war so schön, mit euch als Familie zusammenzuleben.« Mein Onkel legte seinen Arm um meine Oma, die sichtlich mitgenommen war.

»Wir können es nicht ändern. Entweder ausziehen oder kaufen. Das sind unsere Optionen.« Mein Opa nippte an seiner Bierflasche.

»Und nur die erste ist realistisch«, fügte meine Mutter hinzu, »aber wir ziehen in ein Haus in der Nähe. Versprochen, Mama.« Ich rannte die Treppe hoch und verkroch mich unter dem Bett. Auf dem Weg nach oben hörte ich noch, wie meine Oma sagte: »Das war doch Max, oder? Hat der Junge alles mitgehört?«

Ich selbst tat die nächsten Tage so, als wüsste ich von nichts. Vielleicht hatte ich auch verdrängt, was ich da gehört hatte. Mein kleiner Kopf wollte nicht wahrhaben, dass meine Welt zerstört werden sollte. Ich den Wald verlassen? Niemals! Oma und Opa verlassen? Niemals! Das passte nicht zusammen.

Und so traf mich der Tag, an dem es passierte, wie ein Schlag. Ich kann mich bis heute an jede einzelne Sekunde dieses Tages erinnern. Ich saß bei meinen Großeltern im Wohnzimmer und hatte mich in meine Kuscheldecke eingehüllt. Vielleicht dachte ich, das könne die Zeit anhalten. Dann hörte ich die Stimme meines Vaters.

»Ist Max fertig? Wir müssen los.«

»Der Junge liegt auf dem Sofa unter der Decke, es bricht ihm das Herz«, hörte ich meine Oma mit tränenerstickter Stimme sagen. Sie hatte recht. Dieser Schmerz!

Dieses Stechen in meinem Herz. Es war, als würde es in 1000 Stücke zerreißen. Mein ganzer Körper füllte sich mit Dunkelheit. An diesem Tag zerbrach etwas in mir. Ich gehe noch weiter. Es fühlte sich an, als würde meine Welt in Millionen von kleinen Splittern zerbersten und in der Dunkelheit des Alls verschwinden.

»Max, steh auf«, hörte ich meinen Vater sagen. »Wir müssen los.«

»Darf ich die Decke mitnehmen?«, fragte ich meine Mutter.

»Natürlich darfst du«, sagte meine Mutter und nahm mich fest in den Arm. Dann trug mich mein Vater in der Decke eingewickelt zum Auto. Ich weiß nicht, warum ich nicht geweint habe. Aber der Schmerz, dieser Knoten in meiner Brust lähmte mich. Wie in Zeitlupe zogen die Apfelbäume an mir vorbei, als ich auf der Rückbank des Renault-Kastenwagens meiner Eltern saß und aus der Rückscheibe sah. Obwohl ich ein Kind war, wusste ich, was ich verloren hatte. Ich ließ nicht nur das alte Forsthaus und den Wald hinter mir. Ich ließ auch meine Kindheit an jenem Tag zurück. Es fing an mit der Einschulung, dann ging es weiter mit der Angst, meine Eltern könnten sich wegen mir trennen. Aber als ich das Forsthaus verlassen musste, hatte ich das Gefühl, dass ich mit niemandem über meine negativen Emotionen sprechen konnte, nicht durfte! Diese Finsternis, die sich um meine Seele legte, sollte mich in meiner Jugend an den nächsten Tiefpunkt meines Lebens führen …

Aliens auf Drogen

Ich wusste damals nicht, dass ich eine Depression hatte. Aber ich hatte sie. Darüber bin ich mir heute im Klaren. Entwurzele einen kleinen Jungen und du bekommst eine rastlose Seele. Meine Erinnerungen nach dem Umzug sind sehr verschwommen. Unser neues Haus war komfortabler und moderner als das alte Fachwerkhaus am Waldrand. Aber alles kam mir so fremd und steril vor. Ich kann mich nicht mehr daran erinnern, wie ich mein neues Kinderzimmer eingeräumt habe oder wie die ersten Wochen in unserem neuen Zuhause verliefen. Dass mein Vater über einen längeren Zeitraum wegen eines Zeckenbisses im Krankenhaus lag und kurzzeitig halbseitig gelähmt war, ließ mich komplett kalt. Ich empfand in dieser Zeit weder gute noch schlechte Gefühle. Nur die Leere umgab mich wie kalter Nebel, den niemand außer mir sehen und spüren konnte.

Und dann kam ich in die neue Schule. Meine neue Klasse tat alles, damit ich mich wohlfühlte. Die junge Lehrerin war nett und auch die Jungs aus meiner neuen Klasse waren super und nahmen mich direkt in ihre Clique auf. Wir machten Klimmzüge am Klettergerüst, bis unsere Arme schmerzten, und klingelten bei fremden Leuten. Und wenn eine alte Dame durch die Freisprechanlage fragte, wer da sei, beleidigten wir sie aufs Übelste, bevor wir wegrannten. Die netten Omis haben sich sicher erschreckt und waren empört. Trotzdem bringt die Erinnerung an die Scheiße, die wir gebaut haben, den kleinen Jungen in mir noch heute manchmal zum Grinsen.

Ich wurde also gut aufgenommen an der neuen Schule. Und trotzdem ging es mir sehr schlecht. Da war diese emotionale Leere, die nur von einer tiefen Traurigkeit begleitet wurde. So wie ich mich fühlte, sollte sich kein Kind fühlen. Und ich sah ja, wie glücklich und leichtfüßig die anderen Kinder im Unterricht und auf dem Pausenhof wirkten. Ich verstand nicht, was los mit mir war.

Ich sagte immer öfter, dass ich nach Hause will, weil ich krank sei. Irgendwann rief meine Lehrerin meinen Vater an. Es muss ein warmer Tag im Frühling oder im Sommer gewesen sein. Ich sehe die Sonnenstrahlen, die durch das Fenster fallen, noch heute, wenn ich meine Augen schließe. Sehe meinen Vater, wie er im Türrahmen steht. Seinen verständnisvollen Blick, den ich in dieser Zeit öfter gebraucht hätte.

»Los, Kinder Wir gehen mal raus. Max braucht einen Moment mit seinem Vater.« Die Lehrerin lächelte meinem Vater zu. Der bedankte sich, während die ganze Klasse meiner Lehrerin auf den Flur folgte.

»Hey Maxelchen, ich habe gehört, du bist krank und willst nach Hause. Stimmt das denn?« Mein Vater ging neben mir in die Hocke.

»Ich denke schon«, murmelte ich und schaute verlegen auf die Tafel. Ich wollte ihn nicht anschauen.

»Manchmal fühlen wir uns sehr schlecht, aber wir müssen lernen, damit umzugehen«, sagte mein Vater, »ich glaube, ich weiß, wie du dich fühlst.«

»Bist du auch schon mal umgezogen?«, fragte ich und schaute ihm jetzt in die Augen.

»Ja, das bin ich und es war nicht leicht für mich. Aber im Leben kommen immer wieder Momente, in denen wir uns schlecht fühlen. Verstehst du, Max?«

Ich nickte. Ich glaube, ich hatte es zumindest in diesem Moment verstanden. Und es tat mir gut, dass mein Vater mit mir darüber sprach.

»Weißt du, was das Schlimmste für mich war? Als mein Vater gestorben ist. Aber keine Sorge. Mir geht es gut. Wir werden noch viel Zeit zusammen haben. Was ich dir damit sagen möchte, ist, dass das Leben nicht immer schön ist. Aber nur wenn es manchmal schlecht ist, können wir das Gute schätzen.«

Auch wenn mein Vater sich mir an diesem Tag etwas geöffnet hatte, blieb er ansonsten körperlich und emotional auf Distanz. Es war das letzte Mal, dass er wirklich versucht hatte, mich zu erreichen.

Heute weiß ich um die Probleme, die mein Vater mit sich als junger Mann ausmachen musste. Er hatte seinen Vater bereits im Alter von 16 Jahren verloren. Eine Zeit, in der eine männliche Bezugsperson wichtig ist. Doch mein Vater war als ältester Sohn von einem Tag auf den anderen der Mann im Haus und verantwortlich für seine drei jüngeren Geschwister. Er trug tiefe Narben auf seiner Seele. Damals konnte ich sie nicht sehen. Aber vielleicht war der Abschied von meinen Großeltern auch deswegen umso schmerzhafter, hatten sie mir doch diese Geborgenheit geschenkt, die ich oftmals bei ihm vermisste.

Für eine kurze Zeit konnte ich zumindest ein wenig besser mit meiner Krankheit umgehen. Doch wegen einem guten Gespräch verschwindet eine Depression nicht. Ich habe meinen Eltern einmal geschrieben, dass es mir immer noch schlecht geht und dass ich mit ihnen darüber reden will. Ich habe den Zettel noch heute. Darauf stand Folgendes:

> Mama (oder Papa)
> meine blöden Gefühle sind immer noch nicht ganz weg.
> Kann ich noch mal mit euch reden?
> Max

Ich hatte all meinen Mut zusammengenommen und meinen Eltern das Stück Papier überreicht. Aber sie hatten nicht erkannt, wie es wirklich um mich stand, und ich traute mich seitdem endgültig nicht mehr, mit ihnen über blöde Gefühle zu sprechen. Ich empfand immer eine tiefe Schuld dafür, dass ich ohne Grund traurig war. Zusätzlich hatte ich übermäßige Schuldgefühle, wenn etwas wegen mir passierte oder ich etwas tat, was meinen Eltern Ärger machte. Ein Kind sollte doch glücklich sein. Wie konnte ich das meinen Eltern antun? War ich ein schlechter Junge? Diese Fragen marterten mein kleines Herz jeden Tag. Ich fraß alles in mich hinein. Zu groß war die Angst, meine Eltern unglücklich zu machen. Ich sah nur in mir allein das Problem. Ein Problem, das niemand lösen konnte.

Trotzdem konnte ich nach dem Gespräch mit meinem Vater phasenweise meine Kindheit wieder ein wenig genießen. Ich ging mit meinen Freunden oft in den Wald zum Spielen. Und ich merkte damals schon, dass ich eine besondere Beziehung zu diesem Ort hatte. Die anderen Kinder verhielten und bewegten sich anders zwischen den Bäumen und Sträuchern als ich. War ich wie ein Fisch im Wasser, waren sie wie Pinguine in der Wüste.

Mit einer Farbdose vom Bauhaus besprühte ich einen Stromkasten. Quasi mein erster Kontakt zur Hip-Hop-Kultur. Meine ersten Erfahrungen mit Alkohol und Zigaretten sammelte ich schon in der Grundschule. Ich fühlte mich so verloren, dass ich mich an jedem Strohhalm festhielt, den man mir bot. Ein älterer Junge hatte ein paar »Kleine Feiglinge« von seinen Eltern gestohlen und munter an die Zweitklässler verteilt. Ich griff sofort zu, als er die kleinen Likörflaschen aus seinem Ranzen holte. Es schmeckte süß und klebrig. Gar nicht schlimm. Auch Zigaretten hatte er dabei. Nach ein paarmal ziehen, hatte ich raus, wie man auf Lunge raucht. Der Alkohol und das Nikotin fluteten meinen kleinen Körper. Es war das erste Mal, dass ich spürte, dass man seine Gefühle betäuben konnte.

Doch das war im wahrsten Sinne des Wortes Kinderkram im Vergleich zu dem, was noch kommen sollte.

***

Nach der Grundschule wechselte ich auf das Gymnasium, an dem meine Mutter Kunst unterrichtete. Es war eine komplett neue Welt für mich. Überall bunte Tags an den Wänden und auf den Toiletten, Sprüche und Liebesbekundungen, eingeritzt in Bänke und Bäume. Aus der

Raucherecke mischte sich der süßliche Marihuanageruch mit Zigarettenqualm. Es waren die verdammten Neunziger! Überall standen die Cliquen verschiedener Jugendkulturen herum. Da waren die Punks und die Metaller, die Raver, die Nirvana-Typen, die merkwürdigen Gammler mit ihren Sammelkarten, eine Handvoll Skinheads und natürlich die Skater und Hip-Hopper. Ich war fasziniert! Am liebsten hätte ich alles ausprobiert. Doch meine große Liebe sollte ich bald kennenlernen.

Wir saßen auf der Wiese im Freibad und mein Cousin und Dinos Cousin hatten ihren Kassettenrekorder dabei. Sie waren beste Freunde, genauso wie Dino und ich damals.

»Zeig den Jungs mal, was abgeht«, sagte Dinos Cousin zu meinem, während er lässig auf einem Grashalm kaute und einer Gruppe Mädels hinterherschaute. Das ließ er sich nicht zweimal sagen und drückte den Play-Button.

Als die ersten Verse des legendären Wu-Tang-Clan-Albums »36 Chambers« aus den Lautsprechern ertönten, war ich schockverliebt. Diese Energie! Dieser Vibe! Damals verstand ich nicht, was die Jungs aus New York rappten. Aber von diesem Punkt an ließ mich Rapmusik nicht mehr los. In den nächsten Jahren pumpte ich jedes Tape, das ich in die Finger bekam. Deutsch, Französisch, Englisch, egal. Nur real musste es sein!

Doch über meinen Cousin bekam ich nicht nur guten Input. Es passierte in der fünften Klasse. Ich war gerade elf Jahre alt geworden. In dieser Zeit hing ich nach der Schule immer öfter bei meinem Cousin ab. Bei ihm abzuhängen hatte immer etwas Verbotenes, etwas Cooles. Er war schon 16. Seine Mutter erlaubte ihm viel, was wiederum meinem Vater nicht gefiel.

Mein Vater und ich hatten zu diesem Zeitpunkt so gut wie kein Verhältnis mehr. Ich benahm mich zusammen mit meinen zwei Klassenkameraden unmöglich auf der weiterführenden Schule. Wir führten uns auf wie die Kings auf dem Schulhof, vandalierten und brachen jede erdenkliche Regel. Meine Mutter hatte Angst, morgens ins Lehrerzimmer zu gehen, weil sie genau wusste, dass sie von ihren Kollegen die neuesten Horrormeldungen über ihren Sohn zu hören bekommen würde. Max hat dies getan, Max hat jenes angestellt. Damals tat mir das Rebellieren gut. Ich merkte, dass ich meine Unsicherheit und meine negativen Gedanken durch extremes Verhalten überspielen konnte.

* * *

Bei meinem Cousin hatte ich schon öfter diesen süßlichen Geruch wahrgenommen, der durch die Luft waberte.

»Was riecht hier so?«, hatte ich ihn gefragt.

»Nichts für kleine Jungs, Max. Das ist Sinsemilla, Shit, Dope, Weed. Nenn es, wie du willst.«

»Du meinst Gras, oder?«, sagte ich wie ein kleiner Klugscheißer.

»Ja, das ist Gras«, sagte mein Cousin und stöhnte genervt, »und du darfst davon nichts rauchen.« Er schaute böse rüber auf die Couch. Dort saß immer sein Kumpel Michi, ein ziemlich abgefucktes Punkkid. Halb obdachlos und eigentlich immer bei meinem Cousin anzutreffen.

»Hast du gehört, Michi? Max bekommt nichts!«

»Was hast du gesagt?«, sagte Michi, der zugedröhnt zwischen den Couchkissen versackt war.

»Vergiss es«, sagte mein Cousin und machte die passende Geste dazu mit der Hand. Er wollte nicht, dass ich damit in Kontakt komme. Aber von diesem Tag an war ich angefixt und wartete auf meine Gelegenheit.

Ein paar Tage später, es war ein warmer Sommertag, waren meine Tante und mein Onkel nicht zu Hause. Die Wohnzimmerfenster standen weit offen und wir schwitzten wie verrückt. Ein paar Stubenfliegen versammelten sich um den Käsekuchen auf dem Esstisch. Mein Cousin und Michi hatten schon die halbe Platte gegessen. Sie futterten immer wahnsinnig viel, wenn sie ihre Sportzigaretten, wie sie es nannten, geraucht hatten. Die beiden schauten eine Kochshow mit Alfred Biolek und immer, wenn der nette Herr Biolek das »R« rollte, fingen sie an zu lachen.

»Was ist so lustig?«, fragte ich.

»Klappe, Max, ich will das sehen«, sagte Michi und reichte meinem Cousin den Joint, ehe er mit seinem Mund Ringe aus Rauch formte.

»Ey, rede nicht so mit meinem Cousin«, ermahnte mein Cousin Michi und legte den Joint in den Aschenbecher, »ich geh mal kurz pissen.«

Als mein Cousin den Raum verlassen hatte, stand Michi auf, stellte den Aschenbecher neben mich und legte sein Feuerzeug dazu.

»Na los, Kleiner. Das ist deine Chance. Macht man genauso wie mit normalen Zigaretten.« Er schaute mich an wie ein Vater, der seinem Sohn etwas beibringt.

Ich zündete den Joint an und nahm ein paar Züge. Zuerst musste ich krass husten. Doch nach ein paar Zügen hörte das auf. Schmeckte viel besser als Zigaretten. »Sehr gut, Kleiner«, hörte ich Michi sagen. Dann legte ich den Joint wieder an die Stelle, wo er vorher lag, damit mein Cousin nichts merkte. Und er merkte erst mal tatsächlich nichts.

Doch nach 15 Minuten waren meine Augen so rot und geschwollen, dass wirklich jeder checkte, was los war. Ich war super breit. Alle möglichen Gedanken schwirrten mir durch den Kopf. Alles fühlte sich so weich und schön an. Aber als mein Cousin verstand, was passiert war, als er auf dem Klo gewesen ist, veränderte sich das Gefühl. Ich fühlte mich schlecht. 1000 Szenarien gingen mir durch den Kopf. Würde mich mein Cousin verpetzen? War ich jetzt abhängig? Was würden meine Eltern sagen? Natürlich alles komplett überzogen. Typische Grasparanoia, bei der man alles hinterfragt.

»Max, ich habe dir gesagt, du sollst die Finger davon lassen«, schrie er mich an. »Sobald du nüchtern bist, gehst du nach Hause!« Dann wandte er sich Michi zu. Wie ich später gehört habe, hat mein Cousin den kleinen Punk wegen der Aktion vermöbelt. Aber keine Ahnung, ob das wirklich passiert ist.

Ein paar Wochen später sprach ich meine Tante darauf an, dass ich gekifft hatte. Mit meinen Eltern konnte ich über so etwas nicht reden. Aber meine Tante, nun ja, im Nachhinein würde ich sagen, den Mutter-des-Jahres-Preis hätte sie sicher nicht gewonnen. Sie war eine Frau, die sich selbst Hexe nannte und Kristalle und Heilsteine aus fragwürdigen Katalogen bestellte. Meinem Cousin erlaubte sie sogar, an seiner Hauptschule zu dealen, um sein Taschengeld aufzubessern.

»Du hast also von der verbotenen Frucht genascht«, sagte sie mit einer mütterlichen Stimme.

»Ich zeige dir jetzt mal was.« Sie ging rüber zu dem Stuhl, auf dem ihre Handtasche lag. Nach ein paar Sekunden wühlen zog sie eine kleines Plastikröhrchen mit einem Drehverschluss aus der Tasche hervor. Darin war ein weißes kristallines Pulver.

»Was wird das?«, fragte ich irritiert.

»Ich zeig dir, wie man kokst, Kleiner, das ist viel geiler als kiffen«, sagte meine Tante, während sie ein wenig von dem Pulver auf den Glastisch schüttete. Dann nahm sie eine Karte aus ihrem Portemonnaie, teilte den Stoff in Lines, rollte einen D-Mark-Schein aus ihrem Portemonnaie zusammen und steckte sich den gerollten Geldschein in die Nase.

»So zieht man sich das Zeug dann rein. Und wenn du kein Koks hast, empfehle ich dir gutes Speed. Brennt zwar ein wenig, kommt aber auch geil.« So erklärte es mir die Frau, die mit dem Bruder meiner Mutter verheiratet war. Sie deutete den Konsum nur an, schob das Koks wieder in das Röhrchen und drehte den Verschluss zu.

»Aber eins musst du wissen, Max«, beendete sie ihre Lehrstunde, »das Zeug macht schnell abhängig.«

Heute weiß ich, dass man so nicht mit einem Kind spricht. Aber damals dachte ich, dass sei normal. Sie zeigte mir auch noch, wie ich aus Frischhaltefolie und Alufolie kleine Päckchen bastelte, um Gras oder Koks zu verkaufen. Das war der Grundstein meiner Drogenkarriere – mit elf Jahren.

***

Ich stieg als Erster in den Bus, setze mich in die Reihe ganz hinten und stieg als Letzter wieder aus. Jeden verfluchten Tag. Das war mein Weg zur neuen Schule. Der Schule, an der ich nichts mehr zu melden hatte. Keine Clique. Niemand um mich herum. Nach der sechsten Klasse musste ich das Gymnasium, an dem meine Mutter arbeitete, verlassen. Wobei das noch eine Verharmlosung ist. Bei dem ganzen Mist, den ich angestellt hatte, war ich hochkant rausgeflogen. Meine Mutter hatte es gerade noch geschafft, eine Klassenkonferenz abzuwenden.

Meine Eltern dachten, es wäre gut, wenn ich in ein anderes Umfeld komme. Nun ja. Falsch gedacht.

Wieder war ein Tag in der verdammten siebten Klasse vorbei. Ich schaute aus dem Fenster des fahrenden Busses und dachte daran, was mir heute passiert war.

»Na, Zahnfee, wie kommt es eigentlich, dass du so hässlich bist, obwohl deine Mutter so geil aussieht?«, fragte der Junge mit den Sommersprossen und dem Band-Shirt von Dog Eat Dog.

Ich spürte, wie mich ein anderer Junge von hinten schubste. Sie hatten einen Kreis um mich gebildet. Regelmäßig musste ich mir jetzt solche Übergriffe gefallen lassen. Sie nannten mich Zahnfee wegen meines markanten Schneidezahns. Dort, wo normalerweise zwei Zähne standen, war bei mir nur einer. Diese Erfahrung machte etwas mit mir und meinem ohnehin schwachen Selbstwertgefühl. An meiner alten Schule konnte ich es mit Coolness überspielen. Aber das hatten mir diese Jungs genommen. Sie hatten mich gedemütigt, mich kleingemacht. Ich fühlte mich hässlich. Abgrundtief hässlich. Diese Fehlbildung hatte mich seit meiner Kindheit begleitet. In meinem Umfeld kannte mich jeder so, wie ich nun mal aussah. Aber hier wurde mir gnadenlos der Spiegel vorgehalten. Ich fühlte mich wie ein Freak, ein Monster, jemand, der niemals bei einer Frau landen könnte.

Auch wenn das Problem glücklicherweise irgendwann kieferorthopädisch gelöst werden konnte, dauerte es lange, bis diese Wunde verheilte.

Wegen des Mobbings kam ich in der neuen Klasse nicht zurecht und blieb sitzen. Von da an schwor ich mir, nie wieder selbst das Opfer zu sein.

* * *

Leon starrte mich verängstigt an. Er war etwas dicklich und trug Klamotten, die schon in der Grundschule out waren. Im Lateinunterricht, den wir mit den anderen Klassen hatten, musste er neben mir sitzen.

»Los, steck mal die Bänder von deinem Pulli in die Nase«, sagte ich zu ihm.

»Dann kann ich nicht atmen«, sagte Leon.

»Dann atme durch den Mund, du Lutscher. Los mach!«

Er befolgte meinen Befehl. Der Lehrer bemerkte, was Leon tat.

»Leon, das ist hier doch kein Kindergarten. Was soll das? Zieh die Dinger aus deiner Nase«, ermahnte ihn der Lateinlehrer.

Ich zwang Leon jetzt jede Lateinstunde dazu, sich selbst zu demütigen. Und er tat, was ich ihm sagte. Denn einmal, als er es nicht tat, kassierte er eine Tracht Prügel. Ich war vom Täter zum Opfer geworden. Obwohl ich eigentlich genau wusste, wie Leon und meine anderen Opfer sich fühlen mussten, verschwendete ich keinen Gedanken an sie. Wichtig war nur, dass niemand mehr auf die Idee kommen würde, mir krumm zu kommen. Dieses Verhalten legte ich bis zu meinem vierzehnten Lebensjahr an den Tag, bevor ein einschneidendes Erlebnis mich für immer veränderte, von dem ich später noch erzählen werde.

***

Locke konnte nicht mehr stehen. Er lag mit geschlossenen Augen auf dem Boden und wälzte sich hin und her. Immer wieder lallte er etwas, das klang wie Eishockey.

»Eishockey? Was soll das heißen?« Dino schaute mich irritiert an. Ich war selbst schon ein wenig betrunken, glaubte aber, so etwas wie »alles okay« verstanden zu haben.

»Eishockey, Eishockey«, brabbelte Locke weiter vor sich hin.

»Glaube, er meint, dass alles okay ist«, sagte ich zu Dino. Aber nichts war okay. Wir waren zwölf Jahre alt und Locke hatte eine Alkoholvergiftung.

»Der kratzt uns hier ab«, sagte ich zu Dino, »lass ihn uns auf den alten Waldfriedhof bringen.« Ich nahm seine Hände und Dino packte ihn an den Füßen. An der Tränke des Friedhofs schütteten wir mit einer Gießkanne so viel Wasser in ihn hinein, bis er sich übergeben musste.

Das war unser Alltag. Auch abseits der Schule verlief meine Jugend nicht besonders gut. Wir waren Lost Boys. Die Alien Gang, wie wir uns nannten, weil wir so high und verstrahlt waren. Noch heute findet man in Altena unter einer Brücke alte Tags von uns, die wir als Crew gesprüht hatten.

Wir waren Jungs, die keine Möglichkeiten hatten, sich nach dem Unterricht sinnvoll zu beschäftigen. Die Stadt war in den Neunzigern ein trostloser Ort. Es gab für uns keine Möglichkeiten, etwas zu unternehmen, Energie rauszulassen. Keinen Basketballplatz und keinen Skatepark. Aber es gab den Getränkehandel und die Dealer.

Um zu konsumieren, zogen wir uns damals in den Wald zurück. Hier hatten wir Ruhe vor der Gesellschaft, vor den Problemen zu Hause, vor unseren Selbstzweifeln und schlechten Gedanken. Es ist merkwürdig. Heute gehe ich noch oft an der Bank vorbei, auf der wir uns maßlos betranken, kifften und Speed zogen. Auch mit den Jugendlichen, die ich heute in meinen Outdoor-Kursen im Auftrag sozialer Träger coache.

Ich erzähle ihnen dann, was damals hier abging. Erzähle ihnen von den Jungs, die Männer wurden. Männer, die heute unter Alkoholismus, Psychosen und Angststörungen leiden. Männer wie Dino, der schwer abhängig von Amphetaminen ist. Phil und ich legten ihm als Kinder seine erste Line Speed. Dino ist nie wieder von dem Zeug runtergekommen. Er war damals mein bester Freund und ich hatte ihn draufgeschickt. Wir wussten es nicht besser.

Heute weiß ich, dass wir auch ohne die Drogen und den Alkohol im Wald den perfekten Ausgleich zu unserem tristen Alltag gefunden hätten. Wir waren instinktiv in den Wald gegangen, weil wir dort abseits unserer Realität einfach wir selbst sein durften. Aber so ist es in der Jugend. Man wählt den vermeintlich einfachsten Weg, um seine Schmerzen zu betäuben. Wir bauten uns unsere eigene kleine Welt in den Wäldern rund um Altena.

Ich weiß bis heute nicht, was diese grundrissartigen Betonkonstellationen waren, die man heute noch zwischen den Bäumen findet. Vielleicht die Überreste von Bunkeranlagen aus dem Zweiten Weltkrieg? Zwischen diesen kleinen Mauern bauten wir uns mit Blech, Planen aus Plastik und Müll, den wir gefunden hatten, kleine Hütten, die an die Wellblechhütten der Slums in Rio erinnerten. Zwischen unseren Unterständen hoben wir Gruben aus, in denen wir Drogen, Alkohol und unsere Bong vergruben. Auch an meinen ersten richtigen Absturz mit Schnaps kann ich mich gut erinnern.

Ich stand an der Kasse des Getränkemarkts. Auf dem Band lagen drei Flaschen Tequila. Wir wollten eine »Tequila-Party« feiern. Mit Zitrone und Salz, wie echte Mexikaner, hatte Dino gesagt. Die »Party« war seine Idee gewesen. Aber von einer Party konnte keine Rede sein. Es war eine Handvoll Zwölfjähriger, die sich auf einer Bank im Wald besinnungslos betrinken wollten.

»Ach, Max. Da bist du wieder«, begrüßte mich Gertrude, die freundliche Kassiererin.

»Feiern deine Eltern wieder eine Party?«, fragte sie mich.

»Ja, mein Onkel aus Mexiko kommt zu Besuch und wir grillen«, log ich die gutgläubige Frau an. »Ich soll für ihn auch noch eine Packung Marlboro mitbringen.« Es waren die Neunziger. Jugendschutz war in den meisten Regionen der Republik ein eher theoretisches Konstrukt.

»Na, dann pack ich dir mal alles ein«, sagte Gertrude und schob eine Packung Kippen und drei Flaschen Schnaps in eine Tüte.

Dino, Locke und Phil warteten schon in unserem Lager auf mich. Heute war nur die Stammcrew anwesend. Wir vier Jungs waren ein eingeschworener Haufen. Ich denke, jeder weiß, wie eng, aber gleichzeitig oberflächlich Freundschaften in der frühen Jugend sein können.

Dino streute jedem etwas Salz auf den Handballen, dann bissen wir in eine Zitrone.

»Und jetzt runter damit«, sagte er. Wir alle nahmen einen kräftigen Schluck aus den Plastikbechern, die wir bis zum Rand mit Tequila gefüllt hatten.

Nach der dritten Runde ließen wir die Zitrone und das Salz weg. Und nach der fünften sah ich Doppelbilder. Irgendwann nahm ich alles nur noch in Bruchstücken wahr. Wie bei einer Diashow. Ein Bild schob sich vor das nächste. Torkelnd und pöbelnd lief ich durch den Ort.

Das nächste, an das ich mich erinnern kann, ist, wie die Jungs mich vor meiner Haustür ablegen. Nach ein paar Minuten konnte ich mich aufraffen und schaffte es in mein Zimmer. Mein Vater hatte mir aufgemacht. Als er merkte, was Phase war, regte er sich furchtbar auf und schrie mich an. Doch ich hörte sein Gebrüll nur wie unter einer Glasglocke. Es war so abgedämpft, dass ich es einfach ignorieren konnte. Als ich in mein Bett fiel, schlief ich bis zum nächsten Morgen wie ein Stein. Und als ich aufwachte, hatte ich den Kater meines Lebens.

»Du musst viel trinken, Max, du bist dehydriert«, sagte mein Vater, der auf meiner Bettkante saß. Er wusste ja, wie sich das anfühlte. Rückblickend denke ich, er war nur so wütend auf mich, weil er in mir sich selbst erkannte. Er machte sich große Sorgen, dass auch ich dem Alkohol verfallen könnte. Den ganzen Mittag über war er sehr fürsorglich. Doch danach kühlte unser Verhältnis wieder ab.

***

Ich war jetzt 13 und hatte auch das zweite Gymnasium verlassen, um auf eine Realschule zu wechseln. Dort fühlte ich mich ähnlich wohl wie an meiner ersten weiterführenden Schule. Die Leute waren korrekt. Viele Kiffer, Skater, Sprüher und Hip-Hopper.

Und so lernte ich auch Henry kennen. Wir waren beide auf einer Wellenlänge. Und ähnlich wie bei mir lag auch über ihm ein dunkler Schleier.

Henry hatte viele Geschwister und kam aus einer reichen Ingenieursfamilie. Er war eines der mittleren Kinder und damit eines, welches kaum Beachtung bekam. Eines Morgens war Henry schon vor dem Rest seiner Familie wach geworden. Im Morgengrauen ging er in den Garten, um die Vögel zu beobachten. Was er fand, war eine seiner jüngeren Schwestern. Aufgeknüpft an einem Baum. Sie hatte sich erhängt. So etwas lässt einen nie wieder los.

Wir beide kifften non-stop, um nicht über unsere Gefühle nachdenken zu müssen. Und natürlich brauchten wir immer neue Quellen. Denn nicht jeder Dealer verkauft an Kids. Doch an einen großen Fisch, der uns über einen längeren Zeitraum versorgte, kann ich mich noch gut erinnern. Genauso an unseren ersten Einkauf bei ihm.

***

Ich folgte Henry. Hastig ging er die Treppen des heruntergekommenen Wohnhauses hinauf. Jede zweite Stufe übersprang er. So groß war der Suchtdruck. Schon als wir die Tür zum Hauseingang geöffnet hatten, kam uns der süßliche Geruch von Marihuana entgegen und Trance-Musik dröhnte durch das Treppenhaus.

»Hier ist es«, sagte Henry, als wir im vierten Stock angekommen waren, und klingelte. Nach ein paar Sekunden öffnete uns ein Typ die Tür, der aussah wie eine billige Version des britischen Popsängers Peter Andre. Ein weites Tanktop, dass er sich in die stonewashed Jeans geschoben hatte, eine Silberkette um den Hals, die schwarz gelackten Haare vollkommen mit Gel eingekleistert und zu einem Mittelscheitel gekämmt.

»Ey Henry, was geht, Alter? Kommt rein, kommt rein.« Er kaute auf seinen Wrigleys herum, als wäre Kaugummikauen eine olympische Disziplin und er wollte Gold für Deutschland holen. Er musste um die 25 sein. Als wir durch den Wohnungsflur liefen, fielen mir mehrere blaue Säcke auf. »Der hat aber viel Müll«, dachte ich.

Im Wohnzimmer standen nur eine große Eckcouch, ein Wohnzimmertisch, eine riesige Glotze und ein Ventilator. Und natürlich ein riesiger Subwoofer, aus dem »For An Angel« von Paul van Dyk auf voller Lautstärke lief.

Auf dem Tisch lagen ein Spiegel mit weißem Pulver, jede Menge Müll und eine Gaspistole. Ich erhaschte einen Blick auf ein Schreiben der JVA Attendorn, auf dem Entlassungsschein stand. Henry schnappte sich sofort den Joint im Aschenbecher.

»Rauch, rauch, Junge«, sagte der Dealer und laberte uns voll.

»Ich bin schon seit drei Tagen auf Sendung. Fette, fette Party, Jungs. Na, werdet ihr auch noch erleben.« So brabbelte er vor sich hin, während wir bekifft und leicht eingeschüchtert von der Situation auf der Couch chillten.

Es gibt zwei Arten von Dealern. Die Einzelgänger treffen sich nur kurz mit dir. »Was geht?«, Übergabe und Tschüss. Manche wollen nicht einmal, dass man weiß, wo sie wohnen, und treffen sich draußen mit einem. Die andere Art sind die Laberbacken. Sie sehen ihre Kunden mehr als Freunde, wobei Hofstaat der bessere Begriff ist. Hier muss man erst mal eine halbe Stunde rumsitzen und sich das blödeste Gelaber anhören, ehe es zur Sache geht. Ich glaube, ich muss nicht erklären, zu welcher Art unser Dealer gehörte.

»Was wollt ihr eigentlich haben, Jungs?«, fragte er nach einer Ewigkeit.

»Ein Dreißiger wäre korrekt«, sagte Henry und legte die D-Mark-Scheine auf den Tisch. Der Dealer ging zu einem der Müllsäcke und steckte seinen Arm hinein. Als er seine Hand wieder hervorholte, war sie voller Knospen. Jetzt verstand ich, was in den Müllsäcken war! Alles voller Gras! Das mussten mehrere Kilos gewesen sein. In einen großen Gefrierbeutel passten bis zu 200 Gramm. Aber in eine Wagenladung voll Müllsäcke ... Das war krass.

»Hier, nimm, nimm«, sagte der Dealer und drückte Henry 3 Gramm in die Hand, nachdem er sie auf seiner Feinwaage abgemessen hatte.

»Jungs, meine Perle kommt bald und ja, ihr seht ja, wie es hier aussieht«, sagte der Dealer, der sich mittlerweile eine schwarze Sonnenbrille aufgesetzt hatte.

»Aber ihr könnt jederzeit vorbeikommen«, fügte er hinzu, während er uns zur Wohnungstür begleitete, »auch du, Max. Und wenn ihr mal 10, 20 Gramm auf Kommission wollt. Gar kein Problem, Jungs.«

»Ich mach ja normalerweise nur ab 100 Gramm. Aber ich mag euch irgendwie. Ihr seid witzige kleine Motherfucker. Hasta la vista, Männer.« Dann schlug er uns die Tür vor der Nase zu.

Von diesem Tag an dealten wir auch selbst. Natürlich nur kleine Einheiten, um unseren Konsum zu finanzieren oder uns vielleicht mal eine neue Jacke oder Jeans zu gönnen.

Eines Tages öffnete er uns nicht mehr die Tür. Wie wir von älteren Jugendlichen hörten, die in engerem Kontakt zu ihm standen, hatte die Polizei ihn einkassiert. Doch ich hatte zu dem Zeitpunkt sowieso vor, meinem massiven Graskonsum einen Riegel vorzuschieben, und suchte nach Auswegen. Auf dieser Suche hing ich auch immer wieder in der Hip-Hop-Szene von Großstädten wie Hagen oder Dortmund ab, weil mir Altena und der Schulort zu klein wurden und ich mehr entdecken wollte. Doch da auch dort für viele Jugendliche der Drogenkonsum vor der Hip-Hop-Kultur stand, war ich ernüchtert und schlug wieder mal einen falschen Weg ein ...

* * *

Ich lag wie so oft verkatert im Bett, als mich ein lautes Krachen weckte. Mein Vater hatte die Tür aufgetreten. So hörte es sich zumindest an. So wütend, wie er in meiner Jugend oft auf mich war, gar nicht so unrealistisch. Noch heute hängt an dem Sicherungskasten meiner Eltern eine stattliche Postkartensammlung ... um die Beulen zu verdecken, die mein Vater in seinen Ausbrüchen über meine Fehltritte dort hineingeschlagen hatte.

»Aufstehen«, schrie er durchs ganze Zimmer. So sauer hatte ich ihn noch nie erlebt. Ich war sofort wach und stellte mich in Schutzhaltung auf. »Heute haut der Alte zu«, schoss es mir durch den Kopf.

Mit voller Wucht schlug er mir ein T-Shirt ins Gesicht. Ich wusste, was das für ein T-Shirt war. Fuck.

»Ich bin in den Siebzigern nicht gegen die Faschisten auf die Straße gegangen, damit mein Sohn einer wird!«

»Aber Papa, es ist nur ein T-Shirt«, sagte ich in weinerlicher Stimme, »bitte gib es mir!«

»Wenn du diese Schiene weiterfährst, du kleines Arschloch, dann ziehst du heute aus«, brüllte mein Vater und verließ mein Zimmer mit dem Shirt in der Hand. In der Gesäßtasche seiner Jeans sah ich eine Schere stecken. Er würde doch nicht? Ich hörte ihn im Treppenhaus und folgte ihm bis zur Garage.

Dort angekommen sah ich, wie er an der Restmülltonne stand und das T-Shirt mit der Schere zerschnitt. Ich flehte ihn weinend an, es nicht zu tun. Es war ein Shirt der rechtsextremen Band Skrewdriver, das ich in einem Katalog für Nazi-Merch bestellt hatte.

Ein Junge aus der neunten Klasse hatte mir ein paar Wochen zuvor auf dem Pausenhof eine Kassette in die Hand gedrückt. »Hör dir das mal an, Max. Und wenn es dir gefällt, komm nach dem Wochenende zu mir in der großen Pause.«

»Die deutsche Jugend im Zeichen der Gewalt, ohne Tugenden und stets die Faust geballt.« Das johlte der Sänger von Kraftschlag aus dem Kassettenrecorder. Der ältere Junge hatte mich mit Hardcore-Rechtsrock eingedeckt. Und die eingängigen und provokanten Texte gingen mir direkt ins Ohr. Die Hälfte verstand ich nicht. Aber geeint gegen das System sein. Das klang gut.

Am Montag traf ich mich wieder mit dem älteren Jungen. Er erzählte mir, dass er einer Bewegung angehöre, die nur das Beste für Deutschland wolle und Drogen komplett ablehne. Auch das klang gut. Schließlich wollte ich mein Leben wieder in die Bahn bringen. Ich armer kleiner Idiot. Es war eine kurze Zeit in meinem Leben, aber eine sehr intensive. Ich fuhr mit dem Jungen immer öfter nach Dortmund, um mich mit anderen Skinheads zu treffen. Ich rasierte mir die Haare ab, kaufte mir von meinem letzten erdealten Geld Springerstiefel und hatte nur wenig Kontakt zu meinen Freunden aus Altena oder aus der Realschule. Ich dachte, vielleicht hatte ich hier meinen Platz gefunden. Eine Gruppe, zu der ich gehören konnte, ohne ständig Drogen zu nehmen. Außerdem hatten auf einmal alle Respekt vor mir. Nein, das dachte ich, aber eigentlich hatten sie Angst.

Doch ich reflektierte immer mehr, dass es absoluter Bullshit war, den die Jungs da erzählten. Ihr rassistisches Geschwätz erreichte mich nicht. Es widerte mich sogar an. Ich war mit Kindern aus anderen Kulturen groß geworden, erinnerte mich an die Roma-Kinder und die afrikanischen Kids, mit denen ich im Geflüchteten-Heim gespielt hatte. Meine Oma hatte sich immer ehrenamtlich für sie eingesetzt und mich oft mitgenommen, wenn sie Lebensmittel oder Hygieneartikel in das Heim brachte und die Geflüchteten im Alltag unterstützte. Sie hat dafür sogar später das Bundesverdienstkreuz verliehen bekommen.

Genauso erinnerte ich mich an die Spätsommer, als ich mit den griechischen und türkischen Gastarbeiterkindern auf unserer Obstwiese spielte. Zwischen all den Kids, mit denen ich spielte, hatte ich nie Unterschiede gemacht. Das Konstrukt »Rassismus« erschien mir absolut unlogisch.

Außerdem hatte ich gesehen, wie heuchlerisch meine sogenannten Kameraden waren. Immer wieder beobachtete ich sie, wie sie Klamotten in einem Laden kauften, dessen Besitzer einen türkischen Nachnamen trug. Es war der einzige Laden weit und breit, der die Sachen der damals unter Rechten sehr beliebten Marke »Lonsdale« verkaufte. Was für eine Ironie, dass sie ihre kleinen Nazi-Uniformen ausgerechnet dort komplimentieren mussten.

Schnell kehrte ich der rechtsextremen Szene für immer den Rücken. Ich war nie zugänglich gewesen für die rassistische und menschenverachtende Ideologie dieser Typen. Aber mit ihren falschen Versprechungen von Brüderlichkeit lockten sie die junge, verlorene Seele, die ich nun mal war. Manche von diesen armen Gestalten erkenne ich noch heute in irgendwelchen Dokus über den Dortmunder Nazi-Kiez.

Ich hatte fast vier Jahre lang exzessiv Drogen und Alkohol konsumiert und mich einer Nazibande angeschlossen. Doch nichts konnte die Leere in mir ausfüllen. Ein Gefühl von Angst und Verlorenheit stieg in mir hoch. Was blieb mir jetzt eigentlich noch? Ich hatte niemanden, mit dem ich darüber sprechen konnte. So beschloss ich, erst mal wieder mit den Jungs abzuhängen.

Doch als ich wieder mit meinen alten Cliquen abhing, ich war 14 Jahre alt, traf ich die bis dahin schwerwiegendste Entscheidung meines Lebens, die bis heute noch Einfluss auf mich hat.

Der Horrortrip

Nachdem ich der rechten Szene den Rücken gekehrt hatte, verfiel ich schnell wieder in alte Muster. Die schlechten Gefühle, die Depression, die mich seit meinem Auszug aus dem Haus am Waldrand wie ein Schatten umgab, kam stärker zurück als jemals zuvor.

Ich war an einem Punkt in meinem Leben, an dem ich wirklich bereit war, jede Substanz außer Heroin auszuprobieren, um etwas anderes als Schmerz zu spüren. Ich hing zu dieser Zeit mit anderen Jugendlichen aus der Hip-Hop-Szene fast jeden Tag in der Gegend um den Hauptbahnhof in Hagen ab. Bekifft lungerten wir zwischen den Bahnhofsgeschäften und Spielotheken herum.

Doch selbst wenn niemand von meinen Jungs da war, fuhr ich nach der Schule nach Hagen. Manchmal saß ich stundenlang auf einer der Bänke am Busbahnhof und starrte in die Leere. In diesen Momenten fühlte ich mich so allein und verloren. Doch allein war ich eigentlich nie. Immer wieder setzten sich Obdachlose, Alkoholiker oder Drogenabhängige zu mir und erzählten mir von ihrem Leben. Irgendwie zog ich diese Menschen an. Ich kann mich noch gut an die Begegnung mit »dem Propheten« erinnern. »Prophet« war unser Spitzname für den Kerl, weil er den Menschen immer von seinen Visionen erzählte, die er für sie hatte. Die Passanten liefen natürlich einfach weiter, wenn er anfing zu brabbeln.

Er war ein Herumtreiber, mit Sicherheit wohnungslos. Im Vergleich zu den vielen anderen Gestalten, die auf dem Bahnhofsplatz rumlungerten, war er allerdings immer sehr gepflegt, weswegen ich denke, dass er jemanden hatte, der sich um ihn kümmerte. Er musste um die sechzig gewesen sein, sehr klein, mit milchigen Augen. Wahrscheinlich war er fast blind. Manchmal sprach er eine Sprache, die ich nicht kannte. Aus heutiger Sicht klang es nach einer slawischen. Vielleicht kam er selbst aus einem Land am Schwarzen Meer. Manche behaupteten, er sei ein alter Seefahrer aus der ukrainischen Hafenstadt Odessa.

An einem Tag im März, der Frühling kam zurück, setzte sich »Prophet« neben mich, als ich mal wieder auf einer Bank vor dem Bahnhof abhing. Mit einem Stück Toast fütterte ich ein paar Tauben.

»Du magst Tiere, Junge«, sagte er und zündete sich eine Zigarillo an.

»Gutes Herz, gutes Herz, aber schweres Herz. Herz eines Baums, aber schweres Herz.«

»Herz eines Baums? Wie meinen Sie das?«, fragte ich. Der »Prophet« lachte nur, während er über seinen weißen Bart strich.

»Dein Herz wird den Frühling erleben, Wurzeln schlagen, grüne Blätter werden sprießen. Aber erst kommt der Winter, erst kommt der Winter. Und er kommt schneller, als dir lieb ist.«

»Ich verstehe nicht, was Sie meinen.«

»Pass auf dich auf, Junge. Pass auf dich auf. Das Herz eines Baums.« Mit diesen Worten stand er auf und ließ mich zurück. Noch lange schaute ich ihm hinterher, bis er in einer der Seitenstraßen verschwand. In seinem Blick lag etwas, das mir das Gefühl gegeben hatte, dieser Mensch habe mich wirklich gesehen, in mich hineingeblickt, in mein Herz. Seine Vision für mich hielt ich natürlich für Blödsinn. Bald hatte ich unsere Begegnung wieder vergessen.

* * *

Ein Bekannter von mir hatte mir von einem Headshop in der Nähe erzählt, der Duftkissen verkaufte.

»Duftkissen?«, fragte ich. »Was soll ich denn mit Duftkissen?«

»Mensch, Max. Der verkauft das Zeug doch nicht wegen dem Duft. Die Füllung ist das Wichtige.«

»Was ist denn in den Kissen?«

»Da sind Halluzinogene drinnen. Pilze!«

Der Gedanke, diese Pilze zu testen, ließ mich nicht los. Ich war fasziniert von der Vorstellung. Wie würde ein Trip ablaufen? Ich hatte ja schon viel gekifft und auch Speed gezogen. Aber diese Drogen hatten nur bedingt Auswirkungen auf mein Bewusstsein. Von der Idee begeistert machte ich mich im Mai 2001 auf den Weg zu dem Headshop, von dem mir mein Bekannter erzählt hatte. In weniger als zwei Monaten würde ich 15 Jahre alt werden.

Angekommen lief ich an den Glasvitrinen vorbei, die gefüllt waren mit Bongs, Pfeifen und Digitalwaagen, und ging zielgerichtet an den Kassentresen, wie es mir mein Freund erklärt hatte. In einem Korb lagen die Duftkissen. Ich nahm eins und legte es auf die Theke.

»Nicht zu viel auf einmal duften«, sagte der Verkäufer, der so aussah, als wäre er Brian aus dem Film *Half Baked*. Er hatte mich weder gefragt, wie alt ich war, noch ob ich wusste, was ich da gekauft hatte.

Am Mittag kam ich am Hauptbahnhof in Hagen an, das Duftkissen in meinem Rucksack. Ich hatte mich mit meinen Jungs für einen Kinobesuch verabredet. Damals war die romantische Komödie *Wedding Planner - Verliebt, verlobt, verplant* mit Jennifer Lopez und Matthew McConaughey der heiße Renner an den Kinokassen. Romantische Komödien waren jetzt wirklich nicht unser Ding, aber einer unserer Kumpel hatte ein Date mit einem Mädchen. Sie hatte ein paar Freundinnen mitgebracht und so schauten wir alle zusammen den »Hochzeitsplaner«.

Bis der Film anfing, hatten wir noch gut 40 Minuten Zeit, also lungerten wir vor dem CineStar herum. Es war ein lauer Frühsommertag und viel los.

Ich holte eines der Duftkissen hervor, riss den kleinen Jutebeutel auf und schüttete den Inhalt auf meine Hand. Die Pilze sahen aus wie getrocknete Steinpilze und rochen auch ein wenig so. Nur waren sie etwas feuchter. Ich nahm erst mal eine Handvoll in den Mund und kaute darauf herum. Besonders gut schmeckten sie ja nicht. Als nach 15 Minuten keine Wirkung zu spüren war, kippte ich mir noch mehr auf die Handfläche.

»Yo, Max. Kann schon sein, dass die Wirkung ein wenig später einsetzt«, sagte einer meiner älteren Kollegen.

»Aber ich spür nichts. Nada. Gar nichts!«

»Ich wollte es ja nur gesagt haben. Übertreib es nicht.«

Doch bevor er seinen Satz beendet hatte, waren die Pilze schon in meinem Mund. Der Beutel war jetzt fast leer.

Das Erste, an das ich mich erinnern kann, ist die Kinoleinwand. Das leuchtende Beige der Leinwand raste auf mich und stoppte kurz vor meiner Nase. Dann wurde die Bildfläche wie von Zauberhand wieder nach hinten gezogen und schien kilometerweit weg zu sein. Was passierte hier? Ich saß doch in der Mitte des Kinos. Auch der Soundtrack des Films war mal ganz nah und laut, als würde mir jemand einen Lautsprecher an mein Ohr halten, mal ganz weit weg und dumpf wie aus dem Radio eines vorbeifahrenden Autos. Ich fing an zu zittern, Schweiß rann meine Stirn hinunter. Ich schloss meine Augen. Du verlierst die Kontrolle, du verlierst die Kontrolle, Max. Panik breitete sich in mir aus.

»Digga, ich muss sofort hier raus«, sagte ich zu dem Kollegen, der neben mir saß, und packte ihn am Arm. Wir gingen zusammen, wobei gehen es nicht ganz trifft. Ich hastete nach draußen auf den Flur, während ich versuchte, mich an der Schulter meines Kumpels zu stützen, der kaum hinterherkam. Als ich dic Türen aufriss, passierte etwas, das ich bis heute nicht vergessen kann.

Ich schaute auf den Boden, sah mich selbst, wie ich vom Boden eingesaugt wurde. Es fühlte sich an, als hätte mich ein gewaltiger Schlund in seine Tiefe herabgezogen. Ich wollte schreien, brachte aber kaum einen Ton über die Lippen. Dann spuckte mich der Teppich wieder aus. Es fühlte sich an, als würde ich mit voller

Wucht gegen die Decke knallen. Das passierte alles nur in meinem Kopf, aber es wirkte so echt. Jeder Gedanke fühlte sich fremd an, zäh und klebrig. Meine Welt hatte sich in einen Alptraum verwandelt, in dem sich alles in grellen Farben bewegte und zerfloss. Die Gesetze der Physik waren außer Kraft gesetzt.

Ich rannte auf die Toilette und spritzte mir am Waschbecken Wasser ins Gesicht. Ganz ruhig, Max. Alles wird gut.

Nichts wurde gut. Von dem Pissoir kam ein Mann, um sich die Hände zu waschen. Er schaute zu mir rüber und lächelte mich an. Sein Gesicht, sein verdammtes Gesicht schmolz. Dort, wo seine Augen, Nase und sein Mund sein sollten, sah ich nur noch eine fleischige Masse. Alles verschmolz, alles verzog sich. Das kann nicht wahr sein, Max. Das Wasser brachte nichts. Es hörte nicht auf. Es hörte einfach nicht auf. Benommen wankte ich aus der Toilette, draußen warteten meine Freunde auf mich.

»Alles gut, Max? Du bist kreidebleich«, sagte einer der Jungs mit besorgter Stimme.

»Nichts ist gut, nichts ist gut. Ich muss sofort hier raus.«

Wie ein Zombie wankte ich in eine Nebenstraße. Meine Freunde folgten mir. Ich setzte mich auf einer Steintreppe nieder und stützte verzweifelt den Kopf in die Hände. »Deine ganze Welt bricht zusammen. Es muss aufhören. Es muss aufhören.« Aber nach einigen Minuten breitete sich die finstere Erkenntnis in mir aus, dass es nicht aufhören würde. Die Gebäude um mich herum stachen in die Höhe, um dann wieder im Boden zu versinken, wie die Soundpegel einer Musikanlage. In dieser Welt, in der ich nun gefangen war, gab es nur zwei Farben: Lila und Grün. Alles war lila und grün. Nur lila und grün. Eine ältere Dame blieb stehen, als sie uns sah.

»Alles in Ordnung? Euer Freund braucht vielleicht Hilfe.«

Ich schaute ihr in die Augen und in diesem Moment verzog sich ihr Gesicht zu einer schrecklichen Fratze. Es war, als hätte ich dem Teufel in seine schwarze Seele geschaut, als sich unsere Blicke trafen.

»Sie soll weitergehen, sie soll weitergehen«, murmelte ich panisch vor mich hin.

»Wir haben hier alles unter Kontrolle«, sagte einer meiner Jungs, »aber Danke, dass sie nachfragen.«

Die Dame schüttelte den Kopf und ging weiter. Ich zog dem Kumpel, der neben mir saß, am Ärmel.

»Alles gut, Max?«

»Ich will nicht, dass du abhebst. Bitte bleib am Boden.« In meiner gestörten Wahrnehmung schwebte er die ganze Zeit nach oben. Ich hatte das Gefühl ihn festhalten zu müssen, damit er nicht davonflog.

Ich nehme es meinen Hagener Jungs nicht übel. Wir waren fast noch Kinder. Aber sie waren total überfordert mit der Situation. Niemand hatte Erfahrung mit dieser Art von Substanz. Niemand konnte mir sagen, was ich machen sollte, damit es besser wurde. Nach und nach verschwanden sie, bis ich nur noch mit einem der Jungs auf der Treppe saß. Ich war 14 Jahre alt, aber an diesem Tag starb meine Jugend. So einsam und verlassen hatte ich mich noch nie in meinem Leben gefühlt.

»Max, dein letzter Zug fährt bald, soll ich dich zum Bahnhof bringen?«, fragte der Junge, der noch bei mir geblieben war. Mittlerweile waren mehrere qualvolle Stunden vergangen.

Als ich abends in den Zug stieg, wankte ich in den letzten Waggon. Ich vermied es, den Menschen in die Augen zu schauen. Überall diese Fratzen, diese schrecklichen Fratzen. Diese 40 Minuten kamen mir vor wie 40 Tage. Aber ich hatte es geschafft, ich war wieder in Altena.

Irgendwie schleppte ich mich auch nach Hause. Angst und Panik durchströmten meinen Körper schon seit Stunden. Doch das Gefühl, das mich bei dem Gedanken überkam, gleich meinen Eltern gegenüberzustehen, übertraf alles. Als mein Vater mir die Tür öffnete, zitterte ich am ganzen Körper.

»Wie siehst du denn aus? Komm erst mal rein«, sagte mein Vater, als er mir aufmachte.

»Ich habe richtig Scheiße gebaut«, sagte ich mit zittriger Stimme.

Ich erzählte ihm alles, dass ich die Pilze genommen hatte, was im Kino passiert war, wie ich mich nach Hause gekämpft hatte. Der Trip hielt immer noch an, aber ich hatte mich ein wenig stabilisiert. Und das erwartete Donnerwetter? Es blieb aus. Obwohl mein Vater mich eigentlich nur noch anschrie, schien er an diesem Abend begriffen zu haben, dass es nicht der richtige Zeitpunkt war, um mich in den Boden zu stampfen.

»Du musst jetzt viel trinken. Das Zeug ist in deinem Kreislauf. Aber wenn du viel trinkst, spült es dein Körper langsam raus.« Er brachte mir zwei Flaschen Wasser, die ich in wenigen Minuten leerte.

»Und jetzt schläfst du dich aus.«

In meinem Bett angekommen, brach ich todmüde zusammen. Der Trip hielt immer noch an, aber mein Körper war so geschwächt, als hätte ich einen Marathon gelaufen. Irgendwann fielen meine Augen zu. Ich war nie wieder so glücklich darüber, endlich schlafen zu können.

***

Der alte Max war an diesem Abend verschwunden. Irgendwo auf dem Grund eines tiefen schwarzen und kalten Sees kauerte er und beobachte sein eigenes Leben aus der Ferne. Es spielte sich an der Wasseroberfläche ab. Dort, wo das Leben der Menschen war. Auch wenn sein Horrortrip am nächsten Morgen vorbei war, war er nun gefangen in der unbarmherzigen Finsternis des Sees, der nichts anderes war als das Gefängnis seiner Seele. Es sollte Jahre dauern, bis der Junge, mittlerweile ein Mann, wieder auftauchen würde.

Ja, so sah es in mir aus. Als ich am nächsten Morgen aufwachte, war der Trip vorbei. Aber genauso auch mein altes Leben. Meine Depression hatte nun weitere Begleiter. Eine Wahrnehmungs- und Angststörung, die bald das erste Mal in Erscheinung treten sollte.

Am nächsten Morgen ging ich ganz normal in die Schule. Ich war erleichtert, dass alles vorbei und meine Wahrnehmung wieder normal war. In der ersten Stunde hatten wir Geschichte, jemand aus der Klasse hielt eine Präsentation. Ich lümmelte in der letzten Reihe herum, als mein Geschichtslehrer auf mich zukam.

»Ich setz mich mal zu dir.«

»Klar, kein Problem.«

Doch in dem Moment, als der Vortrag begann und der Lehrer sich neben mich setzte, verschob sich meine Wahrnehmung erneut. Es war genauso wie am gestrigen Abend im Kino. Die Gesichter meiner Klassenkameraden verzogen sich zu scheußlichen Fratzen, Gegenstände wurden groß und dann wieder klein. Und über allem lag dieser grüne und lila Farbschleier. Panik breitete sich in mir aus. Ich wollte nur aus dem Raum rennen, versuchte aber, mich zusammenzureißen. Nach zehn Minuten war alles vorbei. In der Pause erzählte ich einem Freund davon.

»Alles easy. Das ist nur ein Flashback. Geht vorbei, sobald wirklich alles aus deinem Körper ist.«

Doch die Flashbacks kamen immer wieder. Tage nach dem Trip. Wochen nach dem Trip. Monate nach dem Trip. Immer wieder Flashbacks. Flashbacks, die in Panikattacken mündeten. Irgendwann übermannte mich täglich eine schreckliche Angst. Wann würde der nächste Flashback kommen? Diese quälende Frage stellte sich mir immer wieder. Irgendwann hatte ich Angst vor der Angst. Angst. Angst. Angst. Angst war das dominierende Gefühl in meinem Leben. Es war, als würde man einen Horrorfilm in Endlosschleife schauen und die Batterien der verdammten Fernbedienung sind leer. DU. KANNST. ES. NICHT. AUSSCHALTEN. Außer du ziehst den Stecker …

* * *

»Yo, Max, du hast ja drei Augen, Mann«, sagte mein alter Freund. Er halluzinierte, war seit zwei Tagen wach. Wir hingen in einer Bude in Altena ab, in der gerade eine Drogenparty stieg.

»Ich hab Angst, dass ich hängen geblieben bin«, nuschelte er und zog an seinem Joint, »verdammtes Ecstasy. Ich komm einfach nicht runter.« Mein Herz begann wie verrückt zu schlagen. Ich bekam einen Schweißausbruch. Was er erzählte, triggerte mich.

»Es tut mir leid, ich muss gehen«, sagte ich panisch, »ich kann hier nicht sein.«

Dann rannte ich. Ich rannte aus der Wohnung. Rannte die Straßen entlang. Der Himmel verfärbte sich lila. Genauso wie an dem Tag im Kino. Ich rannte weiter, rannte, bis meine Lunge brannte, rannte, bis ich mich fast übergeben musste. Der Zustand meines Freundes hatte in mir einen Flashback ausgelöst. Ich versuchte meine Gedanken zu sortieren. Das war doch meine Stimme, die ich da hörte? Nein, das waren fremde Stimmen, oder? Nein, nein, das sind schon meine eigenen Gedanken. Ruhig, Max. Panik. Blanke Panik.

»Alles in Ordnung, Max?«, fragte meine Mutter, als ich durch die Haustür hastete.

»Ja, alles okay«, log ich und verschwand in meinem Zimmer. Schwindel. Herzrasen. Stress. Ich musste mich hinlegen. Von diesem Tag an entschloss ich, niemandem davon zu erzählen, wie es wirklich in mir aussah. Ich sprach ja seit meiner Kindheit mit niemandem wirklich über meine Gefühle. Und auch darüber wollte ich mit niemandem sprechen. Ich hatte Angst davor, in die Psychiatrie zu kommen. Sie würden mich für irre halten, wenn ich ihnen davon berichtete. Alle würden mich für irre halten. Gleichzeitig wurde mir mit einem Schlag bewusst, dass ich meine Freunde hinter mir lassen musste. Sie verkörperten alles, was mich in diese Situation gebracht hatte: den unbedachten Konsum von Substanzen jeglicher Art. Von diesem Tag an war mein Sozialleben tot.

Es gab nur noch die Schule. Jeden Tag strengte ich mich an, normal zu wirken. Ich wurde stiller. Ich wurde unauffällig. Es ging nur darum zu überleben, zu funktionieren. Niemand merkte, was wirklich los war.

Hoffnung und Ruhe hatte ich nur in den Nächten. Jeden Abend legte ich mich mit dem Wunsch ins Bett, dass es morgen besser werden würde. Und jeden Morgen wachte ich auf und nichts hatte sich geändert.

Im ersten Jahr nach meinem Horrortrip zog mein Leben an mir vorbei. Manchmal hatte ich das Gefühl, dass ich nicht einmal Teil dieses Lebens war. Ich sah mich selbst, als hätte ich meinen Körper verlassen, stand im wahrsten Sinne des Wortes neben mir. Heute weiß ich, dass es sich bei diesem beängstigenden Zustand wahrscheinlich um eine Depersonalisation oder schwere Dissoziation handelte. Aber auch die halluzinogenen Flashbacks überkamen mich immer wieder. Sollte so der Rest meines Lebens aussehen?

* * *

Ich saß vor dem weißen Blatt Papier und schrieb die ersten Verse nieder. Es war wie eine Erleuchtung. Wenn ich schon mit niemandem über meine Gefühle sprechen kann, kann ich darüber rappen. Mit jedem Wort, das ich schrieb, fiel ein Stück Last von meiner Seele. Aber das

Schreiben war nicht genug. Ich musste aufnehmen, recorden! Meine Verse auf einen Beat legen. Ich wusste, dass einer meiner alten Freunde aus Hagen ein wenig Ahnung davon hatte, und kontaktierte ihn.

»Also Max, das ist ein Vierspurgerät. Das heißt, du kannst vier Spuren aufnehmen und übereinanderlegen«, erklärte mir mein alter Kumpel das Kassettendeck der Firma Tascam, als wir zusammen in meinem Kinderzimmer saßen.

»Eine Spur ist für deine Verse, eine für den Chorus, eine für den Beat und auf die letzte kannst du noch ein paar Adlibs sprechen«, sagte er. Wissbegierig saugte ich jede Information auf. Doch irgendwann begann er von den Jungs aus Hagen zu erzählen.

»Alter, die Jungs sind gerade richtig am Abkacken. Ein paar haben LSD ausprobiert.« Sofort stieg die Angst in mir hoch. Ich bekam eine Panikattacke.

»Du musst jetzt gehen«, sagte ich. Mir wurde schwindelig.

»Alter, ich bin extra aus Hagen hergefahren, um dir den Scheiß zu zeigen«, sagte mein Kollege.

»Bitte, geh jetzt.« Missmutig schnappte er sich sein Aufnahmegerät und verließ das Zimmer. Ich knallte die Tür hinter ihm zu. Durchatmen, Max. Ich hatte wahrscheinlich einen weiteren Freund verloren, dafür aber den Schlüssel zur Musik erhalten. Den Schlüssel zu meiner Rettung.

Ich war jetzt 16 Jahre alt. Die Panikattacken, Angstzustände und Flashbacks überkamen mich noch für viele Jahre regelmäßig, aber immer mehr kleine Lichtstrahlen stachen durch die Dunkelheit. Ich machte jeden Tag Musik, hatte sogar eine Freundin. Ein alter Pastor hatte mir ein Aufnahmegerät verkauft, mit dem er seine Kirchenmusik aufgenommen hatte. Witzigerweise war es das gleiche Gerät, das mein Kumpel aus Hagen mir gezeigt hatte. Auf einmal war alles kinderleicht.

Zu dieser Zeit wurde auch das Internet immer populärer. Ich lud meine Texte und Tracks in Rapforen hoch und bekam Anerkennung von irgendwelchen Menschen aus dem Netz. Auch wenn ich die Leute nicht kannte, pushte mich ihre positive Rückmeldung enorm. Zu dieser Zeit begann ich auch intensiv zu zeichnen. Graffiti wurde zu meiner zweiten großen Leidenschaft. Als aktiver Teil der Hip-Hop-Kultur empfand ich vielleicht das erste Mal in meinem Leben echtes Selbstwertgefühl.

***

»Max, hast du nicht Lust, mal mit zu Brigitte zu kommen?«, fragte meine Mutter, als wir uns im Flur über den Weg liefen, »Maurice würde sich sicher freuen.« Brigitte war die beste Freundin meiner Mutter. Sie kannten sich, weil Maurice und ich als Kinder zusammen gespielt hatten. Doch der Kontakt zwischen uns war nach der Grundschule abgebrochen. Ich hatte ihn seit Jahren nicht mehr gesehen.

»Muss das sein? Ich wollte noch was aufnehmen.«

»Wäre doch schön, ihn mal wiederzusehen.« Im Nachhinein glaube ich, unsere Mütter hatten sich abgesprochen. Vielleicht dachten sie, es wäre der richtige Zeitpunkt, uns wieder zusammenzuführen. Maurice hatte es als Kind eines schwarzen Vaters und einer weißen Mutter noch nie leicht gehabt. Ständig erlebte er in seiner Kindheit Rassismus. Eine Thematik, an der wir als Gesellschaft auch heute noch intensiv arbeiten müssen, die aber in den Neunzigern noch ein viel größeres Problem war. Auch das Verhältnis zu seinem Vater war wie bei mir schwierig. Und er kiffte wie ein Verrückter. Genau wie ich machte er gerade eine schwere Phase in seinem Leben durch. Das wusste ich da natürlich noch nicht.

»Gib dir einen Ruck, Max«, sagte meine Mutter.

»Na gut.«

20 Minuten später standen wir in der Wohnung von Brigitte. Sie begrüßte uns beide herzlich mit einer Umarmung.

»Boah, Max. Du bist ja groß geworden. Maurice wartet in seinem Zimmer auf dich.« Die beiden Frauen verzogen sich in den Garten, um Kaffee zu trinken. Und ich? Ich ging die Treppen hinauf, hinauf in das Zimmer, wo ein Mensch auf mich wartete, der mein Leben nachhaltig positiv verändern sollte.

»Stehst du auf Rapmusik?«, fragte mich Maurice, als ich sein Zimmer betrat. Es roch nach Marihuana. Aber irgendwie triggerte mich der Geruch nicht. Ich weiß nicht warum, aber ich fühlte mich sofort wohl bei Maurice. Überall in seinem Zimmer hingen Rap-Poster. Tupac, Nas, Biggie.

»Ich bin gerade dabei, etwas zu mischen«, sagte er und bot mir einen Stuhl neben sich an. Dann spielte er mir einen seiner Tracks vor.

»Das ist richtig gut, Alter«, sagte ich anerkennend. Wir waren sofort auf einer Wellenlänge, unterhielten uns stundenlang über Rap, über Beats, spielten uns gegenseitig unsere Sachen vor. Aber nicht nur das. Ich sprach mit ihm auch über meine Probleme, meine Angststörung, meine Vergangenheit. Und er wiederum erzählte mir völlig offen von allem, was ihn belastete. So was hatte ich vorher noch nie mit einem anderen Menschen erlebt.

»Max, wir müssen jetzt gehen, es ist schon fast acht«, rief meine Mutter von unten.

»Du musst auf jeden Fall wiederkommen, Max«, sagte Maurice.

Von diesem Tag an vertrauten wir uns blind, hingen fast jeden Tag miteinander ab. Wir konnten in die Seele des anderen schauen, ohne dass es vieler Worte bedurfte. Ich hatte vorher noch nie einen echten Freund gehabt. Zuvor trieben mich immer das Gefühl, mich vor meinen Jungs beweisen zu müssen, und die Angst, dass jemand meine Schwächen gegen mich ausspielen würde. Doch nicht bei Maurice. Wir waren eine Einheit, traten zusammen auf Jams auf. Er war im Leben mein Back-up und auf der Bühne. Er machte meine Krankheit erträglich. Später kamen noch Adriano und Momo in unsere Crew. Aber Maurice und ich. Das war etwas Besonderes.

Ich schaffte in dieser Zeit auch meinen Realschulabschluss und machte erste Schritte in Richtung Kraftsport.

***

Ich denke, viele junge Menschen kennen das Gefühl der Orientierungslosigkeit nach dem Ende der Schulzeit. In den ersten Wochen ist da vor allem die Erleichterung, es geschafft zu haben. Doch jeder Sommer geht zu Ende und meine Eltern übten immer mehr Druck auf mich aus, mich für einen beruflichen Weg zu entscheiden.

»Max, von Musik kann man nicht leben«, sagte mein Vater.

»Du solltest zumindest einen Plan B haben«, unterstützte ihn meine Mutter. Irgendwie hatten sie ja recht. Ich besuchte ein Jahr eine Fachoberschule für Gestaltung in Iserlohn. Doch dann war es Zeit für einen Ortswechsel. Ich war jetzt 17 und beschloss, das Sauerland zu verlassen. Berlin wartete auf mich! Das dachte ich zumindest.

Meine Eltern meldeten mich auf meinen Wunsch hin an einem Oberstufenzentrum mit dem Schwerpunkt Gestaltung in Berlin-Reinickendorf an, direkt am Märkischen Viertel. Viele Protagonisten der Berliner Rap- und Grafittiszene waren an dieser Schule, zum Beispiel der spätere Manager von Prinz Pi, der in meiner Klasse war.

Damals hatte ich eine Freundin in Berlin, die ich regelmäßig besuchte. Meist fuhr ich schwarz mit dem ICE von Hagen. Nach ein paar Fahrten kannte ich die Gewohnheiten der Schaffner und wusste, dass sie hinter Hamm nicht mehr kontrollierten.

Wir waren damals wirklich ineinander verliebt und deswegen fiel es mir leicht, Altena für sie zu verlassen. Sie entstammte einer reichen Ärztefamilie und als ihr Bruder auszog, durfte ich, nachdem wir unsere Eltern davon überzeugt hatten, sein Zimmer in der Villa am nördlichen Stadtrand beziehen.

***

Schon am ersten Tag an der neuen Schule wurde mir mein Fahrradsattel geklaut. Dit war Berlin! Meine neuen »Atzen« hatten alle Klappmesser dabei und sprachen ständig davon, irgendwelche »Opfer abzustechen«.

Ich dachte mir nur »Wow«. Das war schon ein anderes Level als auf den auch schon harten Straßen in Dortmund und Hagen, auf denen ich mich in meiner Jugend rumgetrieben hatte. Die Berliner waren krass.

Aber es kam, wie es kommen musste. Wie die meisten jugendlichen Beziehungen zerbrach auch meine, als die Eltern meiner Freundin sich voneinander trennten. Der emotionale Stress war zu groß für sie. Meine psychischen Probleme belasteten mich zu dieser Zeit weniger. Vielleicht lag es daran, dass ich jetzt total auf mich allein gestellt war. Überlebensmodus!

Ich musste mein schickes Zimmer in der Reinickendorfer Wohnung gegen ein abgefucktes WG-Zimmer in Kreuzberg tauschen. Der Typ, bei dem ich wohnte, war ein peruanischer Maskenmacher. Ja, der Typ stellte indigene Masken her. Heute hätte ich mich wahrscheinlich super mit ihm verstanden, aber damals lebten wir einfach aneinander vorbei. Kohle hatte ich auch kaum und schnorrte mich von Woche zu Woche durch.

Von meinem Zimmer aus konnte ich jeden Morgen die Drogenabhängigen im Görlitzer Park beobachten. Dann hieß es fast 40 Minuten U-Bahn fahren ans andere Ende der Stadt. Ein ungesunder Rhythmus für mich! Mein einziger Lichtblick war der Unterricht in einer Capoeira-Schule in Berlin Mitte, die zu meinem zweiten Zuhause wurde. Überall hingen und standen tropische Pflanzen und wenn ich mal kein Geld hatte, lieh mir dort jemand 5 Euro. Auch mein Meister war herzlich und ohne ihn hätte ich die Schule wahrscheinlich abgebrochen.

Irgendwann hasste ich Berlin einfach nur noch und wollte ganz schnell zurück ins Sauerland. Doch nicht ohne meinen Schulabschluss. Also quälte ich mich durch die letzten Monate.

Und dann kam der Tag der Abschlussprüfung. Ich wurschtelte mich irgendwie durch alle Prüfungen, aber Mathe war der absolute Endgegner. Mathe und ich? Das hatte noch nie zusammengepasst. Ich saß vor dem Aufgabenblatt und wusste, dass ich mit dem Lehrer einen Deal aushandeln musste. Also ging ich nach vorne zum Pult.

»Okay, das ist jetzt nicht leicht. Aber ich werde hier nicht zwei Stunden rumsitzen, wenn ich eh nichts kann.«

»Wieso hast du nicht mal für 'ne 5 gelernt, Max?«

»Sie kennen mich doch. Sie wissen, ich kann gut zeichnen. Deswegen bin ich hergekommen. Aber Mathe interessiert mich einfach nicht.«

»Und was machen wir da?«, fragte der Lehrer und musterte mich skeptisch. Trotzdem lag ein Wohlwollen in seinen Augen. Offenbar hatte mein Auftreten ihm imponiert.

»Also entweder sie schreiben jetzt da 'ne 6 drauf, dann verlass' ich Berlin ohne Fachabitur, oder Sie helfen mir.«

Mir war zu dem Zeitpunkt alles egal. Ich wollte nur weg aus Berlin. Und der Lehrer? Er half mir. Damit war meine Zeit in Berlin vorbei.

***

Maurice stand vor dem Bahnhof und begrüßte mich mit einem breiten Grinsen. Ich umarmte ihn, als hätten wir uns zehn Jahre nicht gesehen.

»Das Sauerland hat mich wieder, Bruder.«

»Schön, dass du wieder da bist, Mann. Schon Pläne?«

»Pläne? Oh ja. Wir beiden nehmen mein erstes verdammtes Album auf.«

Yes, so war es. Ich wollte alles auf eine Karte setzen. Wenn meine Zeit in Berlin mich in einer Sache bestärkt hatte, dann in der, dass ich Rapper werden wollte. Das Fachabi hatte meine Eltern erst mal ruhiggestellt. Zudem besorgte ich mir einen Job bei der Post, der mich finanziell über Wasser hielt.

Immer wenn ich freihatte, gingen Maurice und ich ins Studio. Manchmal hingen auch Adriano und Momo bei uns rum. Die Joints kreisten, aber nicht für mich. Ich war weiterhin in einer psychischen Ausnahmesituation, mit der ich zu leben gelernt hatte. Jeder Griff zu Substanzen wäre ein Risiko gewesen.

Es war trotzdem einfach eine gute Zeit. Wir hatten nicht viel Kohle, aber wir hatten uns und die Musik. Und auch mit dem Sixpack, das ich mir nun antrainiert hatte, kamen die Frauen von ganz allein.

***

»Alter, ich habe mit Dr. Dre geschrieben«, erzählte mir ein Kumpel, der uns im Studio besuchte.

»Wie, du hast mit Dre geschrieben? Oder heißt dein Arzt zufälligerweise so.«

»Mann, Max. Ich rede von MySpace. Dem Internet. Die Zukunft der Musikbranche.«

Er zeigte uns sein Profil auf dem Computer, der neben dem Mischpult stand. Ich war direkt gecatched. Ich kannte ja von früher noch diese Rapforen, in denen ich meine ersten Tracks der Welt präsentierte. Aber das war viel geiler! Du konntest wirklich mit richtigen Stars chatten und dich mit anderen kleinen Musikern vernetzen. Das Profil, das man sich erstellen konnte, erinnerte ein wenig an die Seite eines Freundschaftsbuchs. Nur dass man Fotos und Musik hochladen konnte, anstatt nur belanglose Infos zu kritzeln.

Ich legte mir sofort eine eigene MySpace-Seite an und connectete mich mit Musikern auf der ganzen Welt. Einmal tauschte ich mich sogar mit einer jungen Rapperin aus Queens, New York, aus, die später unter dem Namen Nicki Minaj ein Weltstar werden sollte.

Über meine Liebe zu französischem Rap und Coupe Decale, einem Musikstil von der Côte d'Ivoire, lernte ich auch eine junge Haitianerin aus dem Pariser Vorort Saint-Denis kennen. MySpace wurde eben nicht nur zum Austauschen von Kunst und Musik benutzt. Es wurde auch schnell flirty.

Und so fand ich mich schnell in einem MSN-Messenger-Call mit der Dame wieder, in dem es heiß herging. Ein paar Tage später kaufte ich Zugtickets und fuhr von

Köln mit dem Thalis über Brüssel nach Paris. Mein erster Trip allein ins Ausland.

Als ich am Gare de Nord ankam, bekam ich direkt eine Panikattacke und kotzte in einen Mülleimer. »Fuck, gleich würde ein superheißes Mädchen dich abholen, um mit dir rumzumachen, und du riechst nach Erbrochenem.« Ich besorgte mir schnell ein Wasser und eine Packung Kaugummis.

Zum Glück knutschten wir nicht direkt rum, sondern gingen erst mal in die Metro. Von da fuhren wir aus der Stadt raus nach Saint-Denis. Umso länger wir fuhren, umso mehr Businessmenschen in ihren schicken Anzügen und Kostümen stiegen aus. Irgendwann war ich das letzte *Weißbrot* in der Bahn. Auch die schicken, sandfarbenen Pariser Altbauten mit den Zinndächern wichen immer mehr den grauen Wohnblocks der Vorstädte.

Als wir die Treppen der U-Bahn-Station in St. Dennis hochstiegen, war ich baff. So etwas hatte ich noch nie gesehen. Riesige Betonquader ragten in den Himmel, auf dem Platz vor der U-Bahn herrschte ein reges Treiben. Frauen in bunten afrikanischen Gewändern grillten Maiskolben und Fleisch über umgedrehten Einkaufswagen, Jugendliche machten Wheelies auf ihren Motorrollern. Es roch nach gegrilltem Gemüse und Benzin. Ich dachte, ich war in einem Musikvideo meiner französischen Lieblingsrapgruppe Mafia K'1 Fry gelandet.

Durch diesen Trip habe ich zwei Dinge gelernt. Erstens: Das Internet bietet dir die Möglichkeit, mit Menschen in Kontakt zu treten, die aus ganz anderen Welten kommen. Und zweitens: Mit Respekt und Offenheit lässt sich auch an den gefährlichsten Orten der Welt mit den Menschen ins Gespräch kommen. Das war die Formel für mein Format »HOOD«, die mich viel später noch zum Star machen sollte.

Linda

Momo und ich standen an einem Bistrotisch im »Antalya Grill« unweit der Linienstraße, dem Puffbezirk in der Dortmunder Nordstadt. Es muss ein heißer Nachmittag im Juni oder Juli 2007 gewesen sein. Im Nordmarktpark kickten ein paar Kids und scheuchten Tauben und Drogenabhängige auf. Es war ein ganz normaler Tag in der Nordstadt.

»Ey, Momo, extra Tabasco auf die Pizza?«, fragte der alte Dönermann.

»Nee Mann, heute nicht. Übelstes Magenbrennen.«

»Kein Wunder, wenn du dir überall die Tabascoscheiße draufkippst«, sagte ich zu Momo und pulte mit einem Zahnstocher zwischen meinen Zähnen herum.

»Deswegen heute ja kein Tabasco«, sagte Momo mit einem Zwinkern. Aus den Taschen seines Trainingsanzugs von Sean John strömte der süßliche Geruch von Hasch.

»Wenn du weniger rauchen würdest, würdest du weniger fressen, und dann würde es auch deinem Magen besser gehen.«

»Jaja Max, hast ja recht. Aber nach der Pizza muss ich erst mal einen rauchen.«

Wir mussten beide lachen. Der Uludağ spritzte aus meinem Mund.

»Ahh Freundschaft ist wichtig, Jungs«, sagte der Dönermann und kam mit zwei Tellern hinter der Theke hervor. »So, einmal Pizza Sardinia mit extra Sardellen für Momo, ohne Tabasco«, sagte der Alte und stellte die dampfende Pizza auf den Stehtisch. »Aber nicht vor meinem Laden rauchen«, fügte er hinzu und schaute Momo mahnend an.

»Nee Abi, klar, mach ich nicht.«

»Und einmal Dönerteller Spezial mit Reis und Joghurtsauce für dich, Max.«

Ich klopfte ihm zum Dank auf die Schulter. Sein Rücken war rund und er lief nach vorne gebeugt. Das T-Shirt des Alten war fleckig und roch nach Fleisch, Fett und Schweiß. Die Hände geschwollen und voller Brandblasen von der Arbeit an der Fritteuse. Er arbeitete hart für das wenige Geld, das er bekam, dafür, dass er von morgens bis mitternachts vor dem Fleischspieß stand. Als ich darüber nachdachte, wurde mir einmal mehr klar, dass niemand da draußen etwas geschenkt bekommt. Schon gar nicht im Dortmunder Norden.

»Und schmeckt, Jungs?« fragte der Alte, während er sein Dönermesser mit einem Geschirrtuch abwischte. Im Hintergrund lief das Radio. Irgendein Innenminister laberte was von gesteigerter Terrorgefahr wegen der Sicherheitslage in Pakistan. Der Dönermann strich sich über den Schnauzer und schaltete türkische Popmusik ein.

»Alles tiptop, Meister, wie immer«, rief Momo rüber, »Sag mal, wo ist eigentlich Erol geblieben? Hab den seit mindestens einem Monat nicht mehr hier gesehen.«

»Erol arbeitet schon lange nicht mehr für mich. Hat was Besseres gefunden.«

Momo und ich schauten uns an und zogen die Augenbrauen hoch. Erol und was Besseres gefunden? Erol war einer dieser Typen, von denen man dachte, dass sie bis zum Ende ihres Lebens am Dönerspieß stehen würden. Aber nicht wie der Alte, der das Ganze mit großer Leidenschaft und Bescheidenheit machte, sondern einfach, weil Erol zu nichts anderem taugte. Er war nicht besonders charismatisch oder klug. Trotzdem, das musste man ihm zugestehen, hatte er schon immer eine gewisse Wirkung auf Frauen. Aber alles in allem war er ein Lutscher. So hätte ich ihn damals zumindest bezeichnet.

»Und was macht Erol jetzt?«, fragte Momo.

»Geschäfte«, sagte der Alte und zuckte mit den Schultern.

»Alter, Erol macht Business und wir hängen nur rum?«, sagte Momo. Unrecht hatte er nicht. Es war eigentlich eine gute Zeit. Ich war Anfang 20. Die schweren Jahre nach dem Horrortrip waren vorbei. Ich hatte meine Panikattacken im Griff und fühlte ich mich das erste Mal richtig frei. Ich sah gut aus. Damals war ich noch nicht so tätowiert wie heute, aber schon ganz gut durchtrainiert. Mein Körper machte einiges her. Ich war selbstbewusst. Und ich hatte meine Rapcrew: Adriano, Maurice und ich. Manchmal, wenn Momo Bock hatte, rappte er für uns auf kleinen Jams als Back-up. Aber mein Stamm-Back-up war natürlich Maurice, der unter dem Namen Shadow auftrat.

***

Wir hatten Auftritte im ganzen Pott. Jeder Sprayer, jeder MC und jeder DJ, der einen Namen hatte, kannte uns. Es war eine goldene Zeit für Hip-Hop. Und ich hatte die Ehre, mit einigen Legenden aufzutreten. Ich war die Vorgruppe von Oli Banjo und stand mit Franky Kubrick auf der Bühne. Mein größter Förderer damals war Mateo von Culcha Candela, mit dem ich mehrmals auftrat.

Nur die Gagen waren nicht so golden wie die Zeiten. Und viele Crews, die nach oben wollten, floppten. YouTube und andere Social-Media-Plattformen gab es damals noch nicht. Geld kam kaum rein. Und das war das Problem. Ich war geil auf dicke Uhren, fette Autos und heiße Frauen. Ich dachte, das wäre Erfolg.

Wir gingen nach vorne, um zu bezahlen. Momo kramte in der Tasche seiner roten Trainingshose einen Zehner und ein paar Münzen hervor und legte das Geld auf den Tresen. Es roch wieder nach Hasch.

»Stimmt so.«

»Ahh riecht gut«, lachte der Alte und nahm das Geld von der Ablage. »Max, fang nicht an mit dieser Scheiße. Macht langsam im Kopf.«

Ich nickte. Ich wusste zu gut, was er meinte.

Momo stand schon in der Tür, als der alte Dönermann uns zurief: »Ahh schaut mal, da ist Erol ja.« Er zeigte auf die Straße.

Wir staunten nicht schlecht über das, was wir da sahen: Erol saß auf dem Vordersitz eines nagelneuen BMW M3 Cabrio. Farbe: Chanel rot. Auf der Rückbank saßen zwei Blondinen um die 20. Aus der Anlage trällerte Mustafa Sandal seinen Sommerhit *Indir*. Auch wenn Erol ein Pisser war – das hatte schon was.

»Männer, das sind Lucy und Velvet, meine Mitarbeiterinnen des Monats«, sagte Erol und zog seine Ray-Ban mit einem Zwinkern runter. Die Mädels verzogen keine Miene. Fassungslos nickten wir den zwei Frauen zu. Momo stand mit offenem Mund vor der Karre.

»Boah krass, Alter, ist das der Neue mit Sonderlackierung?«, fragte er und lief einmal um das Auto herum.

»Der Neue mit Sonderlackierung, elektrischen Fensterhebern, Klimaautomatik und CD-Player. Alles dran, wie bei einem echten Mann.« Erol lachte angeberisch.

»Irgendwas ist doch anders mit deinen Haaren?«, fragte ich. Erol wurde rot. Eines der Mädchen kicherte. »Ruhe dahinten«, brüllte Erol und fluchte noch etwas auf Türkisch.

»Ganz neues Verfahren, Max. Geht nur in Istanbul. Dr. Cinik. Haartransplantation. Etwas, was du ja nicht brauchst, Momo.« Er streckte seinen Arm aus, um Momos schwarzen Lockenkopf zu tätscheln. Momo trat einen Schritt zurück. »Finger weg, die sind frisch gewaschen, Mann.«

Erol ignorierte die Abweisung. »Also Jungs, was ist Phase? Wollt ihr Yayo kaufen? Ich habe gutes Koks bei mir zu Hause.«

»Ne, Mann, heute nicht«, sagte ich, bevor Momo antworten konnte. Ihn musste man manchmal vor sich selbst schützen. Jeder wusste, Momo hatte einen Hang zu Süchten.

»Schade, ich hätte die beiden Girls jetzt mal schnell zum Hornbach gefahren und euch dann eingesammelt.«

Jeder in Dortmund wusste, dass hinter dem Hornbach der Straßenstrich war.

»Wieso fährst du die beiden eigentlich dorthin?«, fragte ich, als hätte ich nicht längst verstanden, was Sache war.

»Sagen wir's mal so, ich bin jetzt Manager. Wenn du verstehst, was ich meine. Oder denkst du, der Schlitten bezahlt sich vom Pizzabacken bei dem Alten?«

Erol war also Zuhälter. Dieser Lutscher war ein verdammter Zuhälter. Dieser Gedanke ging mir immer wieder durch den Kopf. Vom Park her kamen die Kids schreiend über die Straße gerannt. Sie hatten Erols Cabrio entdeckt. Besorgt schaute er in den Rückspiegel.

»Also Jungs, ich hau mal ab, bevor die kleinen Pisser mit ihren fettigen Popelfingern meinen Lack ruinieren.«

Er reichte mir die Hand. Ich drückte fest zu und sah, wie sein Gesicht vor Schmerz kurz zusammenzuckte. »Mach's gut, Max und komm doch später mal in die Linienstraße, da habe ich was zu erledigen«, sagte er mit einem schmierigen Grinsen und versuchte, sich den Schmerz nicht anmerken zu lassen. »Und Momo, nicht so viel kiffen. Das macht langsam im Kopf.« Dann drückte er aufs Gas und fuhr davon.

»Was wollte der denn? Mit seinen Nuttenfingern in meinen Haaren rummachen?«, Momo kramte ein zerknittertes Longpaper aus seiner Hosentasche.

Die Kids standen mittlerweile um uns herum und fragten nach Geld.

»Alter, sehen wir aus wie Mutter Theresa? Macht euch ab – du, ich kenn deinen großen Bruder. Soll ich dem sagen, dass ihr hier bettelt?«

»Ihr seht eh aus wie Penner«, sagte ein dicker Junge in einem Galatasaray-Trikot und streckte Momo die Zunge raus. Der wiederum deutete an, dem Jungen eine Ohrfeige zu geben, und die Bande lief johlend und kreischend zurück über die Straße in den Park.

»Die Jugend ist verloren«, sagte Momo, während er das Hasch zu kleinen Kügelchen formte und auf der Rückseite seiner Smoking Reds Longpapers mit einer Marlboro mischte.

»Ich muss los«, sagte ich.

»Später Puff?«

»Später Puff.«

Zu dieser Zeit waren wir oft im Rotlicht unterwegs. Im ganzen Pott. In Bochum auf dem Eierberg, in Duisburg in der Vulkanstraße und in der Dortmunder Nordstadt. Vor allem Momo konntest du eigentlich jeden Abend auf einer anderen Rotlichtmeile treffen. Diese verruchte Welt mit den Halbweltgestalten, den Aufsteigern und den Gefallenen übte eine große Anziehung auf mich aus. Und natürlich die Frauen. Damals habe ich das alles romantisiert. Aber eigentlich gab es nichts mehr zu romantisieren. Es war die Zeit der Dumpingpreise. Der Tiefpunkt war Flatrate-Ficken. Einfach nur menschenverachtend. Durch die EU-Osterweiterung kamen viele Frauen aus Bulgarien und Rumänien als Sexarbeiterinnen nach Deutschland. Frauen, die für wenig Geld ihre Dienste anboten. War immer Zwang dahinter? Vielleicht kein körperlicher. Aber ist finanzieller Zwang nicht auch ein Zwang? Was das Rotlicht mit den Menschen macht, sollte ich erst später realisieren.

***

Es war ein lauer Sommerabend. Momo und ich trafen uns am Eingang der Linienstraße. Es war einiges los. Viele Arbeiter hatten Feierabend und wollten eine schnelle Nummer schieben. Es roch nach billigem Tabak und noch billigerem Parfüm. Die Huren hatten Glück, dass die Bundesliga Sommerpause hatte. Denn an Abenden wie diesen war die Linienstraße voll von betrunkenen Fußballfans, wenn der BVB gespielt hatte. Sieg oder Niederlage, das war egal. Ficken wollten sie immer. Manche Frauen saßen in den Schaufenstern und *flirteten* mit den Freiern, andere schauten mit traurigen Augen in die Leere.

»Ey, Max, kommst du klar?«, sagte Momo und schnippte mit den Fingern vor meinen Augen. »Wo guckst du hin?«

Ich blickte rüber zu Erol, der mit dem Ellbogen aus seinem Cabrio mit zwei Türstehern redete. Er schaute kurz zu mir rüber, wich meinem Blick aber schnell wieder aus. Ich sah, wie ihm einer der Türsteher einen dicken Umschlag reichte. »Koks und Nutten«, dachte ich.

»Kommst du, Max?« Momo nippte an seiner Jack-Daniels-Cola-Dose und lief zu einem der Schaufenster. Der Gedanke, dass einer wie Erol es zum Zuhälter gebracht hatte, ließ mich auch am Abend nicht los. Ich wusste, wenn ich die Gelegenheit bekäme, würde ich auch ins Rotlichtgeschäft einsteigen.

***

Ein paar Wochen später traten wir auf einer Jam in Duisburg auf. Es war wie ein großes Familientreffen. Rap-

und Graffiticrews aus dem ganzen Ruhrpott waren gekommen. Und die Crowd feierte jeden unserer Songs, als wären wir fucking G-Unit. Im Intro meines Rapvideos »Die Echten« habe ich ein paar Ausschnitte von dem Abend reingeschnitten. »Wenn ihr mal irgendwo hinwollt, Duisburg Vulkanstraße. Hier gibt es heiße, schöne Mädels«, sage ich euphorisiert in die Kamera. Das war der Abend, an dem ich Linda zum ersten Mal begegnet bin.

Momo parkte seine alte Mercedes-Limousine auf einem Sammelparkplatz unweit des Duisburger Hafens. Zu Fuß machten wir, Adriano, Maurice, Momo und ich, uns auf den Weg zur Vulkanstraße. Vorher waren wir einen Döner essen und Momo, wer sonst, hatte die Idee, noch ins Rotlichtviertel zu gehen. Lange überreden musste er uns nicht. Glückstrunken, meine Gage in der Hosentasche und die Jungs im Schlepptau, lief ich die Vulkanstraße lang.

»Alter, Momo, du stinkst mies nach Knoblauch. So einen will doch niemand ficken.« Maurice schubste Momo vom Bürgersteig. Ein Taxi hupte und wir grölten laut. Die Straße war verstopft mit Autos. Nummernschilder aus Holland, Belgien und Frankreich. Von überall strömten die Freier in die Vulkanstraße. Es war Partystimmung. Die WM 2006 in Deutschland zuvor war gutes Marketing für deutsche Puffs gewesen. Die Welt zu Gast bei Freunden. Aber auch aus der Stadt strömten die Männer aus den Bars und von Konzerten auf die Rotlichtmeile. Ausgelassene Stimmung rund um die Laufhäuserblocks an der Vulkanstraße. Es lag ein Flimmern in der Luft.

»Knoblauch desinfiziert. Außerdem schau' dir mal das hier an.« Momo zog seine Hose runter, sodass wir kurz seinen Schwanz sehen konnten. »Wer damit nicht ficken will, ist nicht ganz normal.« Wir lachten alle laut und Adriano verteilte eine Runde Heineken an die Jungs, die er vorher noch an der Aral geklaut hatte.

»Jungs, lass aufteilen. Zu viert die Zimmer abklappern macht keinen Sinn. Dann streiten wir uns am Ende nur, wer mit der Frau aufs Zimmer gehen kann«, sagte Momo.

»Da spricht der Fachmann.«

Momo nahm Maurice in den Schwitzkasten und raufte ihm durch die Haare. »Du kannst froh sein, dass ich dich so liebe, Bruder.« Die beiden verschwanden in einem der Hauseingänge. Adriano und ich gingen noch ein Stück weiter.

»Lass in die 25 gehen«, sagte ich zu Adriano. Wenn ich so darüber nachdenke, hätte mein Leben einen ganz anderen Verlauf genommen, hätte ich ein anderes Laufhaus gewählt. Aber an diesem Abend hat es mich aus reinem Zufall in die 25 gezogen.

Adriano und ich streiften durch die Gänge. Das Laufhaus muss man sich wie ein Labyrinth vorstellen. Überall gab es Abzweigungen und Übergänge zu den anderen Häusern und Bars. Ein Wirrwarr aus Gängen und Treppenhäusern. Schummrig rotes Licht in den fensterlosen Fluren, die mit Terrakottaplatten ausgelegt waren. Vier Stockwerke. Und in jedem warteten andere Frauen auf die Freier. Ganz oben im vierten Stock boten die Transsexuellen ihre Dienste an.

Wir beschlossen, im Erdgeschoss die Lage zu checken. Im ganzen Gebäude lag der verruchte Geruch von Chlorreiniger und süßlichem Parfüm. Das ist der Geruch der Laufhäuser, von Hamburg bis nach Konstanz. Auf dem Boden lagen Taschentücher und Zigarettenstummel. Eine alte deutsche Putzfrau in einer blauen Schürze kümmerte sich um den gröbsten Dreck. Das Rotlicht ist kein sauberes Gewerbe. Aber vielleicht hat uns gerade das angezogen.

Im vorderen Bereich waren fast alle Zimmer besetzt. Wie gesagt, es war viel los in dieser Sommernacht in der Vulkanstraße. Über fehlende Kundschaft konnten sich die Frauen an diesem Abend nicht beschweren.

»Lass weiter nach hinten, Max«, sagte Adriano. Adriano war damals mein Trainingspartner. Er war genauso breit gebaut wie ich und trug einen schwarzen Lederblouson von Chevignon. Es war leicht, ihm zu folgen im Gedränge der Männer, die wie Ameisen in zwei Reihen zwischen den Gängen auf der Suche nach dem besten Fick waren. Plötzlich hörte ich von rechts eine Stimme.

»Hey Chico, hast du Lust auf ein bisschen Spaß?«, fragte eine ältere Latina, die rechts von mir lässig am Türrahmen lehnte. Ich blieb stehen und schaute sie an. Sie musste Ende 30 gewesen sein, eine richtige Milf. Riesige Brüste, Bubblebutt und ein paar heiße Tattoos auf der Wade. Sie trug nichts außer einem String. Bei ihr würde ich den besten Service bekommen, das wusste ich. Sie zwinkerte mir zu und nahm meine Hand. Wie verzaubert folgte ich ihr, als ich Adrianos Stimme hörte.

»Ey Max, da hinten geht die Party ab.« Er packte mich am Arm und zog mich wieder raus. Die Latina-Milf machte einen traurigen Schmollmund und winkte mir hinterher.

»Heute nicht, Belleza, heute nicht«, rief ich in ihre Richtung. Sie warf mir einen Kuss zu und wandte sich dem nächsten Mann zu, der an ihrem Zimmer vorbeilief. Durch die Gänge tönte blechern Dancehall-Musik von Sean Paul. *Well I don't really care what people say. I don't really watch what dem waan do. Still I got to stick to my girls like glue.*

Wir waren fast am Ende des Ganges und liefen ein paar Treppenstufen hoch, bis wir in einem breiten Flur am Ausgang anlangten. Und dann sah ich sie. Linda. Mit einer Freundin stand sie zwischen zwei Säulen und tanzte mit zwei Jungs, die im Begriff waren zu gehen. Und dann sah sie mich und ließ sofort von dem Jungen ab. Ich werde bis heute nicht vergessen, wie sie mich von oben bis unten musterte. Nicht wie eine Hure einen Freier mustert, checkt, ob er Geld hat, betrunken ist oder stinkt. Nein, sie musterte mich wie eine Löwin, die einen Löwen sucht.

»Alter, siehst du die beiden?«, sagte Adriano und zeigte auf Linda und ihre Freundin.

»Klar, Mann.«

Wir gingen zu den Mädchen. Sie mussten ungefähr in unserem Alter gewesen sein, vielleicht etwas älter. Die beiden Typen waren verschwunden.

Lindas Freundin schnappte sich sofort Adriano und tanzte ihn an. Aber ihre Sympathie war ganz klar geschäftlicher Natur, was den angetrunkenen und bekifften Adriano wenig juckte. Linda hingegen schaute mir tief in die Augen und zog mich an meiner Silberkette zu sich herunter. Sie war fast zwei Köpfe kleiner als ich. »Du stehst also auf Schmuck«, flüsterte sie mir ins Ohr. »BlingBling.«

Ihre Finger strichen über mein perlweißes Tanktop und fuhren dann hoch über mein Kinn zu meinen Ohrläppchen. Vorsichtig betastete sie meine Brillantohrringe. Sie schnalzte mit der Zunge. »Keine echten Steine.«

»Noch nicht«, erwiderte ich. Und ich meinte es ernst. Das merkte sie.

Adriano drehte sich um. »Max ist Rapper.«

»Ein Rapper also«, sagte Linda und kicherte.

»Was gibt es denn da zu kichern?«, fragte ich und legte meine Hand auf ihre Hüfte. Sie trug ein burgunderrotes Dessous und rote Lack-High-Heels. Um ihre runden Hüften lag ein Netzrock aus weißem Leinenstoff. Kurz hätte man vergessen können, dass wir in Duisburg waren. Die ganze Situation hatte Karibik-Flair.

Lindas Freundin wurde ungeduldig und zog meinen Kollegen in ihr Zimmer. »Komm schon«, sagte sie genervt.

»Wir sehen uns, Max«, lachte Adriano und verschwand hinter der schweren Tür, auf der in Windows Colors »Denise« geschrieben stand. Der I-Punkt war ein kleines Herzchen.

»Zeit ist Geld«, sagte Linda und lächelte. Wir schauten uns noch ein paar Sekunden in die Augen. Ich dachte darüber nach, was wohl wäre, wenn ich sie auf einer Kirmes oder in einer Bar kennengelernt hätte. Doch dann kam der Geschäftsmann in mir hoch, eiskalt und berechnend. Das könnte meine Chance sein. Dieses Mädchen sah irgendwas in mir. Das wurde mir in diesem Moment klar.

»Willst du mitkommen auf mein Zimmer?«, fragte Linda. Ich nickte.

Lindas Raum war nicht besonders groß. An der Wand stand ein Bett zum Vögeln. Auf der anderen Seite eine Kommode, auf der ein Röhrenfernseher mit DVD-Player wartete. Das musste ihr Stammzimmer sein. Sie war öfter hier. Die Mädels, die ein festes Zimmer hatten, machten es sich etwas gemütlicher. Denn Hure sein heißt nicht nur, mit fremden Männern zu schlafen, es bedeutet auch, viel zu warten. Da war ein Fernseher ziemlich praktisch.

Ich setzte mich auf das Bett, auf dem eine Fleecedecke mit Leoprint lag. Linda setzte sich neben mich. In der Glotze lief VIVA. *Pon de replay*, sang eine junge Rihanna, während wir schweigend dasaßen. Linda wirkte irgendwie schüchterner als auf dem Gang. Ich schaute sie an. Sie hatte ein liebes, süßes Gesicht. Trotzdem wirkte sie nicht naiv, aber auch nicht so abgebrüht wie die Mädchen vom Balkan oder vom Schwarzen Meer. Sie hatte etwas von der jungen Jennifer Lopez. Nur ihre Augen waren etwas größer und ihr Teint etwas dunkler.

»Du heißt Max. Willst du gar nicht wissen, wie ich wirklich heiße?« An ihrer Tür stand Estefania.

»Doch, klar, sorry. Wie heißt du?«

»Ich bin Linda.«

»Linda, ein schöner Name«, sagte ich.

»Du hast starke Arme. Gehst du viel trainieren?«, fragte sie und streifte mit dem Handrücken über meine nackten Oberarme.

»Ein paarmal die Woche geh ich ins Gym. Paar Eisen heben.«

Linda stand auf und zog sich aus.

»Stopp«, sagte ich. »Ich werde heute nicht mit dir schlafen.«

Erst schaute sie mich verdutzt an. Dann grinste sie.

»Ich hatte gehofft, dass du das sagst. Also nicht, dass du nicht mit mir schläfst. Aber das heißt, dass wir uns …«

»… dass wir uns wiedersehen«, beendete ich den Satz. Ich wusste selbst noch nicht, was ich da gerade machte. Aber ich wusste, dass Linda mich mochte, und vielleicht würde sie für mich arbeiten. Wir tauschten Nummern aus und ich ließ Linda einen grünen Hunderter auf dem Bett liegen, meine halbe Gage. Ich wollte nicht wie ein Penner rüberkommen, obwohl ich ja, ehrlicherweise, ein ziemlicher Taugenichts war.

Draußen auf der Straße war es mittlerweile leerer. Momo hatte seinen Benz mit Warnblinkanlage vor dem Laufhaus geparkt. Er und Maurice saßen schon im Auto, Adriano lehnte mit verschränkten Armen vor der Karre.

»Alter, Max, da bist du ja, wir dachten schon, du bist in der Nutte stecken geblieben«, sagte Adriano. Die Jungs lachten und wir stiegen ins Auto auf die Rückbank.

»Was für ein geiler Tag, Männer«, sagte Momo. Ich hatte meinen Kopf an die kühle Scheibe gedrückt und schaute nachdenklich aus dem Fenster.

»Ja, der Tag heute war was Besonderes«, sagte ich, während die Lichter von Duisburgs Straßenlaternen an uns vorbeigezogen und wir auf die A40 fuhren.

Die erste Hure

Ein paar Tage nach unserer ersten Begegnung schrieb ich Linda eine SMS. Ich wollte sie erst ein paar Tage zappeln lassen.

»Hey, was machst du heute Abend?«

Ich hatte damals ein wenig Schiss, dass sie einen Zuhälter hatte, der mich abziehen wollte. Von solchen Geschichten hatte ich schon gehört. Das Gedankenkarussell drehte sich. Und dann erinnerte ich mich wieder daran, wie sie mich angeschaut hatte. Nein, Max, sie mag dich wirklich, schoss es mir mehrmals durch den Kopf. Plötzlich vibrierte mein Handy.

»Wir treffen uns um 17 Uhr am McDonald's in Duisburg-Großenbaum. Kuss Linda.«

Ich tippte zurück.

»Und was ist, wenn ich keine Zeit habe?«

»Dann nimmst du dir Zeit ;).«

Das brachte mich tatsächlich zum Lächeln. Diese Frau war hübsch und es fehlte ihr nicht an Coolness. Ich schaute auf meine Uhr. Wenn ich um 17 Uhr in Duisburg sein wollte, musste ich mich beeilen. Ich sprang unter die Dusche.

Kurz nach 16 Uhr saß ich in meinem Ford Fiesta, Marlboro im Mundwinkel und das neue Album von Lil Wayne voll aufgedreht. Klar, ich fand Linda cool. Aber das blendete ich aus. Damals konnte ich das noch.

Mein Plan war es, dass sie für mich anschaffen geht. Wie bekommt man eine Frau dazu, sich für einen zu prostituieren? Heute hätte ich auf Anhieb mehrere Strategien parat, worauf ich nicht stolz bin. Aber damals hatte ich keine Ahnung, wie das Business läuft. Ich wusste nur eins: Sie muss sich in mich verlieben.

Als ich am Parkplatz des McDonald's ankam, war Linda schon da. Es dämmerte bereits ein wenig und rötliche Sonnenstrahlen fielen auf ihr Gesicht. Sie sah ganz anders aus als in der Nacht in der Vulkanstraße. Statt dem sexy Dessous und den hohen Schuhen trug sie einen grauen Hoody, eine enge Jeans und weiße Adidas Superstars an den Füßen. Über der linken Schulter hing eine gefälschte Gucci-Tasche. Ihr Haar war nicht offen wie im Laufhaus, sondern zu einem Zopf nach hinten gebunden. Sie grinste mich verlegen an und stellte sich auf die Fußspitzen, um mich umarmen zu können.

»Da bist du ja«, sagte sie.

»Da bin ich«, antwortete ich und versuchte möglichst cool zu sein. Linda lachte laut. Sie freute sich wirklich, mich zu sehen.

Nachdem wir bestellt hatten, nahmen wir an einem der Tische Platz. Wir teilten uns eine große Pommes und eine große Box Chicken McNuggets.

»Die Pommes bei McDonald's sind die besten!«, sagte Linda und schob sich eine Ladung in den Mund.

»Geschmacksfrage. Die von Burger King sind auch nicht schlecht.«

»Hey, da gibt es keine zwei Meinungen«, sagte sie und schaute mich ernst an, bis sie sich ihr Lachen nicht mehr verkneifen konnte.

»Warum lachst du so viel?«

»Ich weiß nicht, ich fühle mich irgendwie wohl bei dir. So breit gebaute Typen machen normalerweise immer einen auf ernst. Aber du hast etwas Ehrliches an dir, Max. Das habe ich gleich gemerkt.«

Ich schaute sie lange an und lächelte dabei. Innerlich versuchte ich mein schlechtes Gewissen zu unterdrücken. Ein ehrlicher Mensch. Was bedeutete das? Kann man das über einen jungen Typen überhaupt sagen, den man erst seit ein paar Tagen kennt? Ich versuchte, die Frage in meinem Kopf wegzuschieben.

»Ich finde es schön, dass wir uns kennengelernt haben.«

»Das finde ich auch«, erwiderte sie und schaute mich wieder verknallt an.

»Du siehst aber ganz anders aus als an dem Abend in der Vulkanstraße. Aber natürlich immer noch verdammt hübsch!«

»Na klar, denkst du, ich laufe immer wie eine Nutte rum? Ich wollte, dass du siehst, wie ich im Alltag aussehe.«

»Ich finde gut, was ich sehe«, sagte ich.

»Danke.«

»Und wieso geht so eine smarte und hübsche Frau wie du anschaffen?«

»Eine lange Geschichte.« Es war ihr unangenehm, darüber zu reden.

»Erzähl sie mir!«

Wir hatten schon gegessen und das Eis in unseren Cola-Bechern war geschmolzen, als Linda fertig erzählt hatte. Sie kam aus schwierigen Verhältnissen. Ihr Vater war aus der Dominikanischen Republik eingewandert und hatte ihre Mutter, sie und ihre Geschwister vor einigen Jahren verlassen.

»Ich denke, er ist wieder zurück nach Santo Domingo. Hat hier genug Geld verdient, um sich dort ein kleines Haus zu kaufen.« Linda schaute nachdenklich aus dem Fenster. Draußen wurde es langsam dunkel. Die Sommerdämmerung setzte ein und die Laternen auf dem Parkplatz gingen an.

»Das tut mir sehr leid«, sagte ich.

»Na ja, mein Ex hatte Geldprobleme. Wirklich viele Schulden bei schlimmen Leuten. Das hat er zumindest gesagt. Da hatte er die Idee, dass ich ja anschaffen gehen könnte, um ein wenig Kohle reinzubekommen.«

»Dein Ex?«

»Ja, mein Ex, Max. Der kommt auch so schnell nicht wieder, das kannst du mir glauben.«

Jackpot, dachte ich mir. Es gab keinen Mann in ihrem Leben, keinen Zuhälter. Ihr Ex, das erfuhr ich später, saß wegen Drogenhandel eine längere Haftstrafe ab. Der Weg war für mich frei.

»Na ja, weißt du, die ersten paar Male ist es wirklich schlimm, mit jemand Fremden zu schlafen. Aber wenn du so aussiehst wie ich und niemand hast, der dir Druck macht, kannst du dir zumindest aussuchen, mit welchem Kunden du aufs Zimmer gehst. Ein Vorteil, den nicht alle Mädchen haben.«

Ich nickte. Niemand, der dir Druck macht. Dann warte mal, bis dein Geld erst mal meins wird, sagte die skrupellose Stimme in meinem Kopf.

»Aber lass uns über was Schönes reden. Wenn das alles mal vorbei ist, will ich vielleicht ein eigenes Nagelstudio aufmachen. Wie findest du meine Nägel?«

Sie streckte mir ihre gespreizten Finger entgegen, sodass ich ihre perfekt gemachten French Nails sehen konnte.

»Die sehen wirklich toll aus«, sagte ich, »du hast Talent.«

»Weißt du, Max? Ich glaube, ich will heute bei dir übernachten.« Dieses Mal nahm sie meine Hand.

* * *

Wir standen vor meinem Ford Fiesta und rauchten noch eine.

»Nicht das Auto, das ich von einem Rapper erwartet habe«, witzelte Linda und boxte mir zärtlich gegen die Schulter.

Ich zog an meiner Zigarette und schaute auf den kleinen, alten Wagen.

»Irgendwann hol ich mir einen BMW.«

»Irgendwann holst du ihn dir«, sagte Linda und lächelte mich an. Dann traten wir unsere Zigaretten aus und stiegen in mein Auto ein.

Es war fast Mitternacht, als wir in meiner Wohnung in Altena ankamen.

»Das ist ja eine richtige Junggesellenbude«, sagte Linda, als ich das Licht anmachte. Sie schaute sich im

Raum um. In der linken Ecke meines Wohnzimmers war mein kleines Tonstudio aufgebaut. Die Jungs und ich hatten ein wenig Akustik-Schaumpolster an die Wände geklebt. Wenn wir unsere Texte einrappten, bauten wir uns eine provisorische Aufnahmekabine mit ein paar Decken. Auf dem Schreibtisch standen der klobige Computermonitor und davor die Tastatur und ein Mischpult. Auf dem Boden lag mein Mikrofon auf einem Haufen Kabel.

»Max, der Rapper«, sagte Linda leise, während sie weiter mein Zimmer ablief. Sie blieb an meinem Bücherregal stehen und holte ein Buch heraus. Auf dem Titel war der Dalai Lama zu sehen. Ich hatte das Buch damals nicht gelesen, wie die meisten Bücher, die in meinem Regal standen. Ich hatte sie nur aufgestellt, weil ich dachte, so könnte ich die Mädels beeindrucken. Quasi das volle Programm: belesen und gut aussehend. Der Junge mit dem hässlichen Zahn hatte viel aus sich gemacht.

Linda stellte das Buch zurück und setzte sich auf meine Couch.

»Setz dich zu mir«, sagte sie. Ich folgte ihrer Aufforderung. Sie legte ihre Hand auf mein Knie.

»Weißt du, Max. Ich mag selbstbewusste Männer, die sich nehmen, was sie wollen.« Sie schaute mir tief in die Augen. Ich kannte diesen Blick und verstand ihn sofort. Ich legte meine Hand auf ihren Hals und zog sie zu mir heran. Wir küssten uns und zogen uns gegenseitig aus. Dann schliefen wir miteinander.

***

Schon als wir einschliefen, hatte ich darüber nachgedacht, wie ich Linda am besten dazu kriegen könnte, für mich zu arbeiten. »Hey Linda, wie wäre es, wenn du mir jetzt 50 Prozent deiner Einnahmen gibst, weil du mich so sehr magst?« Das war natürlich Blödsinn. So funktionierte das nicht.

Als wir am nächsten Mittag vor dem Puff in der Vulkanstraße in meinem Auto saßen, begann ich vorsichtig das Thema anzusprechen.

»Du hast doch kein Auto. Vielleicht könnte ich ja dein Fahrer werden«, sagte ich.

Linda zog ihren Lippenstift im Rückspiegel nach und machte nur »Mhhh«.

»Und ich meine, hier hast du Security. Aber wer beschützt dich draußen? Ich könnte ja so eine Art Manager werden.« Ich musste an Erol denken.

Linda ignorierte die Frage. Ich wusste, wenn ich sie dazu bringen wollte, Geld an mich abzudrücken, musste ich ihr einen Mehrwert durch unsere Zusammenarbeit anbieten und nicht nur meine Zuneigung.

Und dann kam mir die Idee! Ich hatte schon früh das Potenzial des Internets und der Wohnungsprostitution erkannt.

»Holst du mich heute Abend ab?«, unterbrach Linda meinen Gedanken.

»Klar, kann ich machen. Aber ich hol dich heute früher ab. Ich will dir was zeigen! Wir treffen uns um 17 Uhr hier«, sagte ich.

»Da bin ich ja mal gespannt«, sagte Linda und grinste mich an. Bevor Linda hinter der Tür des Laufhauses verschwand, warf sie mir noch einen Kuss zu.

»Ey, stell dir mal vor, wie viel Kohle du machen könntest, wenn ich ein paar geile Bilder von dir dort hochladen würde«, sagte ich zu Linda, als wir vor einem Computermonitor in einem Duisburger Internetcafé saßen. Auf der Seite, die auf dem Bildschirm zu sehen war, waren Anzeigen von Huren geschaltet. Die Freier konnten sich durch Bildergalerien der Mädels klicken, sich die verschiedenen Serviceangebote der Frauen anschauen und per Handynummer einen Termin und Treffpunkt vereinbaren.

»Ich weiß nicht, Max«, sagte sie zögernd, »dann sieht ja jeder mein Gesicht.«

»Ach, scheiß doch mal da drauf. Auf die Webseite gehen doch eh nur Freier.«

»Aber ich verdiene doch ganz gut im Laufhaus. Und ich habe da meine Stammkunden.« Du verdienst aber noch nichts für mich, dachte ich und überlegte, wie ich Linda von meiner Idee überzeugen konnte.

»Außerdem könntest du in deiner Wohnung arbeiten und dir die Zimmermiete sparen«, sagte ich zu Linda.

»Vielleicht kann ich dann auch so endlich was fürs Nagelstudio zurücklegen«, überlegte Linda. Um nachzulegen, fügte ich noch hinzu: »So würden wir viel mehr Zeit miteinander verbringen, Linda, und komm, was noch schöner ist, irgendwie würden wir dann auch zusammenarbeiten!«

»Das wäre schön«, sagte Linda und lächelte mich verknallt an.

Das klang doch gut. Gleich hatte ich sie so weit. Unsere Blicke waren immer noch auf das Erotikportal gerichtet, als Linda sich zu mir umdrehte.

»Sag mal, Max. Kannst du dich noch erinnern, als du mich gefragt hast, ob du mich managen kannst?«

Ich nickte und ließ mir nichts anmerken. Aber innerlich war ich aufgeregt und euphorisiert. »Ja Mann, endlich arbeitet die Alte für mich«, sagte der Teufel in meinem Kopf.

»Lass es uns versuchen!«, sagte Linda. Der erste Schritt zum Zuhälter war getan. Jetzt war es an der Zeit zu handeln. Ich hatte groß von Management gelabert, aber jetzt musste ich auch wie ein Manager vorgehen.

***

In den nächsten Tagen trafen wir uns immer öfter. Zuerst holte ich sie von der Arbeit ab und wir gingen danach essen oder verbrachten Zeit zu zweit. Manchmal zahlte ich auch ihre Zimmermiete, um ihr das Gefühl zu geben, mir etwas schuldig zu sein. Ich merkte, wie ihre Gefühle mir gegenüber wuchsen, während ich nur ans Geschäft dachte. Damals hatte ich noch meinen Job im Postzentrum. Da verdiente ich nicht viel. Ab und zu fing ich dort mein paar Gras-Lieferungen ab. Wenn ein Paket oder ein Brief stark nach Marihuana roch, ließ ich es unauffällig in meinen Rucksack fallen. Vorher hatte ich meinen Vorarbeiter noch darauf hingewiesen. Als er mir erklärte, dass in Deutschland das Briefgeheimnis gelte und wir es deswegen nirgends melden mussten, dachte ich mir, dann kann das Zeug auch in meine Tasche wandern. Die Dealer würden sich sicher nicht bei offiziellen Stellen beschweren. Das Kraut vertickte ich an einen Kollegen. Aber auch das machte mich nicht reich.

Es war Zeit, meinen Plan umzusetzen. Ich borgte mir von einem Freund eine gute Kamera und als mein Gehalt von der Post kam, überraschte ich Linda mit teuren Dessous. Sie war vor Freude ganz außer sich.

»Die müssen doch ein Vermögen gekostet haben«, sagte sie aufgeregt und fiel mir um den Hals.

»Für eine Schönheit wie dich nur das Beste.« Täglich machte ich Linda Komplimente und hob sie auf ein Podest. Sie sollte sich wie die beste Frau der Welt fühlen.

»Los, zieh sie an«, sagte ich mit einer leicht dominanten Stimme. Linda verschwand im Bad. Als sie zurückkam, hätte ich sie am liebsten direkt wieder ausgezogen. Ich versuchte professionell zu bleiben und knipste los. Die Fotos waren echt scharf. Jetzt musste ich nur noch die Texte schreiben. Ich hatte mir schon ein wenig Inspiration von anderen Anzeigen geholt.

»Ich bin eine sinnliche Karibikschönheit und habe immer Spaß daran, dich mit meiner Leidenschaft zu verwöhnen. Meine dauerfeuchte Lustgrotte …«, tippte ich, als Linda mich unterbrach.

»Boah Max, das liest sich so widerlich«, sagte Linda angeekelt.

»Aber genau das wollen die Freier!«, versuchte ich sie zu überzeugen und tippte weiter. Dann klickte ich auf den Button »Online stellen«.

»Wart's ab. Gleich klingelt dein Handy«, sagte ich zu ihr. Was Linda nicht wusste, war, dass ich Maurice und Momo darum gebeten hatte, bei ihr anzurufen. Plötzlich vibrierte Lindas Siemens. »Da ruft ja echt jemand an«, sagte sie und verschwand in der Küche.

»Da war so ein schleimiger Typ dran, der sich anscheinend einen runtergeholt hat, als ich ihm mein Angebot erklärt habe. Dieser blöde Wichser.« Linda rollte genervt mit den Augen. Typisch Maurice, dachte ich und verkniff mir das Lachen. »Aber du hattest recht. Es hat echt jemand angerufen. Vielleicht funktioniert das ja wirklich.« Ich ließ die Jungs noch öfter anrufen. Sie verstellten ihre Stimmen und fragten, wann Linda Zeit hätte oder wie viel eine halbe Stunde mit ihr kostet. Und tatsächlich meldeten sich in den nächsten Tagen die ersten richtigen Interessenten und *unser* Wohnungsgeschäft begann langsam anzulaufen. Parallel dazu fuhr ich Linda an manchen Tagen auch ins Laufhaus, besorgte Snacks und frische Hygieneartikel wie Feuchttücher und Küchenrolle. Ich hatte es geschafft.

Von dieser Zeit an war ich Lindas Zuhälter und verdiente mit.

Das, was ich mit Linda abgezogen habe, nennt man im Zuhälter-Jargon »Poussieren«. Es bedeutet, der Frau schöne Augen und sie verliebt zu machen, ihr das Gefühl zu geben, etwas Besonderes zu sein. Viele junge Frauen, die sich prostituieren, haben wenig positive Aufmerksamkeit in ihrem Leben erfahren. Umso leichter ist es, sie auf diese Weise zu manipulieren. Und so war es auch mit Linda …

Tatsächlich gestaltete sich die Arbeit in ihrer Wohnung für Linda angenehmer als im Laufhaus … und auch lukrativer. Ich versuchte sie immer bei Laune zu halten, indem ich ständig erreichbar war – auch aus Sicherheitsgründen, da sie sich ja mit den Freiern allein in der Wohnung aufhielt. Ich war für sie und ihre Freundinnen der

Fahrer, wenn sie auf eine Party wollten oder zusammen Shoppen gingen. Sie stellte mich immer als ihren Freund vor. Und ich glaube, sie dachte wirklich, dass ich das war. Doch für mich war sie nur eine Gelddruckmaschine. Es ist unheimlich hart, das so aufzuschreiben. Aber genau so war es damals.

Während Linda fleißig für mich mit irgendwelchen Typen für Geld fickte, verhielt ich mich nach einer Weile immer mehr wie ein Arschloch. Ich erfand Ausreden, um mich nicht mehr so oft mit ihr treffen zu müssen. Parallel dazu datete ich andere Frauen und machte mir mit dem Geld, das Linda anschaffte, ein schönes Leben. Auch zu Adriano, Momo und Maurice brach der Kontakt immer mehr ab. Irgendwas hatte sich bei mir verändert. Ich war oberflächlicher geworden.

Das lief ungefähr ein Jahr so. Und zusammen mit meinen Einnahmen durch das Post- und Gras-Business konnte ich mir endlich meinen Traum erfüllen: den ersten eigenen BMW. Ich fuhr damals zu einem Türsteher nach Köln, der mir den Wagen verkaufte. Einen Dreier. Der Lack grün-metallic und das Interieur aus beigem Wildleder. Ein Traum. Auch wenn ich damals keinen Bock mehr auf Linda hatte, war ich so stolz, dass ich als Erstes zu ihr fuhr.

»It was all a dream«, rappte The Notorious B.I.G. aus der Harman Kardon Anlage, als ich vor Lindas Wohnhaus parkte. Ich hatte »Juicy« von Biggie auf der Fahrt von Köln zu ihr rauf und runter gehört. Es war wirklich ein Traum, der für mich wahr wurde.

Linda schaute aus dem Fenster und rannte runter auf die Straße.

»Oh, mein Gott, Max. Du hast dir wirklich einen BMW gekauft.«

»Hab ich damals doch gesagt«, sagte ich und wir umarmten uns innig. Es war einer der letzten schönen Momente, die wir zusammen verbrachten.

***

Je mehr ich den Abstand zu Linda suchte, desto mehr versuchte sie, mir wieder näherzukommen. Wären wir wirklich ein Paar gewesen, könnte man sagen, dass ich sie am laufenden Band betrogen habe. Aber es waren nicht nur die anderen Frauen, die mich noch mehr von ihr entfernten. Es fiel mir immer schwerer, ihr weiter etwas vorzugaukeln. Nicht aus Gewissensgründen. Die hatte ich damals nicht. Ich hatte einfach keinen Nerv mehr dafür. Der Kontakt zu meinen Jungs nahm wieder zu und mein Traum von der Rap-Karriere lebte erneut auf. Und dann kam der Moment, an dem ich erst mal die Schnauze voll hatte vom Zuhälterleben.

***

Ich fuhr Linda und ihre Freundin Tiffany in meinem BMW nach Bochum. Ab und zu arbeiteten die beiden dort in einem Laufhaus auf dem Eierberg, der örtlichen Rotlichtmeile.

Wir standen auf dem Parkplatz neben dem Taxistand und rauchten noch eine im Auto, ehe die beiden Mädels zur Arbeit mussten. Plötzlich kam ein breit gebauter Typ auf den Parkplatz. Er war auf 180, als er uns sah, und ging schnellen Schrittes und mit wutentbranntem Gesicht auf mein Auto zu.

»Oh Scheiße, da ist Steven«, schrie Tiffany.

»Wer verfickt noch mal ist Steven?«, fragte ich und drehte meinen Kopf nach hinten zu den beiden auf die Rückbank.

»Tiffanys Exfreund«, sagte Linda und als sie den Satz beendet hatte, klopfte der Typ schon wie ein Irrer an Tiffanys Fenster. Ich wusste damals nicht, was zwischen Tiffany und diesem Steven lief. Aber eins war klar, da ging es nicht nur um Liebe. Der Kerl war ihr Lude.

Tiffany ließ die Scheibe runter und ich dachte mir in dem Moment noch: »Du blöde Schlampe, lass doch die Scheibe oben.« Doch es war zu spät. Steven packte Tiffany an ihrer Jacke.

»Lass mich los. Ich habe doch gesagt, es ist aus mit uns. Wann checkst du das endlich?«

»Du Fotze«, schrie Steven und versuchte Tiffany an den Haaren aus dem Auto zu ziehen. Ich schlug mit meiner Hand dazwischen und schrie: »Alter, nicht in meinem Auto.« Steven ließ von ihr ab und stellte sich vor den Wagen. Wie ein Wahnsinniger boxte er gegen die Frontscheibe. Seine Knöchel platzen auf und Blut lief an seinen Handgelenken herunter. Er war total in Rage.

Ich stieg sofort aus. Steven versuchte noch, meine Tür zuzudrücken. Doch es nützte nichts. Als ich vor ihm stand, sah ich es. Er hatte ein Klappmesser in seiner linken Hand. Die Klinge hatte er noch nicht aufgeklappt. Ab diesem Moment lief alles wie in Zeitlupe. Ich wusste, hätte er mich abstechen wollen, wäre es schon längst geschehen. Mit der Linken griff ich mir die Hand, in der er das Messer hielt, während ich mit der Rechten gezielt zu einem Faustschlag ausholte. Ich drehte meine Hüfte so ein, dass die volle Power meines Körpergewichts in diesem Schlag lag. Steven sackte sofort zu Boden. Ich stieg wieder ins Auto.

»Gib Gas, Max«, schrie Linda von hinten und wir fuhren davon. Ich setzte die beiden total aufgelösten Mädels zu Hause ab. An Arbeit war an diesem Abend nicht mehr zu denken.

***

Von diesem Tag an brach ich den Kontakt zu Linda nach und nach ab. Irgendwann ging ich nicht mehr ans Telefon, wenn sie anrief. Ich beantwortete auch keine Nachrichten mehr. Das Thema war für mich durch. Ich weiß noch, dass ich einmal nachts an mein Handy gegangen bin, als sie unterdrückt angerufen hat. Ich schwieg, als ich ihre Stimme hörte, ihr Flehen, ihr Weinen. Ich legte einfach auf. Heute tut es mir sehr leid, was ich damals getan habe. Ich habe Linda noch ein paarmal aus der Ferne gesehen. Was sie heute macht, weiß ich nicht. Ich hoffe sehr, dass sie den Ausstieg geschafft hat und ein anderes Leben führt. Mit einem Mann, der sie gut behandelt und wirklich liebt.

Für mich hingegen brach wieder eine andere Lebensphase an. So wie ich damals drauf war, gab mir die Erfahrung mit Linda eine Menge Selbstbewusstsein.

***

Ich sonnte mich auf meiner Terrasse und rauchte eine Marlboro. Das Mädchen, das ich gestern Nacht aus der Disco mit nach Hause genommen hatte, räkelte sich noch auf der Couch. Zwischen den Lamellen der Jalousie fielen die ersten Sonnenstrahlen in mein Zimmer. Ich öffnete die Terrassentür noch weiter, um den Raum mit Licht zu fluten. Sie sollte mich sehen, denn ich sah wirklich gut aus. 90 Kilo definierte Muskelmasse, Solariumbräune und ein Sixpack, das sich unter dem weißen Tanktop abzeichnete. Wie Channing Tatum in *Step Up*. Heute kommt mir diese Fokussierung aufs Äußere albern vor, aber damals tat es meinem Selbstbewusstsein extrem gut.

»Boah, hast du sie noch alle?«, schrie Tasha von drinnen. Das war ihr Name, glaube ich.

»Jetzt reg dich nicht auf. Du bist doch kein Vampir, Mädchen«, rief ich ins Wohnzimmer, »ist doch herrlich die Sonne hier.«

Von drinnen kam nur ein genervtes Schnauben.

Ich hatte damals öfter One-Night-Stands. Die Sache mit Linda war endgültig vorbei und ich hatte keine Lust, mich wieder zu binden. Geblieben waren der BMW und der Schmuck, den sie für mich verdient hatte. Und mein Traum von Reichtum und Statussymbolen. Der lebte noch. Nur wollte ich ihn anders erreichen.

Auf dem gläsernen Couchtisch vibrierte und klingelte mein Handy laut. Es muss kurz nach elf gewesen sein. Tasha war jetzt endgültig wach und sprang mit einem Satz auf.

»Ey Max, wenn du nicht sofort an das scheiß Handy gehst, flipp ich aus!«

»Ist ja gut, ist ja gut.«

Ich schnappte mir das Handy, Tasha drückte ihr Gesicht wieder in das Kissen.

»Max hier. Wer ist dran?«

»Adriano, du Idiot.«

»Mann, Adriano, warum rufst du unterdrückt an?«, fragte ich. Ich hasste nichts mehr, als wenn Adriano vergessen hatte, seine Nummer anzuzeigen.

»Sorry, sorry Max«, sagte er aufgeregt, »aber ich habe ihn. Ich habe ihn. Den perfekten Wagen für das Albumcover. Geh auf Autoscout und such Lowrider in Dortmund.«

»Perfekt. Ich ruf dich zurück.«

Ich griff mir den Laptop und setzte mich auf die Couch neben Tasha, die sich mittlerweile aufgerichtet hatte. Verschlafen schaute sie auf den Monitor.

»Was ist das?«, fragte sie.

»Das ist der Richtige«, sagte ich und schaute auf den Laptop wie Indiana Jones auf einen Schatz, den er gerade gefunden hatte. Sie verdrehte die Augen. »Ich versteh nur Bahnhof.«

»Das ist der Lowrider, den ich für das Cover meines zweiten Albums brauche. Ich vor 'nem Lowrider. Mann, das kommt ultrakrass.« Wir schauten beide auf den Chevrolet Impala in Babyblau mit Chromfelgen in der Anzeige auf Autoscout24. Tasha stand auf.

»Du spinnst, Max. Ich geh jetzt«, sagte sie. »Du weißt ja, wo du mich findest.«

»In Ordnung.« Ich beachtete sie keines Blickes, während sie ihre Sachen zusammensuchte und die Tür hinter sich zuknallte. Wie gebannt blickte ich auf den Wagen.

Mein Ziel, Rapper zu werden, hatte ich wieder klar vor Augen. Und 2008 erschien das alles nicht mehr so unrealistisch wie noch ein paar Jahre zuvor. Rapper wie Sido oder Bushido waren Popstars geworden, Selfmade Records startete in Düsseldorf durch. Deutschrap war kurz davor, die Tür zum Mainstream einzutreten. Mit dem zweiten Album würde der Durchbruch kommen, da war ich mir sicher.

Ich tippte die Nummer in mein Handy. Der Warteton piepte in meinem Ohr.

»Hallo, Sie rufen wegen dem Wagen an?«, fragte ein Typ mit freundlicher Stimme. Ich wusste damals noch nicht, dass das mein erstes Gespräch mit Spargel sein würde.

»Mhh, ja, genau.«

»Und Sie wollen den Wagen kaufen?«

»Nee, also nicht so wirklich. Eigentlich nur für einen Tag leihen. Also wenn das geht, für 100 Euro oder so.«

Stille. Hatte ich zu wenig geboten? Dann antwortete der Typ wieder.

»Hömma, die Karre ist von meinem Boss. Der ruft dich gleich zurück. Mit unterdrückter Nummer.« Dann legte der Typ auf.

Ein paar Minuten später klingelte das Telefon wieder. Unterdrückte Nummer. Ich ging ran.

»Adriano?«

»Ne, hier ist kein Adriano. Aber du brauchst meinen Lowrider. Hab ich doch richtig verstanden, oder?«, fragte eine tiefe, kehlige Stimme. Ich Idiot. Unterdrückte Nummer. Wie konnte ich das vergessen? Ich brauchte nur ein paar Sekunden, um zu checken, dass ich mit einer

Unterweltgröße sprach. Diese Ruhe in seiner Stimme. Der Respekt. Das war alte Schule, das hörte man.

»Ja, genau. Ich brauch' den Wagen für ein Fotoshooting.«

»Und falls de noch Mädels brauchst, ist auch kein Problem«, sagte der Typ am anderen Ende des Hörers und lachte, »ich besorg' dir ein paar heiße Girls.«

»Nee, dieses Mal nicht«, sagte ich. Das Foto sollte klassisch werden. Nur ich und die Jungs.

»Spargel meinte, du willst mir einen Hunni zahlen für einen Nachmittag. Stimmt das?«

»Ja, das stimmt.«

»Gut. Kennst du die alte Waschstraße neben der Aral?«

»Ja.«

»Da treffen wir uns am Sonntag um 12 Uhr.«

* * *

Am Sonntag warteten die Jungs und ich auf den Lowrider auf dem Parkplatz der alten Waschstraße.

»Wo bleibt er denn, dein krasser Pate?«, scherzte Maurice, als der babyblaue Impala langsam auf den Parkplatz rollte. Aus dem Kassettendeck dröhnte »The Chronic« von Dr. Dre. *Nuthin but a G'Thang, Baby.* Ehrfürchtig schauten die Jungs auf den Mann, der aus dem tiefergelegten Wagen stieg. 120 Kilo durchtrainierte Muskelmasse, verteilt auf 2 Meter, traten breitbeinig auf uns zu. Er hatte einen kurzen Bürstenschnitt und eine verspiegelte Sonnenbrille. Obwohl es Hochsommer war, trug er eine graue Alphajacke. Es sah aus, als wäre Ivan Drago aus dem Fernseher entkommen.

»Alter, das ist ja der Terminator«, flüsterte Momo mir ins Ohr.

»Ich bin Vojtech«, sagte der Mann und schüttelte jedem von uns die Hand. Er hätte jedem Einzelnen die Finger brechen können. Aber er tat es nicht.

»Und ihr macht jetzt hier ein Fotoshooting mit meinem Baby?«, fragte er interessiert und schaute über seine Schulter auf seinen Lowrider.

Wir nickten.

»Und du bist Max?«

Ich nickte, während die Jungs schwiegen.

Vojtech warf mir den Schlüssel zu. Ein paar Meter weiter hupte schon sein Taxi.

»Das heute geht auf mich. Dafür ruf ich dich mal an, wenn ich einen Job für dich habe.«

Er zeigte dabei mit dem Finger auf mich und verschwand hinter der gelben Taxitür.

Mein Freund, der Baum

Ein paar Jahre zuvor. Momo lehnte an einer Bank und beobachtete die beiden Mädchen auf dem Reitplatz, die ihre Pferde striegelten. Wir trafen uns damals oft auf einem Berg in unserer Stadt, der an einem Reiterhof lag.

»Schau mal, Max. Diese Pferdemädchen sind irgendwie schon geil.«

»Alter, die denken hundertprozentig an Sex mit ihren Pferden. Ich kenne diese Mädchen, die früher die *Wendy* gelesen haben. Alle pervers, ich sag's dir.«

»Ist ja auch nicht verkehrt, einen Araber zu reiten«, sagte Momo und reichte mir den Joint. Dann lief er den Weg hinunter zum Reitplatz. Ich beobachtete ihn, wie er sich ans Gatter lehnte und die beiden Mädchen ansprach. Sie müssen ungefähr in unserem Alter gewesen sein.

Ich blieb auf der Bank sitzen und schaute in mein Gesicht, das sich in der Pfütze spiegelte. Mir ging es zu dem Zeitpunkt immer noch sehr schlecht. Meinen Horrortrip hatte ich noch immer nicht verarbeitet. Immer wieder überkamen mich Panikattacken und Flashbacks. Aber ich sprach mit niemandem außer Maurice darüber. Damals dachte ich, dass es eine Schwäche ist, Gefühle zu zeigen. Heute weiß, ich dass es eine Stärke ist.

Ich spuckte in die Pfütze. Mein Gesicht sollte verschwinden. Ich wollte mich nicht sehen. Der Joint lag neben mir. Ich rauchte damals natürlich nicht mehr. Zu groß war meine Angst vor der Wirkung. Als ich wieder nach oben blickte, schaute ich auf eine alte Buche direkt gegenüber der Bank. Damals habe ich den Baum nicht wahrgenommen. Dabei war er immer da gewesen.

Als ich als Kind mit meinen Eltern spazieren war, stand dieser Baum schon da und auch schon, als meine Großeltern Kinder waren. Damals, in den Jahren des Krieges, sammelten sie dort Brombeeren und Heidelbeeren, während in der Ferne die Rauchschwaden der alliierten Bombardements über Dortmund aufstiegen. Auf der Wiese in der Nähe dieses Baums hatte ich mich später auch mal mit Linda getroffen, der Frau, die meine erste Hure werden sollte. Ich hatte es nie bemerkt, aber an diesem Baum lief alles zusammen. Die Vergangenheit und die Gegenwart. Dieser Baum war ein Zeuge meines Lebens.

Vielleicht hätte ich damals, an dem Tag, an dem ich mit Momo dort war, aufstehen sollen. Auf den Baum zugehen. Ihn berühren. Aber wie gesagt, damals war ich blind für die Kraft dieses Lebewesens.

***

Ein paar Jahre später saß ich wieder auf der Bank gegenüber der Buche. Mir ging es zu diesem Zeitpunkt sehr schlecht. Die Sache mit Linda lag weit hinter mir. Auch meinen Traum, Rapper zu werden, hatte ich endgültig aufgegeben. Kurzzeitig hatte ich mich in Dortmund als

Betreiber einer Diskothek versucht, dem Club »Malibu«, der vor allem berüchtigt war wegen seiner wilden Schlägereien. Wohl auch ein Grund, warum das Projekt scheiterte. Ich war zu diesem Zeitpunkt mit der Frau zusammen, die später die Mutter unserer Tochter werden sollte. Aus Respekt ihr gegenüber werde ich unsere Beziehung in diesem Buch nicht vertiefen.

Wir waren inzwischen zusammen in einen Vorort von Köln gezogen. Hier passierte etwas, mit dem ich zu diesem Zeitpunkt nicht gerechnet hätte, ein schlimmer Backflash, der mich in eine längst verdrängte psychische Verfassung zurückwarf. Drei Tage lang war ich wieder gefangen in der lila-grünen psychotischen Hölle meines Horrortrips. Und es sollten Monate vergehen, ehe ich mich wieder davon erholt hatte. Auch ein Umzug nach Köln-Kalk änderte vorerst nichts daran, dass es mir schlecht ging. Und wie das Schicksal es wollte, lag im Erdgeschoss ein als Massagesalon getarntes Bordell. Später sollte ich diesen auch »Pumakäfig« genannten Ort in einem meiner erfolgreichsten YouTube-Videos über das Kölner Milieu mit einer Kölschen Türsteherlegende wieder besuchen. Das nur als Anekdote am Rande.

Ich fühlte mich verloren, hatte keine Perspektive, keine Arbeit und kein Ziel. Heute würde ich sagen, ich war wieder schwer depressiv. Immer wieder kreiste dieser Gedanke in meinem Kopf: »So kann es nicht mehr weitergehen. Entweder du lässt dich einweisen, Max, oder du drehst durch.« Um ein Gefühl von Sicherheit zu bekommen, verbrachte ich oft Zeit zu Hause im Sauerland, weshalb es mich wieder öfter auf den Berg zog.

***

Es war ein grauer und diesiger Tag. Am Horizont braute sich ein Gewitter zusammen. In weiter Ferne zuckten am Dortmunder Fernsehturm schon erste Blitze in den grauschwarzen Himmel. Es begann zu nieseln und ich saß da und wusste nicht mehr weiter. Ich weiß nicht, was dann passiert ist. Es muss einer dieser Momente gewesen sein, in dem mich meine Panikattacken in eine Art Trance versetzt haben. Mein Blick fiel auf die Buche, ich stand zitternd auf und ging zu dem alten Baum hinüber. Dann legte ich meine Hand auf seine Rinde. Diese raue, nasse Struktur. Ich spürte sein Alter und seine Würde. Und ich schaute nach oben zu seiner Krone, Richtung Himmel, während mir die Regentropfen übers Gesicht liefen, und rief: »Bitte, hilf mir!«

Und dann geschah es: Auf einmal fiel für einen kurzen Moment die ganze Last von mir ab. Es war, als schien ein heller, mächtiger Sonnenstrahl in die Finsternis, die mich von innen heraus ausfüllte.

Von diesem Moment an besuchte ich das alte Holz, das ich inzwischen liebevoll *meinen Baum* nannte, immer wieder. Ich saß auf der Bank und beobachtete ihn, nein, ich gehe sogar noch weiter: Ich studierte ihn.

Ich sah die Vögel, die auf seinen Ästen ihre Nester bauten. Ich sah ein Eichhörnchen, das die Kerne der Bucheckern genussvoll knabberte. Dieser Baum war für so viele Tiere ein Zuhause. Nach ein paar Tagen wollte ich den Baum nicht nur von meiner Bank aus beobachten. Ich stand auf und schaute mir die Buche genauer an. Als ich um den Stamm herumlief, sah ich es: Der Baum hatte innerlich schon zu sterben begonnen, doch oben kamen immer wieder neue Triebe aus den Ästen. Das war doch genau wie in meinem Leben, so viele Narben auf meiner Seele und immer dieses Gefühl der Leere, das ich versuchte mit all den Oberflächlichkeiten zu füllen, was nur dazu führte, dass das Loch in mir immer größer wurde. Und trotzdem war ich nicht gebrochen, war aus jeder meiner Tiefphasen irgendwann ein Funken Hoffnung entsprungen, so wie die Sprossen noch an diesem Baum wuchsen.

Dass Tod und Leben in der Welt der Pflanzen so nah beieinander liegen können, fasziniert mich bis heute. Solche Baumlöcher oder Baumhöhlen sind etwas ganz Natürliches. Man findet sie vor allem in älteren Bäumen. Und die Ursache kann ganz verschieden sein: Fäule, Pilze, Hitze oder sogar Blitzeinschläge. Viele Tiere nutzen diese Hohlräume als Rückzugsort. Zum Beispiel Eulen.

Ich griff in das Baumloch hinein und zog ein paar leere Bierflaschen heraus. Zuerst grinste ich und stellte mir vor, wie ein Wanderer hier eine kleine Trinkpause eingelegt hatte. Oder wie Jugendliche, ähnlich mir früher, hier heimlich tranken.

Doch dann wurde ich wütend. Wie konnte man so ein edles Geschöpf als Mülleimer missbrauchen? Ich denke, das war einer der ersten Momente, in denen ich das Bedürfnis verspürte, die Bäume zu schützen. Aber ich hatte meine Lektion damals anscheinend noch nicht gelernt, denn sobald es mir besser ging, vergaß ich meine Buche und wandte mich wieder der Straße zu …

* * *

Zurück in Köln, als ich eines Abends gerade mit meinem Workout fertig war und aus der Dusche kam, sah ich Timo in der Umkleide. Kaum, dass es mir mit jedem Tag wieder besser ging, begann ich wieder Kontakte in die Unterwelt zu knüpfen. Ich ging damals regelmäßig trainieren und lernte im Gym Jungs aus der Türsteherszene kennen. Manche von ihnen waren in Rockerclubs organisiert, andere arbeiteten auf eigene Faust ebenfalls im Rotlichtmilieu. Timo gehörte zu Letzteren. Er war eher eine Art Hobbyzuhälter. Ich konnte mir beim besten Willen nicht vorstellen, dass ein Typ wie Timo wirklich Peilung vom Milieu hatte. Dafür dealte er recht erfolgreich mit Steroiden, die er selbst auch spritzte, wie mir die Aknenarben auf seinem Nacken verrieten. Seine Visage und sein breites Kreuz erinnerten mich an Tim Wiese, den ehemaligen Torhüter von Werder Bremen.

Ich stand an meinem Spind und spürte, wie Timo mich von hinten musterte. Als ich mich umdrehte, schaute er weg und tat so, als ob er sich die Schuhe binden würde. Ich war mir sicher, dass er irgendwas von mir wollte. Und ich hatte recht.

»Brauchst du Stoff, Max?«, fragte Timo. Ich hatte mich gerade fertig umgezogen.

»Du siehst so aus wie jemand, bei dem ein wenig Testo echt ballern könnte. So von der Statur und so.«

»Nee, lass mal, ich brauch nix«, antwortete ich und packte weiter meine Sporttasche. Ich hatte immer noch panische Angst vor jeglichen Substanzen, die in mir wieder Panikattacken und Depressionen auslösen könnten. Außerdem wusste ich zu gut, was Steroide und Anabolika mit einem Körper anrichten.

»Besser so. Aber wenn du mal gutes Zeug brauchst, sag Bescheid. Das würde aus jemandem wie dir ein krasses Biest machen.«

»Ich denke nicht, danke«, antwortete ich desinteressiert. Timo war gerade dabei, sich seine Jacke anzuziehen, als mir doch noch etwas einfiel.

»Aber du weißt ja, dass ich immer heiß darauf bin, Kohle zu machen. Falls du Jobs für mich hast, sag Bescheid. Meine Nummer hast du ja.«

»Türsteherjobs?«

»Ne, Mann. Echt keinen Bock, mir für 17 Euro die Stunde auf den Kölner Ringen den Arsch abzufrieren und mich mit irgendwelchen Besoffenen zu prügeln.«

»Verstehe. Ich melde mich, wenn ich was für dich habe.« Timo griff sich sein Zeug und hatte seine Hand schon an der Türklinke, als er sich noch mal umdrehte.

»Warte mal, Max. Mir ist da gerade, was eingefallen. Hast du am Wochenende Zeit?«

* * *

Wir setzten uns in ein Spielcafé auf der anderen Straßenseite gegenüber dem Fitnessstudio. Außer uns war nur ein alter kurdischer Opa in dem Laden, der fluchend an einem Novoline-Gerät zockte. Ab und zu hörte man ein lautes *anani sikerim seni* aus der anderen Ecke des Raumes und wie der Mann mit der flachen Hand gegen den Spielautomaten schlug. Die Bedienung hinter der Theke schaute streng in seine Richtung.

»Läuft wohl nicht so gut«, sagte Timo lachend und nippte an seinem Espresso.

»Jetzt komm, sag. Worum geht's?« Ich hatte nicht sonderlich Bock, lange mit Timo in dem Laden abzuhängen. Es roch nach abgestandenem Aschenbecher.

»Also, Max. Meine Freundin, die Jenny. Kennste, oder?«

Ich nickte und zog an meiner Marlboro.

»Du weißt ja, dass ich die ab und zu laufen lasse, 'ne? Also pass auf. Die hat mir da so ein paar junge Mädels angeschleppt. Irgendwelche Diskofotzen, die schnell Geld für teures Make-up verdienen wollen.«

»Und weiter?«

»Jetzt kommt's«, sagte Timo und hob seinen Zeigefinger in die Höhe, »wir fahren die Weiber nach Ostdeutschland.«

»Nach Ostdeutschland?« Ich schaute ihn skeptisch an. Im Osten fühlte ich mich immer unwohl. Schon damals als Kind, wenn wir Verwandte an der Ostsee besuchten. Ich war ein Sohn des Potts. Mehr Wessi ging nicht. Ich kam irgendwie nicht mit der Mentalität klar. Aber nicht nur deswegen hatte ich ein mulmiges Gefühl. Jeder wusste, im Osten gab es echt viele gewaltbereite und rechtsextreme Typen, die wenig zu verlieren hatten.

»Ja, Ostdeutschland! Ich kenn da so einen Laden in Mecklenburg-Vorpommern. In der Nähe von so 'nem Autobahnkreuz. Da stehen die Freier Schlange. Die ganzen Trucker, die aus Osteuropa kommen, gehen da schön das erste Mal ficken auf deutschem Boden.«

»Alter, das ist sauweit weg.«

»Du und ich vorne, vier Mädels auf der Rückbank. Taui für uns beide. Mindestens. Nur um die Nutten da abzuladen und morgens wieder abzuholen.«

»Aber wofür brauchst du mich?«

»Man weiß ja nie, was da passieren kann im Osten. Jemanden, der stabil ist, mitzunehmen scheint mir kein schlechter Plan. Außerdem muss ich dann nicht fünf Stunden allein mit den Hühnern durchs Ossiland gurken. Also bist du dabei?«

***

Wir trafen uns irgendwann Samstagmittag auf dem Parkplatz des Burger King in Ehrenfeld. Obwohl mir die Sache Bauchschmerzen bereitete, hatte ich Timo zugesagt. Wenn alles klappen würde und Timo keinen Bullshit laberte, war ein Taui oder mehr kein schlechter Wochenendsatz. Und ich konnte die Kohle wirklich gut gebrauchen. Timo lehnte lässig vor seinem silbernen VW Touareg und begrüßte mich mit einem Handschlag.

»Die Fracht ist schon verstaut«, sagte Timo und zwinkerte mir zu. Ich schaute durch die Scheibe. Auf der Rückbank saß Jenny, die mir zuwinkte. Sie hatte sich zwischen die anderen drei Mädels gequetscht, die alle so aussahen, als würden sie sich für eine Teilnahme bei »Love Island« bewerben. Als ich die Tür öffnete, stieg mir Geruch von Puder und billigem Parfüm in die Nase. Die Mädels schauten mich mit großen Augen an.

»Das ist der Max«, erklärte Jenny, während sie auf ihrem Kaugummi kaute.

»Heeeey Max«, kam es von hinten wie im Chor. »Hey, alles klar?«, sagte ich und Timo setzte den SUV in Bewegung.

Wir waren hinter Sachsen-Anhalt, wahrscheinlich schon in Mecklenburg-Vorpommern. Ich schaute aus dem Fenster. Wir hatten die Autobahn schon lange hinter uns gelassen und fuhren auf der Landstraße. Eine Allee aus DDR-Zeiten, gesäumt von alten Bäumen. Mein mulmiges Gefühl war nicht weggegangen. Im Gegenteil. Als ich die Felder und Wiesen beobachtete, fragte ich mich, wer hier überhaupt ficken wollte. Meilenweit war kein Mensch zu sehen. Hatte Timo nicht irgendwas von einem Autobahnkreuz gelabert? Die Dämmerung hatte schon eingesetzt, als wir eine Abfahrt nahmen.

Ein paar Minuten später fanden wir uns in einem verlassenen Industriegebiet wieder. Zwischen Lagerhallen und kleineren Bürogebäuden stach aus dem Grau und Metall ein dreistöckiges Einfamilienhaus hervor. Es war schneeweiß und auf dem weitläufigen Parkplatz vor dem Haus passierte tatsächlich etwas. Ein paar junge Frauen, wahrscheinlich aus Bulgarien oder Rumänien, standen vor der Tür des als Bordell genutzten Wohnhauses. Sie trugen knallige Leggins, gefälschte Trainingsjacken von Puma oder Adidas und eine zentimeterdicke Schicht Schminke. Zigaretten rauchend schauten sie uns argwöhnisch an. Ich wusste, was sie dachten, als sie Timos Mädels hinter der Scheibe sahen. Weil diese deutschen Hobbynutten im Jersey Shore Look jetzt da waren, mussten sie ihre Körper für noch weniger Geld an die ekelhaften Trucker verscherbeln. Anscheinend waren sie auch gerade angekommen, denn ihre Zuhälter standen noch daneben. Fettbäuchige Kerle in zu engen T-Shirts, aus denen ihre Wampen raushingen. Definitiv Frauenschläger. Ich hasste diese Typen. Menschhändler konnte ich noch nie leiden. Aber war ich nicht selbst einer? Ich verdrängte den Gedanken schnell. Denn mir musste das alles egal sein. Scheißegal. Ich dachte nur daran, dass hier irgendwas nicht stimmte. Es war einfach zu ruhig, obwohl auf dem Parkplatz viel los war.

Neben den Huren stand auch ein kleiner, kompakter Glatzkopf, der ganz offensichtlich besser nicht mehr ins Solarium gehen sollte. Er sah aus wie ein Komparse aus einem Musikvideo meines Bekannten Joe Rilla, einem Rapper aus dem Osten Berlins. Timo begrüßte ihn mit einem Handschlag.

»Ihr seid also die Jungs aus Köln«, sagte der Typ, der sich ein paar Sekunden später als Petrick vorstellte. Timo zahlte ihm die Zimmer für die Mädels und wir gingen wieder zum Auto. So einfach war das. »Ihr könnt die Mädels so gegen 5 Uhr abholen. Da machen wir meistens Schluss.«

Es war jetzt dunkel und draußen wehte ein kühler Meereswind über das Land. Timo hatte vorgeschlagen, die Zeit in einer Spielhalle in der Nähe des Industriegebiets totzuschlagen. Aber das wollte ich nicht. Und so einigten wir uns auf »Murats Imbiss«. Dort konnte Timo zwar nicht rauchen, aber in dem Laden stand ein Spielautomat von Merkur und der Inhaber, der tatsächlich Murat hieß, hatte uns versichert, dass sein Laden die ganze Nacht geöffnet hatte.

Während Timo ein Spiel mit Melonen, Kirschen und Pflaumen spielte, die in einer Reihe stehen bleiben mussten und alle fünf Minuten einen neuen Zehner in den Automaten schob, schaute ich nach draußen und beobachtete die vorbeifahrenden Autos. Bis auf ein paar Jugendliche und wenigen alten Trinkern, die aus der Gaststätte gegenüber kamen, war das Dorf wie ausgestorben. Manche von ihnen schauten noch kurz bei Murat rein, um sich eine Pizza oder einen Döner reinzuziehen, bevor sie betrunken und glückselig – zumindest solange ihr Rausch anhielt –, nach Hause wankten. Ohne zu Mucken bereitete Murat die oft ruppig aufgegebenen Bestellungen zu, denn er war ja einer von den »ordentlichen Kanacken«, wie er öfter an diesem Abend zu hören bekam. Gegen halb fünf machten wir uns auf den Weg zurück ins Bordell, um die Mädels abzuholen.

***

Der Mond schien hell, als Timo den Touareg langsam auf den Parkplatz lenkte. Im Kegel des Scheinwerferlichtes sahen wir eine Gruppe von zehn Männern, die vor dem Eingang des Bordells stand. Sie sahen aus wie anabolikagestählte polnische Hooligans. Drei von ihnen traten und hämmerten gegen die Tür. Der Rest schaute zu uns hinüber.

»Fuck, was ist denn das für eine kranke Scheiße?«, fluchte Timo und machte den Motor aus.

»Bleib ruhig, wir müssen jetzt genau überlegen, was wir machen«, versuchte ich ihn zu beruhigen. Im selben Moment lösten sich zwei Typen von der Gruppe und liefen auf unseren Wagen zu. In der Hand von einem sah ich einen Revolver. Der verchromte Lauf schimmerte hell im Mondlicht. Alles gut, Max. Alles gut. Das schaffst du schon. Ich versuchte mich innerlich auf die nächsten Sekunden vorzubereiten. »Einer ist bewaffnet und sie sind in der Überzahl. Bleib ruhig und gib dem Kerl ja keinen Anlass zu schießen.« Als ich meinen Gedanken beendet hatte, rissen sie die Autotüren auf.

»Raus da, ihr Fotzen«, schrie einer von den Typen und zerrte mich am Kragen von meinem Parka auf den Parkplatz. Instinktiv legte ich meine Hände auf den Hinterkopf, wie es Soldaten taten, die in Kriegsgefangenschaft geraten waren. Sie trieben uns, den Revolverlauf an meinen Rücken gedrückt, zum Rest ihrer Gruppe.

»Ganz ruhig, Hände bleiben oben«, schrie einer der Männer. Wir folgten seinem Befehl. Was blieb uns anderes übrig? Dann spürte ich das kalte Metall an meiner Schläfe und das mechanische Klacken, als der Hahn des Revolvers gespannt wurde. Der Typ drückte den Lauf fester gegen meinen Kopf. Welches Kaliber er wohl hatte? Bei 9mm wäre ein offener Sarg bei einem aufgesetzten Schuss möglich. Bei einem 500er Smith and Wesson sah die Sache anders aus. Der Austritt des Projektils würde meinen Schädel zerplatzen lassen wie eine reife Wassermelone und die Tatortreiniger würden mein Hirn vom Parkplatz kratzen müssen.

»Was ist hier los?«, sagte Timo. »Wir haben doch nichts gemacht.« Bam. Einen Tritt in seine Kniekehle und er sackte zusammen. Ich hörte ihn neben mir wimmern. Die hatten keinen Bock zu reden. Das war jetzt klar. Der Anführer, er musste der Anführer sein, trat ein paar Schritte auf uns zu, ganz nah an mein Gesicht.

»Ihr habt eine Chance, mir zu erklären, wer ihr seid und was ihr hier wollt. Ansonsten knall ich euch ab, ihr kleinen Fotzen«, schrie er uns an. Dann drehte er sich um und schaute in die kleine Überwachungskamera über der Eingangstür des Bordells.

»Hast du gehört, Petrick!? Ich mach die beiden Schwanzlutscher hier fertig.«

Ich sah die Zahl auf seinem T-Shirt. Der Code einer Gang. Und er dachte, dass wir zu Petrick gehörten. Langsam begriff ich, was hier lief. Petrick war Teil einer verfeindeten Organisation. Und das hier war ein Rollkommando. Die wollten seinen Laden stürmen. Wahrscheinlich ein Racheakt oder ein Statement, um zu zeigen, wer in der Gegend das Sagen hatte. Und da waren wir jetzt reingeraten. Zwischen die Fronten. Danke, Timo!

Ich musste jetzt Stärke zeigen. Stärke zeigen, aber keine Gefahr ausstrahlen. Langsam ging ich einen Schritt auf den Anführer zu und spürte, wie der Lauf des Revolvers der Bewegung meines Kopfes folgte. Ein Raunen ging durch die Gruppe, aber der Anführer machte eine Geste, die den anderen befahl, ruhig zu bleiben. Doch der Typ, der mir die Knarre an die Stirn hielt, konnte jederzeit abdrücken. Max. Komm klar! Ich versuchte an meinen Baum zu denken. Nein, ich tat noch mehr, ich versuchte mir vorzustellen, wie es ist, der Baum zu sein. Mit seinen starken Ästen, die auch bei Sturm und Regen nicht brachen. Ich dachte an sein dichtes Wurzelwerk, das ihm half, immer die Haltung zu bewahren. Dann nahm ich all meinen Mut zusammen und ergriff das Wort.

»Wir wollen wirklich keinen Stress. Das ist ein großes Missverständnis. Wir haben keine Ahnung, was zwischen euch und Petrick läuft. Wollen wir auch nicht.«

»Was wollt ihr dann hier?«, unterbrach mich der Anführer.

»Wir kommen aus Köln. Wir haben ein paar Mädels mitgebracht. Und die wollen wir jetzt mitnehmen!« Meine Selbstsicherheit stieg.

»Und warum sollten wir euch nicht einfach umlegen? Allein, weil ihr so frech gewesen seid, euch überhaupt herzuwagen.« Die Männer um uns herum lachten. Jetzt muss jedes Wort stimmen, Max.

»Du hast viele Freunde«, sagte ich und schaute in die Runde, »und wir haben auch viele Freunde. Und die würden uns vermissen …« Ich pokerte hoch. Natürlich wusste der Typ, dass es in NRW viele stabile Jungs gab.

»… Und dann würden sie nach euch suchen«, beendete der Anführer meinen Satz. Sehr gut. Der Groschen ist bei dir also gefallen, du Scheiß-Nazi-Hansa-Rostock-Hooligan-Wichser, schoss es mir durch den Kopf. In Anbetracht der Tatsache, dass ein verchromter Revolver auf mein Hirn gerichtet war, vielleicht nicht die beste Formulierung.

»So wie ich das sehe, hast du auch ohne den Besuch von meinen Freunden aus Köln genug Probleme.«

»Da hast du nicht ganz unrecht«, knurrte der Anführer, »also was schlägst du vor?«

»Ich geh da jetzt rein, hol die Mädels und dann verpissen wir uns. Und wenn da jetzt gleich die Tür aufgeht, bleibt ihr alle genau da stehen, wo ihr jetzt steht.«

Der Anführer nickte und wies die anderen Männer an, ruhig zu bleiben.

»Hör zu, Petrick. Du machst mir jetzt auf und dann hole ich unsere Weiber raus. Was danach passiert, ist eure Sache«, sprach ich in die Freisprechanlage an der Klingel. Es dauerte ein paar Sekunden, ehe die

Tür aufging, mich ein Arm an der Schulter packte und reinzog.

Petrick und zwei seiner Jungs standen, Baseballschläger und Macheten im Anschlag, vor mir.

»Ich hol nur unsere Mädels und dann sind wir weg.« Jenny und die anderen Girls standen mit einem Dutzend verängstigter Frauen im hinteren Teil des Flures. Sie hatten alles auf dem Bildschirm der Überwachungskamera gesehen.

»Los, Jenny, schnappt euch euer Zeug und schiebt euch das Geld für alle Fälle unten rein.« Es dauerte wenige Minuten, ehe wir bereit waren, den Laden zu verlassen. Petrick schaute auf den Monitor, um zu checken, ob nicht doch jemand reinstürmen würde.

»Sieht alles gut aus. Raus mit euch«, sagte er und öffnete die Tür. »Viel Glück«, sagte ich und klopfte ihm auf die Schulter. Dann ging ich als Letzter raus und hörte, wie das Schloss hinter mir einrastete.

Wir liefen zum Auto, ohne uns umzudrehen. Timo war wieder auf den Beinen. Wir hörten, wie sie uns hinterherspuckten und Dinge riefen wie »Lasst euch hier nie wieder blicken, ihr Westfotzen«. Aber das war mir egal.

»Boah, war das krass, wie ein Film, ey«, sagte ein Mädel, während wir vom Parkplatz fuhren.

»Ohne mich wärt ihr da nicht rausgekommen«, dachte ich, aber hielt meinen Mund.

* * *

Nach dieser Nacht hätte ich endgültig den Schlussstrich ziehen sollen. Tat ich aber nicht. Bis zu diesem Punkt hatte ich nie eine geladene Waffe an den Kopf gehalten bekommen. Und auch danach nicht mehr. Das hätte der Wendepunkt in meinem Leben sein können. Doch der kam leider erst später. Warum erzähle ich euch diese Geschichte? Zum einen, damit ihr selbst nie in eine solche Situation kommt. Wie ihr vielleicht schon gemerkt habt, ist mein ganzes Leben Mahnung genug. Trotzdem möchte ich gerade meinen jungen Leserinnen und Lesern ganz explizit sagen: Lasst die Finger von der Kriminalität! Ihr landet in Haft, im Krankenhaus oder auf dem Friedhof. Punkt. Das sind die Orte, an die euch dieser Weg führen wird. Und selbst wenn nicht. Ihr werdet ein trauriges, einsames Leben voller Schuld führen. Denn ihr schadet auch euren Liebsten und unschuldigen Menschen mit euren Taten.

Der andere Punkt ist, dass ich, davon bin ich überzeugt, diese Situation nur überstehen konnte, weil ich an meinen Baum gedacht habe. Wenn ihr also in einer brenzligen oder stressigen Situation seid, nehmt euch Zeit, um euch zu erden. Stellt euch vor, ihr steht auf einer Lichtung. Die Sonnenstrahlen kitzeln auf eurer Haut. Es ist warm, aber gleichzeitig weht ein kühler Wind um euch herum. Ihr hört das Rascheln der Blätter, das Zirpen der Insekten. Und dann stellt euch die Bäume vor, die die Lichtung säumen. Geht einen Schritt auf sie zu. Und dann sucht euch einen Baum in euren Gedanken aus und stellt euch vor, wie es ist, dieser Baum zu sein. Spürt die Stärke und das Selbstbewusstsein, das er ausstrahlt. Auch ihr könnt diese Würde und Erhabenheit spüren. Seid achtsam! Nehmt euch in Stresssituationen die Zeit und seid ein Baum. Dann haut euch so leicht nichts mehr um. Der Anlass dafür muss natürlich nicht zwangsläufig so eine Ausnahmesituation wie bei mir sein. Es kann eine Prüfung sein, eine schlechte Nachricht oder auch eine Panikattacke. In meinen Baummeditationskursen, die ich heute gebe, gehe ich noch intensiver auf das Thema ein und lasse Menschen zu den verschiedenen Eigenschaften der Bäume meditieren. Die Eiche repräsentiert die Stärke, die Birke symbolisiert den Neuanfang und eine Buche kann für Geborgenheit stehen.

Heute tut es mir fast ein wenig leid, dass ich meine Buche damals wieder für ein paar Jahre verlassen habe. Wie du noch erfahren wirst, war der Sog der Straße stärker als das Licht der Natur.

***

Doch mein Baum war jedes Mal für mich da, wenn ich wieder zurückkam. Als die Mutter meiner Tochter und ich uns getrennt hatten, war ich bei meiner Buche. Ich habe geweint und mir darüber Gedanken gemacht, was jetzt zwischen mir und meiner Tochter passieren würde. War ich ein guter Vater? Würde ich sie wiedersehen? Natürlich konnte mir der Baum darauf keine Antwort geben. Aber er war für mich da. Ich hatte das Gefühl, dass er mir zuhörte. Dass er mein Flehen und meinen Kummer wahrnahm. Und dass er mich nicht für meine Tränen verurteilte. Die Sache mit meiner Tochter ging mir wirklich sehr nahe. Ich weiß noch, wie ich am Baumstamm zusammensackte und spürte, dass dort jemand ist, der mich hält. Auch so ein nach außen großer, starker Mann wie ich braucht manchmal das Gefühl von Halt.

Ich denke, mein Baum hat mir die Geduld geschenkt, die richtigen Worte nach unserer Trennung zu finden, die dazu führten, dass wir bis heute ein sehr harmonisches Verhältnis zum Wohle unserer Tochter pflegen. Auch bei der innigen Beziehung zu meiner Lebensgefährtin Marcia hat dieser Baum dafür Sorge getragen, aus mir den geerdeten Mann zu machen, den sie verdient.

Noch heute fahre ich manchmal hoch auf den Berg und verbringe Zeit mit ihm. Er ist nicht der schönste Baum. Aber er ist meine Buche. Ich werde ihn auch noch besuchen, wenn ich alt und grau bin. Und ich hoffe, dass er meiner Tochter ebenfalls irgendwann die Geborgenheit schenkt, die ich durch ihn erfahren durfte.

Natürlich schaffe ich es nicht immer, dort hochzukommen, schließlich habe ich ja noch das Tattoostudio in Altena, meinen Wald und viele andere Termine. Aber gerade, wenn es mir schlecht geht oder ich erkältet bin, komme ich hierher und tanke Kraft. Ich habe das Gefühl, dass ein paar Minuten bei meinem Baum mir bei jeder Grippe mehr helfen als irgendwelche Tabletten.

Was kannst du aus meiner Erfahrung mit dem Baum für dein Leben mitnehmen?

Erst mal sollte ich vielleicht klarstellen, damit du mich nicht falsch verstehst: Ich bin niemand, der in der Kommunikation mit der Natur eine sprachlich formulierte Antwort erwartet, wie man sie von einem Menschen bekommt. Obwohl Bäume auch kommunizieren können. Nur hören wir das nicht. Aber dazu später mehr.

Ein Baum konnte und kann für mich in vielen Situationen einen Arzt oder Therapeuten ersetzen. Das gilt nicht für jeden Menschen und jede Krankheit.

Was ich aber sagen will, und das meine ich sehr ernst: Die Natur hat ungeahnte heilende Kräfte! Gerade Lebewesen, die so alt sind wie Bäume, können euch ungemein viel Energie schenken. Das meine ich nicht auf einer esoterischen Ebene, aber auf einer spirituellen. Sie können dich erden, dir Ruhe schenken. Wir leben in einer Zeit, in der wir ständig unter Druck stehen. In der wir unsere Bindung zur Natur verloren haben. Wir sind umgeben von elektrischen Geräten, die uns ablenken und nerven. In den sozialen Medien sehen wir ständig, wie wir zu sein haben, was schön ist und angeblich wichtig im Leben.

Ich möchte dich dazu ermutigen, rauszugehen und einen Baum zu suchen, der dir dabei hilft runterzukommen.

Wenn du in der Stadt wohnst, geh' in einen Park und suche nach einem Baum, den du kennenlernen willst.

Lebst du auf dem Land, gehe in den Wald oder auf eine Wiese und suche dir einen Baum aus, über den du mehr erfahren willst.

Und wenn du das nächste Mal deine Eltern besuchst, geh in den Garten deiner Kindheit und berühre den alten Apfelbaum, auf den du früher mit deinen Freunden geklettert bist.

Es gibt auch Projekte, bei denen du eine Patenschaft für einen Baum übernehmen kannst. Eure Bindung wird dann offiziell und du kannst öffentlich zeigen, dass du Verantwortung übernimmst für eine wichtige Lebensform, die sich gegen uns Menschen nicht wehren kann.

Natürlich gibt es keine Garantie, dass dir ein Baum so viel geben kann, wie er mir gegeben hat und immer noch gibt. Jeder Mensch fühlt anders. Aber ich bin mir ziemlich sicher, wenn du regelmäßig einen Baum besuchst, dein Handy ausschaltest und einfach versuchst, den Moment zu spüren, wird dir das viel geben. Ich selbst habe für mich und für euch ein »20-Minuten-Programm« entwickelt. Es funktioniert ganz leicht und kostet nichts. Probiere es doch mal aus! Alle elektronischen Geräte zu Hause lassen und für 20 Minuten raus in die Natur. Wenn du keinen Wald in der Nähe hast, gehe am Wasser spazieren oder an einer ruhigen Grünfläche. Ziehe das jeden Tag für zwei Wochen durch. Ich bin mir sicher, dass du dich danach besser fühlen wirst und das Programm dauerhaft in deinen Alltag integrierst.

Wir kommen in einem anderen Kapitel noch mal konkreter auf die heilenden Kräfte der Natur zurück. Doch erst mal sollte es weiter bergab für mich gehen – oder bergauf, wie ich damals dachte. Alles eine Frage der Perspektive.

Im Rotlicht

Während meiner Umzüge war der Kontakt zu Vojtech, dem tschechischen Lowrider-Zuhälter, nie abgebrochen. Im Gegenteil wurde er zu einer gewissen Zeit sogar intensiver.

Im Laufe einiger Monate rief mich Vojtech immer wieder für kleine Jobs an. Nichts Kriminelles. Fahrdienste oder ihm bei einem Termin den Rücken stärken. Ehrlich gesagt, konnte ich das Geld gut gebrauchen. Meine Rap-Karriere war gescheitert und im Kölner Milieu konnte ich auch nicht wirklich Fuß fassen. Trotzdem faszinierte mich die Straße immer noch.

***

Eines Abends klingelte mein Handy.

»Max, hast du Zeit?« Es war Vojtech.

»Klar, Was gibt's?«

»Hömma, so kann das nicht weitergehen. Komm mal zu mir ins Bistro. Schaffst du das heute um 20 Uhr?«

»Ja.« Ich legte auf. Was er wohl wollte? In den letzten Wochen zuvor hatte er mir schon einige Größen der Dortmunder Unterwelt vorgestellt. Vojtech sah etwas in mir, da war ich mir sicher. Er musste bereits Ende vierzig sein und brauchte frisches Blut in seiner Mannschaft. Ich setzte mich in meinen BMW, fuhr in die Nordstadt und parkte den Wagen unweit vom »Café Jupiter«, Vojtechs Stammbar. Als ich den Laden betrat, saßen nur ein paar alte Jugos an den Spielautomaten. Die schwarzhaarige Balkanschönheit hinter der Theke polierte lieblos ein paar Gläser. Ich schaute mich um. Vojtech saß an einem der Tische und schlürfte seinen Espresso. Als er mich sah, winkte er mich zu sich rüber.

»Ah Max, mein Freund, setz dich.«

»Also, was gibt es?«

»Du fährst gerne BMW, oder?«

»Klar.«

»Und wie lange denkst du, kannst du das Auto noch halten, wenn du keine Kohle verdienst.«

Ich schwieg und schaute auf den Tisch. Er hatte recht.

»Hey, schau mich an. Siehst du die Rolex hier?« Er präsentierte mir sein Handgelenk, sodass ich die Daytona sehen konnte.

»Ich erzähl dir jetzt mal 'ne Geschichte. Also hör' gut zu.« Ich nickte.

»Die Geschichte dreht sich darum, wie ich die Uhr bekommen habe. Also es gibt da diese blöde Kuh. Anja, na ja, eine Frau, die viel Geld verdient hat, wenn du verstehst, was ich meine. Auch für mich. Ich bin also knapp bei Kasse, aber will 'ne neue Uhr haben. Es ist Sommer und ich lade Anja ein zu einem romantischen Tag am Baggersee. Ich mache der Schnalle wirklich den perfekten Tag. Alles Picobello. Wir gehen zusammen schwimmen, ich trage sie durchs Wasser und schaue sie an, als wäre ich der scheiß Eros Ramazzotti. Verstehst du? Die

Frau kann gar nicht anders als mich lieben. Na ja, auf jeden Fall verlier ich dann plötzlich meine Rolex und mache ein Riesentheater. Der Abend ist für mich gelaufen. Meine Uhr ist weg. Für immer verloren auf dem Grund des Sees. Ich weiß, dass Anja richtig fett abgesahnt hat. War ja Messewoche. Was Anja aber nicht weiß: Die Uhr, die ich verloren habe, ist irgendein Plastikscheiß aus Tschechien. Ich also am Rumheulen, bis sie auf die Idee kommt … na, auf welche Idee kommt sie?«

»Sie will dir eine neue Rolex kaufen«, sagte ich.

»Genau. Wenn du eine Frau dazu bringst, dir eine 10 000-Euro-Uhr zu kaufen, für die sie eine Woche lang die Beine breitgemacht hat, dann bist du ein guter Zuhälter. Kannst du das, Max?« Vojtech schaute mich lange an.

Klar konnte ich. Ich hatte auch schon Linda dazu gebracht, Kohle abzudrücken.

»Denn wenn du das kannst, dann bist du mein Mann. Komm morgen um zwölf wieder ins Café. Dann stell ich dir meine Crew vor.« Vojtech stand auf, legte seine Hand kurz auf meine Schulter, warf einen Zwanziger auf den Tisch und verließ den Laden.

* * *

Als ich abends wieder zu Hause war, saß ich auf dem Sofa in der kleinen Kölner Wohnung, die mir jeden Tag enger vorkam, und dachte lange nach. Zerbrach mir den Kopf darüber, wie es mit meinem Leben weitergehen sollte. Wollte ich wirklich wieder zurück ins Rotlichtmilieu? Immerhin hatte man mich fast abgestochen und erschossen. Und Linda? Ich hatte auch das Leben als Zuhälter hinter mir gelassen, weil ich ihr nicht länger Gefühle vorgaukeln wollte. Aber dann dachte ich daran, wie ich das erste Mal mit Vojtech durch die Straßen Dortmunds gefahren bin, in einer schwarzen S-Klasse. An jeder Ecke schauten uns die Leute hinterher. Wenn wir an den einschlägigen Cafés und Bars hielten, luden uns die Unterweltgrößen auf einen Kaffee oder Tee ein. Vojtech war jemand, den sie auf der Straße respektierten. Er hatte einen Haufen Geld verdient, keine Peanuts. Und das wollte ich auch! Glaubte ich damals zumindest. Ich kann es nicht oft genug betonen – zu dieser Zeit war ich ernsthaft der Überzeugung, dass Geld und Statussymbole mich erfüllen würden. Und dass ich Frauen so manipulieren konnte, dass sie für mich ihren Körper verkaufen, ihre Seele. Das hatte ich mir selbst schon bewiesen. Ich war bereits Mitte 20 und immer noch verblendet und skrupellos genug, um es wieder zu tun. Und dieses Mal sogar in großem Stil. So stand mein Entschluss fest, als ich am nächsten Morgen aufwachte.

Als ich um 12 Uhr im »Café Jupiter« ankam, war der Gastraum leer. Statt der hübschen Bosnierin, die am Abend zuvor hinter der Theke gestanden hatte, begrüßte mich eine alte Deutsche mit eingefallenen Gesichtszügen. Ihre Augen wirkten tot und der jahrelange Konsum von Zigaretten und Kaffee hatte ihrer Haut einen fahlen Gelbton verliehen.

»Du suchst Vojtech?«, fragte sie mit einer rabenartigen Krächzstimme.

Ich nickte.

»Dann tappel mal rüber zu der Tür da.« Sie zeigte auf eine schwere Tür am Ende des Raums, über der das grüne Notausgangsymbol leuchtete. »Und dann der Raum links.«

Ich folgte ihren Anweisungen und fand Vojtech hinter einem massiven Schreibtisch am Ende des besagten Zimmers. An der mit Holz vertäfelten Wand hingen Poster von tschechischen Pornostars und Playmates sowie ein Trikot von Slavia Prag mit Unterschriften aller Spieler darauf. An einem weißen Campingtisch vor dem Schreibtisch saßen zwei Typen und spielten Karten. Der eine hatte die Hand an der Baseballkeule, die an seinem Stuhl lehnte. Musternd schauten sie mich an.

»Max, mein Freund, ich wusste, dass du kommen würdest«, sagte Vojtech und stand auf. Mit seinem Arm um meine Schulter wendeten wir uns den beiden Typen zu, die mittlerweile ebenfalls aufgestanden waren.

»Das ist Max. Der arbeitet jetzt mit uns zusammen. Und das ist Spargel.« Er zeigte auf einen hageren Großen in der schwarzen Lederjacke. Ein richtig langer Lulatsch mit kindlichen, weichen Gesichtszügen, der wohl keinen besseren Spitznamen hätte bekommen können. Tatsächlich war Spargel einer der freundlichsten Menschen, die ich je kennenlernen sollte. Und aus irgendeinem Grund wollte er unbedingt Zuhälter werden. Mir war aber innerhalb von Sekunden klar, dass er nicht dazu gemacht war. Vojtech wusste es auch. Aber Spargel war eine treue Seele und zuverlässig. Er hatte seinen Nutzen für Vojtech und das genügte als Daseinsberechtigung in der Crew.

Der Typ, der zum Baseballschläger gegriffen hatte, war aus einem anderen Holz geschnitzt. »Das ist Pablo«, stellte Vojtech den Kerl im weißen Feinrippunterhemd vor, Tribals auf dem Arm und zurückgegeltes Haar. Er fokussierte mich mit funkelnden Augen wie ein Terrier, der jeden Moment seine Beute anspringt.

Jeder in Dortmund kannte »Pulver Pablo«. Er trug den Namen nicht, weil er so viel kokste, sondern weil er hochexplosiv wie Schießpulver war und unbedingt Kolumbianer sein wollte, da er Pablo Escobar wie einen Popstar verehrte. Tatsächlich hieß Pablo in Wirklichkeit Christian und sprach kein Wort Spanisch. Dortmund hatte er nur einmal verlassen, um eine Haftstrafe in der JVA Schwerte wegen schwerer Körperverletzung abzusitzen. Er war Vojtechs Pitbull, den er nie ganz von der Leine, aber immer Knurren ließ, wenn es nötig war. Doch auch wenn Pablo wirklich durchgeknallt war, kann ich nichts Schlechtes über ihn sagen. Wir haben uns immer gut verstanden.

»Also Jungs«, begann Vojtech, »ich habe Max in die Crew geholt, damit wir uns wieder etwas aufbauen können. Wie ihr wisst, war ich länger weg. Und die Geschäfte laufen nicht mehr so wie früher.« Ich hatte mittlerweile an dem Tisch Platz genommen, an dem auch Spargel und Pablo saßen.

»Wie fangen wir an?«, meldete sich Spargel wie ein Schuljunge.

***

Wir trafen uns mehrmals in der Woche in unserem kleinen Büro, das der Betreiber des »Jupiter« Vojtech zur Verfügung gestellt hatte, um Ideen zu sammeln, wie wir

Geld verdienen könnten. Tatsächlich kamen die meisten von mir. Die Jungs steuerten ihre Kontakte hinzu und Vojtech das Kapital.

»Es ist wichtig, dass wir legal bleiben«, sagte Vojtech, »zumindest sollten wir sauber anfangen.«

»Wie wär's, wenn wir ein Gangwear-Label machen? Klamotten für Gangster und solche, die gerne welche sein wollen? Ich erklärte den Jungs, dass die großen Rockerclubs Merch an ihre Mitglieder und Supporter verkauften. »Warum machen wir so was nicht auch, nur für alle?« Und so gründeten wir eines der ersten Gangwear-Labels in Deutschland, lange bevor Marken wie »Yakuza« auf den Markt kamen. Von lokalen Rockerchaptern bis zu Dortmunder Hooligans. Jeder trug damals unsere Shirts.

Das zweite Business wurde ein Autoverleih. Wie beim Vertrieb unserer Klamotten war Spargel dabei eine große Hilfe. Quasi unser Mädchen für alles. Nannten wir ihn am Anfang noch unser »Maskottchen«, lautete sein neuer Spitzname bald »Sekretärin«. Pablo passte auf, dass alle pünktlich zahlten. Eine sichere Einnahmequelle. Und Vojtech und ich? Wir planten derweil, wie wir wieder im Rotlichtmilieu Fuß fassen konnten.

»Max, mit Prostitution kann man nicht mehr so viel Geld verdienen wie früher. Die ganze Armutsprostitution aus Bulgarien und Rumänien. Das ist schlimm. Für die Mädchen, aber auch für alte Haudegen wie mich. Wie sollen wir was verdienen, wenn ein Fick gerade mal 15 Euro kostet?« Vojtech schaute mich an. »Ich habe mir gut was zusammengespart. Der Autoverleih und die T-Shirts laufen gut. Und wir haben die

Mädels in der Nordstadt. Wieso noch ein Risiko eingehen?« Er hatte recht, aber ich war jung, gierig und voller Ideen.

»Ich glaube, ich habe da eine moderne Lösung für unser Problem.«

***

Der schmierige Bankkaufmann saß Vojtech und mir gegenüber und tippte etwas in den Computer, ehe er sich uns zuwandte. Wir spürten seine Abscheu und seine Furcht. Vojtech war immer noch eine einschüchternde Persönlichkeit und auch ich hatte an Masse und Tätowierungen hinzugewonnen.

»Wie kann ich den Herren helfen?«, fragte er mit einem distanzierten Ton in der Stimme.

»Wir wollen ein Geschäftskonto eröffnen«, sagte ich und legte die zu leistende Einlage für eine GmbH bar auf den Tisch. Der Banktyp gaffte auf das Geld.

»Und in welcher Branche?«

»Wir wollen einen Escort-Service aufbauen«, antwortete Vojtech und schaute dem Bankfuzzi tief in die Augen, »quasi eine Art Fahrt- und Vermittlungsservice für die Damen und ihre Kunden anbieten.« Die Idee hatte Vojtech von mir. Juristisch war das alles wasserdicht. Wir bekamen unsere Provision für das Erstellen von Annoncen und den Fahrservice. Autos hatten wir ja durch die Autovermietung genug. Aber wir machten uns nicht strafbar, Prostitution zu fördern.

Der Bankangestellte schaute uns schockiert an und bat uns, auf der Couch im Vorraum Platz zu nehmen.

Mein Opa und ich am alten Forsthaus. Rechts ein Teil der Obstbäume.

Meine Mutter und ich. Als Kind waren meine Haare blond, erst später wurden sie dunkel.

Mein Vater und ich. So kannte ich ihn im Sommer: immer braun gebrannt.

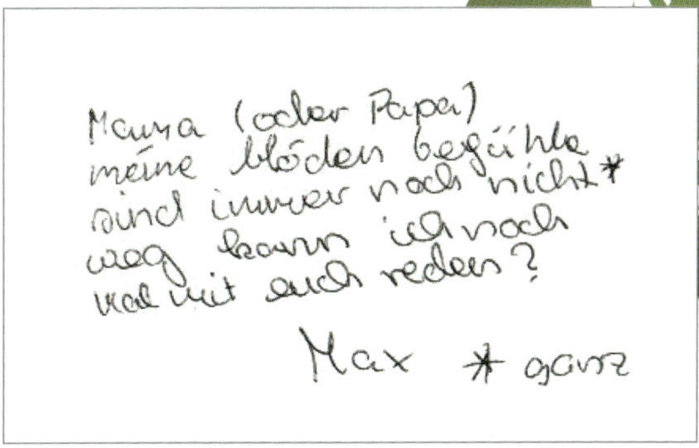

Mama (oder Papa)
meine blöden gefühle
sind immer noch nicht*
weg kann ich noch
mal mit euch reden?

Max *ganz

Der Zettel an meine Eltern.

Hier sieht man mein Zahnproblem gut.

Da war ich 13 und total high.

Die kurze Glatzenzeit. Ich sah viel älter aus, als ich war.

2006 mit Culcha Candela und Gentlemans Far East Band live in Berlin.

Im Rotlicht waren für mich Autos sehr wichtig.

2012 in Bremen. Voll im Milieulook.

2008, als für mich nur Schmuck und Aussehen zählten.

Mit Jungs
in Dortmund,
circa 2011.

Zu Rockerzeiten
ging es von Clubhaus
zu Clubhaus.

Ich finde, man sieht mir im
Gesicht an, dass ich nicht
glücklich war.

In Spanien. Kurz bevor ich
in der Nähe von Köln
meinen Rückfall hatte.

Mit mexikanischer Gang in Los Angeles.

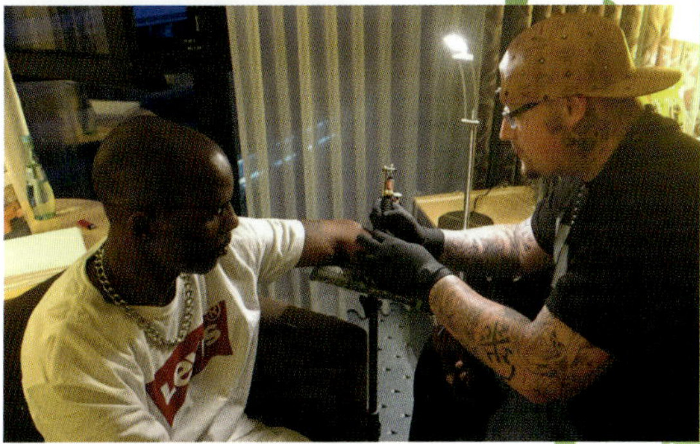

Tattoosession 2015 bei DMX.

Mit Peter Shue und Gang 2016 in der Bronx.

Meine Tochter als Baby mit mir zu Besuch in Compton, Los Angeles.

Marcia und ich vor unserem Hogan, als wir in der Navajo Nation lebten.

Auf einem Berg in Utah mit Louis Williams.

Bei der Arbeit mit Kindern im Wald.

Mit Menschen am Lagerfeuer bei meinen Kursen.

Heute glücklich und ausgeglichen im Wald.

Durch die Glasfront beobachteten wir, wie er hektisch hin und her lief, während er telefonierte.

»Es tut mir leid, aber für unser Geldinstitut ist das nicht seriös genug«, erklärte er uns ein paar Minuten später. Auch wenn ich die Bank nicht beim Namen nennen darf, dass ausgerechnet diese Bank uns zwei Zuhälter für unseriös hielt, erscheint mir aus heutiger Sicht doch ziemlich absurd. Ein paar Tage später besuchten wir ein anderes großes deutsches Geldinstitut, das gerne mit uns zusammenarbeiten wollte. Und so hatte die »Diamond-Girls-GmbH« ein offizielles Geschäftskonto. Als wir nach dem Termin wieder auf dem Bürgersteig standen, fragte ich Vojtech, was wir als Nächstes brauchen.

»Was wir jetzt brauchen? Jetzt brauchen wir Mädels, Max.«

* * *

Als Erstes fuhren wir zu einem Supermarkt in einem Industriegebiet in Dortmund Hörde. Schnurstracks liefen wir durch die Regale zur Kasse, wo eine Frau mittleren Alters kassierte. Sie erinnerte mich ein wenig an die junge Dolly Buster. Nur der Kittel des Supermarktes störte das Bild. Vojtech legte eine Packung Airways aufs Kassenband und schnalzte lässig mit der Zunge. Als sie ihn sah, verdrehte sie die Augen. Er zwinkerte ihr zu.

»Was willst du hier, Vojtech?« fragte sie genervt, als wir dran waren.

»Ich will, dass du wieder für mich arbeitest, Bianca.«

»Ich bin raus, aber so was von raus«, sagte sie und begann die Waren des nächsten Kunden zu scannen. Ein

Typ mit lichtem Haar und Brille in einem beigen Trenchcoat von C&A. Wahrscheinlich Lehrer. Oder Steuerberater.

»Wie viel verdienst du hier, während du dir den Arsch platt sitzt?«, fragte Vojtech. Bianca schwieg. »Lass mich raten. 1 200 netto für 40 Stunden in der Woche?«

»Entschuldigen Sie«, sagte der Typ, der hinter uns stand, »ich habe noch einen Termin. Können Sie das in der Pause der Dame besprechen?«

Ich drehte mich um und grinste ihn an.

»Wie wär's, wenn du mal relaxt und die Schnauze hältst? Zu viel Stress ist ungesund.« Ich klopfte ihm mit der flachen Hand auf die Wange. Er hatte die Botschaft verstanden und hielt die Fresse. Vojtech fuhr unbeeindruckt fort und zückte einen Fünfhunderter.

»Pass mal auf, wir bauen uns einen Escort-Service auf. Ich brauch' erfahrene Kräfte wie dich, Bianca. Das hier ist nur der Vorschuss.« Er steckte den lila Schein in die Brusttasche ihres Kittels. Dann gingen wir. Bianca kündigte noch am selben Tag.

Neben Bianca holten wir noch ein paar weitere Mädels in unsere Agentur. Die meisten arbeiteten sowieso schon für Vojtech. Ausschließlich Blondinen mittleren Alters aus Tschechien. Viele von ihnen hatten deutsche Ehemänner. Vor der ersten EU-Osterweiterung war es ein beliebter Trick der Zuhälter, die Frauen mit deutschen Männern zu verheiraten, um keinen Ärger mit den Behörden zu bekommen.

Der Plan war simpel. Über eine Website konnten die Mädels Fotos hochladen und ihre Dienste anbieten. Hotel- oder Hausbesuche. So mussten wir uns nicht mal um Wohnungen kümmern. In der Anzeige war auch immer eine Telefonnummer angegeben. Wenn die Freier anriefen, sollte Bianca ans Telefon gehen und checken, ob die Mädchen Zeit hatten. Dann würde einer von uns die Frau zum Termin fahren und vor dem Gebäude warten.

***

Jetzt musste ich nur noch herausfinden, wie man so eine Website aufbaute. Ich hatte bisher ja nur Erfahrung im Erstellen von Anzeigen für erotische Dienstleistungen. Also suchte ich im Impressum der erfolgreichsten Internetseite für Erotikangebote im Pott nach einer Adresse. Bingo! Der Typ, der das Portal betrieb, wohnte in Bochum. Ich stieg sofort in meinen BMW und fuhr los.

Ich parkte den Wagen in einer ruhigen Straße in einem Bochumer Vorort und ging den Bürgersteig entlang, bis ich vor einem weißen Einfamilienbungalow stand. Im Vorgarten blühten weiße Hortensienbüsche. Hier wohnte also der Typ, der die erfolgreichste Seite für Erotikdienstleistungen im Pott betrieb. Ich klingelte und eine ältere Frau öffnete die Tür.

»Was wollen Sie?«, fragte sie und rückte ihre Brille nach vorne. Es roch nach Kartoffelsuppe und Katzenklo.

»Ist Rainer da?«, fragte ich.

Die Alte schrie in den Keller. »Rainer, hier ist schon wieder so ein Riesenkerl, der was von dir will.«

»Schick ihn runter«, tönte es aus dem Keller.

»Sie haben es gehört«, sagte die alte Dame und ich schob mich an ihr vorbei Richtung Kellertreppe. »Vielleicht können Sie dem Jungen ja mal sagen, dass er endlich Sport machen sollte.« Kopfschüttelnd verschwand sie im Türrahmen der Erdgeschosswohnung.

Als ich das Ende der Kellertreppe erreichte, sah ich den extrem fetten Rainer in einen Gamingstuhl eingequetscht eine Tüte Kartoffelchips mampfen und wie wild auf seiner Maus herumklicken.

»Zaco, ich hab dir schon tausendmal gesagt, dass du den Stick mit den neuen Bildern von den Mädels auch einfach in den Briefkasten werfen kannst.«

»Ich bin nicht Zaco.«

Rainer sah auf und glotzte mich an, als wäre der Teufel vor ihm aus dem Boden gestiegen. Auf seinem fleckigen T-Shirt stand *I fuck at the first Date.*

»Hey, wer auch immer dich geschickt hat. Ich will keinen Ärger.« Rainer streckte seine Hände in die Luft und ging in die Schutzhaltung, dann griff er sich den Pizzaschneider von seinem Schreibtisch und fuchtelte damit herum. Ich konnte die Angst in seinen kleinen braunen Schweinsäuglein sehen.

»Alles gut«, sagte ich, ging ein paar Schritte auf ihn zu und nahm ihm den Pizzaschneider aus der Hand. Auf seinem Bildschirm erschoss gerade ein amerikanischer Soldat einen Trupp russischer Terroristen.

»Du bist Rainer?«

Er nickte.

»Und machst diese riesige Hurenwebsite für den Pott?«

Rainer nickte erneut.

»Alles klar, Junge. Dann lass uns reden.«

Nachdem sich Rainer ein wenig beruhigt hatte, erklärte ich ihm, dass er mir nur zeigen sollte, wie ich selber eine Website aufbauen konnte. Er präsentierte mir alle Tricks. Und zusammen mit einem Kumpel, der schon mal eine Pornowebsite gebastelt hatte, erstellten wir unser erstes Escortportal, dem, so war die Idee, noch viele weitere Seiten folgen sollten.

* * *

Als Nächstes brauchten wir gute Bilder von unseren Frauen. Rainer hatte mir erklärt, dass High-Class-Fotos das A und O bei der Sache waren, was ich ja auch schon bei Linda gemerkt hatte.

»Wir brauchen eine geile Location«, sagte Pablo, »so eine, die richtig edel ist.«

»Jungs, es darf aber nicht zu teuer sein. Wir haben schon für die Webseite ordentlich Patte hingeblättert«, sagte Vojtech und fuhr sich übers Kinn.

»Ich habe da eine Idee«, sagte ich.

Wir fuhren mit zwei Autos durch die Dortmunder Innenstadt. Im ersten Wagen saßen Spargel, ich, Bianca und zwei weitere Mädels, im zweiten Pablo mit drei Frauen. Wir parkten die Wagen direkt vor der Einfahrt eines Luxus-Möbelhauses.

»Okay, Spargel. Ich erklär es dir noch einmal: Du bist DJ Glorious und hast hier heute ein Fotoshooting für deine neuen Tourplakate. Mit ganz vielen heißen Mädels.«

Spargel grinste wie ein kleiner Junge. Wir hatten ihn in ein weißes Hemd und einen billigen schwarzen Anzug gesteckt. Dazu noch eine futuristische Sonnenbrille. Er sah wirklich lächerlich aus. Aber mit Pablo und mir als »Bodyguards« sollte es durchgehen.

Mit der ganzen Mannschaft betraten wir den Laden. Sofort kam eine Verkäuferin hysterisch auf uns zugerannt.

»Was wollen Sie hier?«, fragte sie irritiert und schaute auf die Kamera, die um Pablos Hals hing.

»Ich bin DJ Gloryhole und wir machen hier heute ein Shooting für meine neuen Tourplakate«, sagte Spargel mit einem gekünstelten spanischen Akzent, der sich mit seinem echten tschechischen Akzent mixte.

»DJ Gloryhole? Davon weiß ich aber nichts.«

»DJ Glorious«, sagte ich und schaute die Verkäuferin böse an, »ist alles mit der Geschäftsführung abgesprochen.«

»Na gut. Ich geh mal kurz ins Büro und rufe den Chef an«, sagte die Verkäuferin etwas eingeschüchtert und lief die Treppe hoch.

Als sie weg war, legten wir los. Wir ließen die Frauen in heißen Posen auf den edlen Samtsofas posieren. Sie zeigten uns ihren Arsch, machten die Beine breit oder knieten sich hin, während Pablo knipste wie ein Irrer. Es blieb sogar noch Zeit, ein paar heiße Bilder von Spargel zu machen. Wir steckten ihm eine rote Rose in den Mund. Casanova Style. Zum Spaß boten wir ihn auf einem unserer Portale als männlichen Escort an. Gemeldet hat sich natürlich nie jemand.

***

Und so bauten wir unseren Escort-Service auf. Fast jeder, der im Internet nach Huren im Pott suchte, sollte früher oder später auf unserer Seite landen. Zu diesem Zeitpunkt hatte ich meinen Wohnsitz bereits nach Dortmund verlegt, um möglichst nah an unserem Business zu sein. Mit meiner Freundin und unserer Hündin zog ich in eine Dachgeschosswohnung in der Schillerstraße im Norden der Stadt.

Natürlich klingelte nicht dauernd das Telefon, aber gerade, wenn Messen waren, liefen die Geschäfte gut. Eine Frau, die ich öfter zu Terminen fuhr, war Tereza. Ich erinnere mich noch gut an einen Abend, an dem ich sie zu einem Hotel gebracht hatte, in dem eine Horde Versicherungskaufmänner auf sie wartete. Es war Messe in Dortmund und die Typen hatten sie für einen Gangbang gebucht.

»Darf ich noch eine rauchen?«, fragte Tereza, als wir im Auto vor dem Hotel saßen.

»Klar, die Kerle haben sicher auch noch in fünf Minuten Bock auf dich.«

»Weißt du, Max. Schau mich an. Ich fahr einen schönen Mercedes. Ich habe teure Handtaschen …« Sie hob ihren Arm hoch, an dem eine Burberry hing, und holte eine Lucky Strike heraus. »… Aber denkst du, ich werde jemals wieder glücklich sein, nach dem, was ich gesehen habe? Was ich mit mir habe machen lassen? Denkst du, ich habe jemals wieder Spaß an Sex?«

Ich schwieg. Heute hätten mich ihre Sätze zweifeln lassen an dem, was ich tat. Aber damals war mir das alles egal. Wenn du erfolgreich sein willst im Milieu, ist Empathie eine Eigenschaft, die du nicht haben darfst. Die

Frauen waren für mich vor allem eins: Eine Einnahmequelle.

»Die armen Mädchen aus Bulgarien haben eine Familie, für die sie das machen. Aber ich? Ich bin seit 15 Jahren in Deutschland und habe gar keinen Kontakt mehr zu meiner Familie in Tschechien. Seit 15 Jahren nur ficken. Das macht dich kaputt, Max.«

»Du solltest jetzt gehen«, sagte ich und schaute aus dem Fenster. Wortlos stieg Tereza aus und schritt den Weg zum Hotel hoch. Nach zwei Stunden war sie wieder da und steckte mir ein paar grüne Scheine zu.

* * *

Ich hatte in diesen Jahren eine gute Zeit mit den Jungs. Wir verdienten nicht schlecht zu Beginn, aber die ganz fette Kohle blieb aus. Im Gegenteil. Wir mussten immer mehr hustlen und verdienten immer weniger. Hinzu kam, dass Pablos Spitzname »Pulver Pablo« immer mehr eine andere Bedeutung bekam. Mittlerweile war er schwer kokainabhängig und mehr Gefahr für unsere Unternehmung als Bereicherung. Immer öfter tauchte er total zugedröhnt im Büro auf, wenn er überhaupt mal kam, oder fing mit den Söhnen oder Handlangern anderer Gangbosse Schlägereien an, die ich und Vojtech schlichten mussten. So sehr ich Spargel und Pablo auch mochte, ging mir ihr dilettantisches Vorgehen immer mehr auf die Nerven. Und dann kam die Aktion, die das Fass endgültig zum Überlaufen brachte.

Spargel schleppte einen Handyladen-Besitzer aus Essen an, der auch ins Rotlicht-Business einsteigen wollte. Er sah das als seine große Möglichkeit, endlich auch mal einen fetten Fisch an Land zu ziehen.

»Max, du kümmerst dich darum, dass unser Spargel keine Scheiße baut«, sagte Vojtech.

Ich war genervt, mal wieder musste ich mit Spargel irgendwelchen Bullshit machen. Ich liebte die Jungs, aber hatte einfach das Gefühl, dass wir zusammen nicht vorankamen.

»Wir müssen den Typ irgendwie dazu bringen, dass er uns seinen Handyladen überschreibt, oder wir saugen ihn langsam aus«, erklärte Vojtech den Plan, »Spargel ist unser Lockvogel.«

Er sollte einen tschechischen Zuhälter spielen und den Ladenbesitzer dazu bringen, uns den Laden unter dem Vorwand zu überschreiben, zusammen dort ein Bordell zu eröffnen.

Falls der Typ danach Ärger machen sollte, standen Pablo und ich parat, um den guten Mann davon zu überzeugen, nicht zur Polizei zu gehen. Wobei Pablo kaum noch wie ein Terrier wirkte, eher wie ein zahnloser Chihuahua auf Crack.

»Nichts gegen Spargel. Aber ganz ehrlich, Vojtech. Ist das nicht eine Nummer zu groß für unseren Callboy?«

»Er hat sich das verdient, Max.«

Damit gab es keine weiteren Diskussionen mehr. Ich kaufte Spargel eine Alphajacke aus Leder und stellte Tereza und Bianca frei, damit er sie zu den Verhandlungen mitnehmen konnte. Quasi als Anschauungsmaterial. Der Typ wollte ja auch Frauen von uns übernehmen. Allein dadurch verloren wir bei jedem Treffen von Spargel und dem Typen ein paar Hundert Euro.

Und dann kam es, wie es kommen musste. Beim dritten Treffen zwischen Spargel und dem Handyladenbesitzer platzte der Deal endgültig. Spargel hatte es irgendwie verkackt und der Typ Lunte gerochen.

***

Danach hatte ich keinen Bock mehr, mit den Jungs so weiterzuarbeiten. Viele Stunden Arbeit und Geld steckten darin, Spargel bei dem Deal zu helfen. Und das war nicht die erste solcher Aktionen.

Damals hatte ich die Illusion, dass man im Rotlicht noch reich werden könnte. Immer öfter nervte ich Vojtech mit der Idee zu expandieren, doch er sagte dann Sachen wie: »Sei zufrieden, dass wir unabhängig von den ganz großen Fischen sind. Glaub mir, wären wir größer, wären wir längst im Knast oder hätten irgendwelche albanischen oder bulgarischen Zuhälter an der Backe.« Oder: »Max, ich bin auch nicht mehr der Jüngste.« Das frustrierte mich. Ich war die rechte Hand dieser alten Legende. Aber ich ging langsam auf die 30 zu. Was, wenn Vojtech weg war? Spargel und Pablo konnte ich vergessen. Also spielte ich immer öfter mit dem Gedanken, mir etwas Eigenes aufzubauen oder einer größeren Gang beizutreten. Und dann traf ich einen alten Bekannten aus meiner Kindheit wieder …

Vom Rockerleben

Der erste Schritt war der schwerste. Ich schaute hoch zur Tür. Wie viele Stufen waren es? 15 oder 20? Mir kam es vor, als hätte ich 1000 vor mir. Doch ich musste diesen Weg gehen. Wenn nicht, würde ich sterben. Vielleicht würde ich so oder so draufgehen. Totgeschlagen von Männern, die mich noch gestern Bruder genannt hatten. Aber ich hätte immerhin versucht, mein Leben zu retten. Hätte versucht, das Richtige zu tun. Manchmal ist es leicht, das Richtige zu tun. Manchmal kostet es verdammt viel Mut. Die Gedanken kreisten, fühlten sich an wie fiebrige Träume. Aber ich wusste, wenn ich es nach oben schaffe, hätte ich eine Chance.

Ich klammerte mich mit meinem rechten Arm am Geländer fest und zog mich langsam hoch. Mein T-Shirt war klatschnass vom kalten Schweiß, der meinen Körper hinabströmte. 40 Grad Fieber hatte die letzte Messung ergeben. Obwohl ich innerlich verbrannte, fror ich. Es ist die Kälte, die ein Mensch spürt, wenn der Körper mit dem Tod kämpft.

Ich hörte die Stimme des Präsidenten von oben. Das Lachen und Grölen der anderen. Gleich würde ich bei ihnen sein. Ich schaute auf die Kutte, die ich unter meinem linken Arm trug. Mit jedem Schritt, den ich schaffte, wurde sie leichter. Bald würde sie nur noch ein Stück Leder für mich sein.

Ich musste jetzt die sechste oder siebte Stufe erreicht haben. Ich war so verdammt müde. Und trotzdem konnte ich seit Wochen nicht schlafen. Es war, als würde eine unsichtbare Hand mir die Augenlider auseinanderreißen. Wie ein Alptraum, doch anstatt nicht aufzuwachen, konnte ich nicht einschlafen. Zu viele Gedanken und Sorgen quälten mich. Die Vergangenheit hatte mich eingeholt. Doch bald kannst du ruhen, Max. Bald kannst du ruhen. Du musst es nur beenden. Nur beenden. Dann ist alles vorbei.

Ich kämpfte mich weiter hoch. Auf der neunten Stufe musste ich kurz innehalten. Ich schloss die Augen, die Bilder und Gedanken schwirrten durch meinen Kopf.

Ich sah die Zeitungsartikel vor mir, die Männer in den weißen Anzügen der Spurensicherung, die Projektile aufsammelten. Sah die abgedeckten Leichen auf dem Asphalt, sah die schreienden Mütter, die flehenden Freundinnen, die von Beamten hinter das Absperrband zurückgedrängt wurden. Und dann für einen kurzen Augenblick, wie in Zeitlupe, sah ich meine Mutter in der Menge. Ich hörte ihr markerschütterndes Schreien, das meinen Kopf fast platzen ließ vor Schmerz. Sah, wie sie versuchte, an den zwei Polizisten vorbeizukommen. Wo wollte sie hin? Dann erkannte ich es. Eine Hand zog langsam das weiße Tuch von dem Körper, der mitten auf der Straße lag. Der Mann, dem das Blut in Bächen aus dem Schädel lief. Der Mann war ich.

Ich schlug die Augen wieder auf und schnappte nach Luft, als wäre ich aus einem kalten See aufgetaucht.

Weiter, Max. Du musst weiter. Weiter nach oben. Doch immer wieder dieser Gedanke. Was wäre, wenn sie dich erschossen hätten? Was wäre, wenn sie dich mit Kugeln durchsiebt hätten? Willst du sterben, Max? Willst du sterben? Ich will leben! ICH WILL LEBEN! Mit letzter Kraft zog ich mich weiter Richtung Tür. Nur noch ein paar Meter. Die Angst, die ich verspürt hatte, wich mit jedem Zentimeter der Erleichterung. Egal, was sie mir antun würden. Ich war zu ihnen gekommen. Das würden sie mir nicht nehmen können. Egal, was sie mit mir machen würden. DAS würden sie mir nicht nehmen können.

Noch vier Stufen.

Ich sah Linda. Sah die anderen Frauen, die ich ausgenutzt oder verarscht hatte. ES TUT MIR LEID.

Drei Stufen.

Meine Eltern, wie sie am Küchentisch sitzen. Die Stimme meines Vaters: »Was wird denn nur aus dem Jungen?« Und die Antwort meiner Mutter: »Egal, was er macht. Er ist unser Sohn und wir lieben ihn.« ES TUT MIR LEID.

Zwei Stufen.

Mein Großvater und meine Mutter, die auf der Wiese vor dem Forsthaus stehen und Äpfel vom Boden aufsammeln. Sie drehen sich zu mir und mein Opa sagt: »Wir haben dich sehr lieb, Max. Vergiss das nie!« ES TUT MIR LEID

Eine Stufe noch.

Keuchend stand ich vor der schweren Sicherheitstür. Ich hatte mich in diesen Sekunden so sehr geschämt. Hatte all diese Menschen so sehr enttäuscht. Doch dann hörte ich in mir das Säuseln und Knacken der Äste meines Baums. »Es ist in Ordnung, Max. Du kannst dein Leben ändern.« So klang die Stimme aus mir heraus. Es war keine menschliche Stimme. Es war die Kraft des Waldes, die aus mir sprach. Ich stieß die Tür auf und wankte in den Raum. Halb verschwommen sah ich die ganze Mannschaft vor mir. Ein halbes Dutzend bulliger Typen, die sich wie ein Tribunal vor der Theke aufgebaut hatten. In ihrer Mitte thronte der Präsident auf einem Barhocker. Hinter ihm stand der Sergeant at Arms und daneben, daneben stand Maxim und schaute mich an, als wäre ich der Verräter.

***

Dortmund. Über ein Jahr zuvor. Ich war genervt von Vojtech und den Jungs. Zu viel Stress für zu wenig Kohle. Um den Kopf freizubekommen, besuchte ich mein Fitnessstudio in der Dortmunder Nordstadt. Hier ging die halbe Unterwelt ein und aus. Zuhälter, Gangmitglieder, Drogendealer. Gesehen und gesehen werden, quasi der rote Teppich der Dortmunder Unterwelt. Eigentlich musste man immer eine Stunde mehr für sein Workout einplanen, weil man ständig in ein Gespräch verwickelt wurde. Mal geschäftlicher Natur, mal ein privater Plausch. Hast du schon gehört, den haben sie erwischt? So und so hat den Jackpot geknackt. Der und der macht wieder *Urlaub auf Staatskosten.* In meiner Welt die ironische Bezeichnung für einen Knastaufenthalt. Das Studio war der perfekte Ort, um sich auszutauschen. Eine Überwachung seitens des Staats war an diesem Platz praktisch unmöglich.

Ich ging an diesem Tag wie immer an die Multipresse. Mein absolutes Lieblingsgerät. Im Hintergrund tönte laute R'n'B-Musik durch die Halle, überall hörte man irgendwelche Kraftprotze durchschnaufen. Typisch Fitnessstudio halt. Nachdem ich meine Wiederholungen beim Bankdrücken absolviert hatte, machte ich eine kurze Pause und lehnte mich lässig an das Gerüst der Multipresse. Während ich auf meinem iPhone 3 vor mich hindaddelte, kam immer wieder jemand vorbei. Handschlag hier, Gruß dort. Ich hatte mir in den letzten Jahren einen Namen gemacht. Man kannte Max von der Vojtech-Gang.

Ich war gerade dabei, eine SMS zu tippen, als ein bulliger Typ auf mich zukam und mich ansprach: »Hey, du bist doch Max.« Ich musterte ihn. Ziemlich viele Tattoos, ziemlich viele Muskeln, langer Pferdeschwanz. Muscleshirt und Eastpak-Bauchtasche über der grauen Jogginghose. Und dann machte es Klick.

»Ey, und du bist doch Maxim, hab dich gar nicht erkannt mit den vielen Tattoos«, begrüßte ich ihn, wie man einen alten Freund begrüßt, den man lange nicht mehr gesehen hatte.

Wirklich befreundet waren Maxim und ich zwar nie gewesen, aber wir kannten uns noch aus der Grundschule und hatten uns immer gut verstanden. Wir tauschten uns darüber aus, wie die letzten Jahre bei uns verlaufen waren. Nach der Bundeswehr und einem Einsatz in Afghanistan hatte Maxim einen ähnlichen Weg eingeschlagen wie ich. Er kam gerade frisch aus dem Knast und hatte dort ein paar Leute kennengelernt, die hier in Dortmund etwas aufbauen wollten.

»Du kennst doch diesen einen Rockerclub, den großen. Der jetzt auch expandieren will.« Ich nickte. Klar kannte ich den Club und einige Member durch meine Verbindung zu Vojtech. Man musste nur die Zeitung aufschlagen oder Sonntagabend *Spiegel TV* einschalten. Alles war voll mit Nachrichten über die Clubs. Es war die Zeit der großen Rockerfehden. Es gab Tote. Sogar Polizisten wurden ermordet.

Da war ein Club mit den einen Farben und der Club mit den anderen Farben und beide wollten sich den Kuchen Deutschland nicht teilen. Und beide Clubs rekrutierten wie verrückt. Sie brauchten neue Soldaten, Männer für die Front. Denn auch wenn die Präsidenten der beiden Clubs 2010 öffentlichkeitswirksam einen Friedensvertrag geschlossen hatten, wusste eigentlich jeder, dass der Kampf um einzelne Reviere damit nicht beendet war. Überall im Pott hatten sich die Clubs ihre Reviere aufgeteilt oder kämpften noch um die Vorherrschaft in bestimmten Städten. Dortmund war schon immer in der Hand des Clubs, über den Maxim sprach.

»Die wollen hier eine neue Abteilung eröffnen. Das ist die Chance, Teil von etwas Großem zu werden. Und das Beste: keine Zeit als Prospects. Wir wären direkt Vollmitglieder.« Maxim war begeistert. Er schwärmte mir etwas vor von Bruderschaft und Loyalität. Klang schon spannend, dachte ich. Normalerweise musste man eine gewisse Zeit als Prospect, also als Anwärter, im Club verbringen. Man war dann Mädchen für alles für die Vollmitglieder. Und das war keine Übertreibung: Klos im Clubhaus schrubben, Harleys der Fullmember polieren und Fahrdienste zu jeder Uhrzeit. Und das so lange, bis die Führungsriege einen für würdig erachtete. Diese Phase einfach zu überspringen, ja, das klang wirklich verlockend. Aber ich war ja schon in einer Gang. Und in Sachen Straßenpolitik war es auch nicht klug, sich für eine Seite in diesem Rockerkrieg zu entscheiden.

»Aber du weißt, dass ich in Vojtechs Gang bin. Außerdem bin ich doch cool mit Jungs aus beiden Clubs. Warum sich für eine Seite entscheiden? Das bringt nur Kopfschmerzen.«

»Mit Spargel und der Koksnase?«

»Hey, pass auf, was du sagst. Das sind meine Jungs.«

»Sorry, Max. Aber man hört ja, dass bei euch nicht alles so rund läuft wie noch vor ein, zwei Jahren.«

Ich ignorierte den Spruch. Aber er hatte recht. Ich war unzufrieden, wie die Sachen bei uns liefen. Wir unterhielten uns noch ein wenig über Bodybuilding und Kindheitserlebnisse, tauschten Nummern aus.

»Also, wenn du doch Bock hast, mit mir ein Chapter zu gründen, sag Bescheid. Du weißt ja, wie du mich erreichst.« Ich nahm den Gedanken mit nach Hause. Ein Rockerclub. Das hätte schon was. Das nächste Level, die nächste Stufe in meiner Karriere als Gangster.

* * *

Am nächsten Morgen fuhr ich zu unserem Büro. Spargel posierte in seiner neuen Lederjacke vor dem Spiegel im Flur. »Sieht gefährlich aus, Max, oder? Wie ein echter Mafioso.« – »Ja, kommt voll gefährlich, Spargel«, sagte ich genervt. »War Pablo schon hier?«

»Nein, der hat sich die ganze Nacht nicht blicken lassen. Bianca meinte, sie hätte ihn gestern Abend am Hauptbahnhof gesehen.«

»Bei den Crackheads?« Spargel zuckte mit den Schultern und spitzte die Lippen.

»Alles klar, du weißt mal wieder nichts. Ist Vojtech in seinem Büro?«

»Sitzt hinten.«

Ich ging durch die Glastür, ohne anzuklopfen. Vojtech nahm seine Lesebrille ab, als ich hereinkam. Er saß über einem Berg voll Rechnungen.

»Hey Max, schau mal. Diese Woche haben wir echt viele von diesen Sweatshirts verkauft. Das Motiv kommt mega an.«

»Wir müssen reden«, sagte ich und ignorierte seine Aussage. So toll lief es nun wirklich nicht mehr mit den Klamotten. Und genau das würde ich ihm jetzt auch sagen.

»Vojtech, wir machen zu wenig Kohle.« Vojtech schaute mich jetzt ernst an.

»Schau mal an dein Handgelenk. Da trägst du eine goldene Uhr. Schau mal auf den Parkplatz. Das steht dein geiler Sportwagen. Ist das nichts, Max?«

»Du weißt, was ich meine. Pablo taucht hier nur noch total zugedröhnt auf, wenn überhaupt. Und du weißt, ich liebe Spargel. Aber schau dir den Idioten doch an.«

Wir reckten beide unsere Köpfe aus dem Türrahmen. Spargel posierte vor dem Spiegel wie ein Bodybuilder. Bei der Darbietung mussten wir beide grinsen.

»Das ist halt unser Spargel«, versuchte Vojtech meine Bedenken herunterzuspielen, »so ist er nun mal.«

»Er kostet uns Geld, Vojtech. Er hatte seine Chancen. Was ist mit dir, hast du keinen Hunger mehr? Bist du satt?«

»Max, ich werde jetzt bald 50. Wir haben ein, nun ja, meistens legales Erotik- und Klamotten-Business aufgebaut.« Dann zog er sein T-Shirt hoch. Auf seinem Bauch waren die Narben einer Schussverletzung noch gut zu erkennen.

»Das passiert mit Jungs, die zu viel Hunger haben, Max. Ich bin zufrieden mit dem, was wir haben. Das solltest du auch sein. Das habe ich dir schon oft gesagt.«

Ein paar Tage später rief mich Vojtech wieder in sein Büro. Das Thema unseres letzten Gesprächs war für mich noch nicht gegessen. Als ich den Raum betrat, stand neben ihm ein Typ, den jeder in Dortmund kannte: Würstchen-Werner. Den Spitznamen hatte er, weil er mehrere Würstchenstände betrieb, von den Weihnachtsmärkten bis zum Stadion. Jeder kannte sein Geschreie. Er war ein paar Jahre älter als Vojtech und erinnerte mich mit seinem Schnurrbart, seiner Glatze und der fetten Wampe an einen preußischen Offizier aus irgendeiner Fernsehparodie. Der Typ war eine absolute Nullnummer. Was wollte der denn jetzt bei uns?

»Hey Max, Werner kennst du ja? Du meintest doch, wir müssen wieder nach vorne kommen. Und Werner macht jetzt ein wenig Promo für uns. Kontakte knüpfen und so.«

Ich schaute Vojtech fassungslos an. Der und Promo? Gut, Werner kannte schon viele Menschen im Pott. Aber die meisten hielten ihn doch für einen Idioten.

»Kann ich dich mal kurz sprechen, Vojtech? Allein, unter vier Augen?«

Wir gingen vor die Tür.

»Alter, was soll das denn jetzt? Jeder weiß, dass der Typ nicht alle Latten am Zaun hat.«

»Vertrau mir, Max. Ich habe einen Plan. Wir geben ihm das Gefühl, dass er hier mitentscheiden kann. Aber eigentlich saugen wir ihn nur ein wenig aus, nutzen seine Kontakte.«

»Hat ja schon bei dem Typen mit dem Vodafone-Shop super geklappt«, sagte ich mit einem verbitterten Ton in der Stimme, »wenn der Typ mir auch nur einmal auf den Sack geht, bin ich raus!«

***

Ich weiß nicht mehr, an welchem Wochentag es war, aber ich hatte auf dem Weg zum Büro an einer Aral gehalten, um den Wagen vollzutanken. Im Zeitungsständer sah ich die *Biker News*, ein Magazin für Motorradclubs. Ich blätterte die Zeitschrift ein wenig durch und musste an das Angebot von Maxim denken, als ich auf ein Foto blickte. Auf dem Bild posierten Männer in Kutten martialisch vor ihren Motorrädern. Ich stellte mir vor, wie ich dort stand. Der Gedanke gefiel mir.

Neben den Fotos war auch ein großer Bericht über den Club, für den Maxim ein Chapter gründen wollte. Der Text erwähnte immer wieder, dass der Club einen strengen Ehrenkodex hatte. Drogen waren für die Mitglieder tabu. Auch die Frauen von Clubbrüdern anzumachen oder gar eine Affäre mit ihnen anzufangen war streng verboten. Und keine Gewalt gegen Unschuldige! Das fand ich nicht schlecht.

Ich nahm die Zeitschrift mit, um später weiterzulesen.

Im Büro angekommen, hatte ich direkt schon wieder einen Abturn. Der bescheuerte Werner saß mit Vojtech und Spargel am Tisch und sie aßen irgendwas von seinen Fleischabfällen.

»Setz dich, Max«, rief Vojtech, »Werner hat ein paar gute Würstchen mitgebracht.« Werner schaute mich mit seinem blöden Walrossgesicht abschätzig an. Wir konnten uns noch nie leiden. Ich hielt ihn für einen Wichtigtuer. Jemand, der sich ständig aufplustern musste, um sich über andere zu stellen. Tatsächlich wollte ich Vojtechs Plan eine Chance geben, aber Werner ging mir immer mehr auf die Nerven. Er dachte jetzt wirklich, er wäre einer von uns.

Die ersten Shirts unserer Firma, die ich entworfen hatte, hingen wie Trophäen an der Wand. Ein paar waren signiert von Freunden unserer Gang. Werner jonglierte mit dem Senfglas, was natürlich schiefgehen musste. Er verpasste es, das Glas zu fangen, und es zersplitterte auf dem Boden. Nicht nur der Teppich war versaut, drei oder vier meiner Lieblingsshirts trugen nun gelbe Flecken.

Jetzt platzte mir der Kragen. Ich ging auf Werner zu und packte ihn. »Jetzt hör mal zu, du Pisser. Du magst ja in deiner Würstchenbude der King sein. Aber ich habe diese Firma aufgebaut und hier bist du ein Scheißdreck. Wenn ich dich hier noch einmal Würstchen fressen sehe, dann …« Ich hob die Faust und deutete einen Schlag an. Werner zuckte zusammen. Dann ließ ich seinen Pulloverkragen los und er sackte runter auf seinen Stuhl. »Das ist doch alles scheiße hier«, brüllte ich und verließ das Büro.

* * *

Am Morgen nach dem Streit mit Werner rief ich Maxim an.

»Ich bin dabei«, sagte ich und Maxim, der sich wirklich darüber freute, teilte mir mit, wo und wann eines unserer ersten Gründungstreffen stattfinden würde.

Ein paar Tage später war es dann so weit. Gegen 20 Uhr machte ich mich auf den Weg in die Dortmunder Innenstadt. Das Treffen sollte in einer bekannten Bar stattfinden. Maxim stand draußen vor einem Heizpilz und rauchte eine. Als er mich sah, kam er mit einem breiten Grinsen auf mich zu.

»Hey Max, schön, dass du da bist. Die anderen sitzen schon drinnen.« Maxim führte mich durch das Lokal zu einer großen Sitzecke im hinteren Teil. Um die zehn Mann saßen um einen langen Tisch. Ein paar von den Jungs kannte ich. Es waren Typen aus der Türsteherszene, andere hatte ich schon mal in meinem Fitnessstudio gesehen. Am Tischende saßen drei Rocker in den Kutten des Clubs und schauten ernst drein. Member aus dem bereits bestehenden Chapter, die uns übergeordnet waren und unsere Gründung begleiten sollten. Jeder, der sich ein wenig in der Szene auskannte, wusste das. Neben ihnen saß breitbeinig ein Typ mit kurz geschorenen schwarzen Haaren und einem Face-Tattoo. Unter seinem linken Auge war ein kleiner Krummsäbel gestochen. Er musste um die Mitte 40 gewesen sein. Ich hatte ihn schon ein paarmal in der Nordstadt gesehen, wusste aber nicht, welche Rolle er in diesem Kapitel meines Lebens noch spielen sollte.

Maxim stellte mich vor: »Das ist Max. Ich denke, ein paar von euch kennen ihn schon.« Einige der Jungs nickten mir zu.

Wir besprachen die Regeln des Clubs, wie wir uns selbst sehen und wofür wir stehen werden. Immer wieder fiel auch das Wort Elitetruppe. Das imponierte mir. So wollte ich mich ja auch selbst sehen: an der Spitze. Nach zwei Stunden war alles vorbei und wir waren uns alle einig, wie die Sache laufen würde.

Nachdem sich unsere Runde aufgelöst hatte, stand ich noch mit Maxim vor der Bar und rauchte eine Marlboro.

»Also es waren echt viele gute Jungs da«, sagte ich, »zwar auch ein paar Spinner. Aber gute Jungs auf den ersten Blick.« Maxim pustete den Rauch in die kalte Novemberluft.

»Ja, die Leute vom Club sagen uns morgen, wer alles dabei sein kann. Dann müssen wir das noch von den Bossen absegnen lassen. Aber mach dir mal keinen Kopf. Die sieben aus. Und du gehörst ganz bestimmt nicht zu den Leuten, die nicht mitmachen dürfen.«

»Wie kommst du darauf?«

»Ich habe schon mit Mirat und ein paar anderen Jungs über dich geredet. Man hört nur Gutes über dich.«

»Mirat?«, fragte ich.

»Der ältere Schwarzkopf mit dem Schwert unter dem Auge. Er schaut etwas hinterhältig aus, hat aber wohl einiges auf dem Kerbholz. Er soll unser Präsident werden.«

Ich zog an meiner Zigarette und schaute in den Nachthimmel. Der Typ sollte also Präsident werden. Na schön. Ich kannte Mirat ja nicht, aber wir hatten ein paar Worte gewechselt. Er hatte mir erzählt, dass er Frauen laufen ließ, und an dem Abend generell ziemlich viel über sich gesprochen und was er so alles für Dinger drehte. Eigentlich fand ich das unsympathisch, gleichzeitig sprach er aber auch davon, Jungs, die den Codex brechen würden, gnadenlos aus dem Club zu werfen. Eine Kette sei nur so stark wie ihr schwächstes Glied und der Club wichtiger als der Einzelne. Diese Phrasen hatten mich voll abgeholt. Wie die meisten Jungs hatte ich in den letzten Jahren genau das gesucht. Eine Bruderschaft, eine Zugehörigkeit, einen Sinn. All das, was ich in meiner alten Gang nicht mehr sah. So wie die Möglichkeit, nach vorne zu kommen.

»Wahrscheinlich brauchen wir noch zwei, drei Leute«, sagte Maxim.

»Kein Problem, ich kenne da ein paar Jungs aus Castrop-Rauxel.«

Maxim nickte und sagte, ich könne sie ruhig mal fragen. Dann reichte er mir die Hand und ging zu seinem Mercedes Coupé, den er auf der anderen Straßenseite geparkt hatte. Er fuhr davon und ich stand noch eine ganze Weile allein vor der Bar, um darüber nachzudenken, was ein Eintritt in den Club für mein Leben bedeutete. Damals zog ich die falschen Schlüsse.

* * *

Am nächsten Morgen fuhr ich zu unserer Firma. Vojtech saß in seinem Auto auf dem Parkplatz und blätterte in einem tschechischen Pornoheftchen. Als er mich sah, lächelte er und machte mit seiner Hand eine Geste, die mir sagte, dass ich einsteigen solle. Ich setzte mich auf den Beifahrersitz.

»Hey Max, schau dir mal die an«, sagte Vojtech und zeigte mit dem Finger auf eine Blondine mit Doppel D,

»was die wohl verdienen könnte?« Ich strich mir übers Kinn und schaute ihn ernst an.

»Ich muss dir etwas sagen«, fing ich an und setzte nach ein paar Sekunden fort, »ich werde Clubmitglied.« Vojtech schaute mich entgeistert an und griff sich an die Stirn. Ich werde niemals den enttäuschten Blick in seinen Augen vergessen.

»Max, das ist der größte Fehler deines Lebens. Glaub mir. Du wirst umsonst Dinge erledigen müssen für Männer, denen du scheißegal bist. Schlimme Dinge. Du wirst in den Fokus der Polizei rücken. Ich kann dir noch mehr Sachen aufzählen.«

»Was weißt du denn schon davon?«

Vojtech lachte, griff herüber und öffnete das Handschuhfach. »Siehst du das? Leer«, sagte er. Tatsächlich war außer den Fahrzeugpapieren nichts in dem Fach. »Aber du wirst irgendwann eine Pistole in deinem Handschuhfach haben, genauso wie der Typ, der dich umlegen wird. Diese Jungs spielen Krieg, Max. Und zwar nicht mit Platzpatronen.«

Ich erwiderte irgendeinen Gangsterscheiß, Straßenblabla. Dass wir eine Bruderschaft sein werden und man eben für seine Werte und Brüder einstehen muss.

»Du wirst sehen, was du davon hast. Das, was wir hatten, ist vielleicht nicht der ganz große Wurf, aber wir werden alt und in Freiheit sterben«, sagte Vojtech. In seiner Stimme lag die Verbitterung eines Mannes, der vergeblich versuchte, einen Freund von einem großen Fehler abzuhalten. Klar, auch er hatte mich als jungen Mann für seine Zwecke manipuliert und benutzt. Das machen Gangster nun mal, wenn sie Nachwuchs rekrutieren. Aber er war mein Mentor und wir mochten uns. Vojtech hätte mich niemals auf eine Selbstmordmission geschickt oder mich ans Messer geliefert. Und auf eine gewisse Weise bin ich ihm heute noch dankbar für unsere gemeinsame Zeit. Ich habe viel über mich selbst gelernt. Doch damals gab es für mich keinen Weg mehr zurück. Maxim hatte mich vollends überzeugt.

»Ist es wegen dem Wurstwichser? Ich kann Werner wieder in die Wüste schicken. Und Pablo bekommen wir auch schon irgendwie wieder fit.« Vojtech versuchte ein letztes Mal, mich zu überzeugen.

»Nein, darum geht es nicht. Du weißt, ihr seid meine Brüder … aber wir sind keine Bruderschaft. Der Club steht für etwas. Für was stehen wir?«

»Ach ja, der Club steht für etwas? Für Ideale? Für Werte?« Vojtech lachte abschätzig. Wir schauten beide schweigend aus dem Fenster. Dann begann Vojtech wieder zu sprechen.

»Das war's also«, sagte er. »Von jetzt ab getrennte Wege. Ich hoffe für dich, dass ich nicht recht habe.« Dann stieg ich aus und lief zu meinem Auto. Ich ließ meinen Mentor, ich ließ meine Jungs, mein Business hinter mir. In den nächsten Monaten sahen wir uns nur noch sporadisch, um die nötigsten Dinge in der Firma zu klären und schließlich meine Anteile abzuwickeln. Ich habe Vojtech, Pablo, Spargel, Bianca und die anderen Mädels seit Jahren nicht mehr getroffen. Ich hoffe sehr, dass es ihnen gut geht. Sie alle ließ ich zurück für den Club, für eine größere Sache. So dachte ich damals zumindest …

***

Natürlich gaben uns die Bosse des Clubs ihr Go. Wir waren alle Typen mit Erfahrung im Milieu. Und wie gesagt, damals wurde aufgerüstet. Jeder Mann, der körperlich und mental in der Lage zu sein schien, einen Gegner zu eliminieren, war ein Gewinn für die jeweiligen Seiten.

Die ersten Wochen im Club waren wirklich, wie ich es mir vorgestellt hatte. Zumindest oberflächlich. Die dunklen Seiten des Clublebens sollte ich erst später kennenlernen.

Unser Clubhaus lag ein Stockwerk über einem Pub in der Dortmunder Innenstadt und unser Chapter teilte sich die Räumlichkeiten mit einer Abteilung des Clubs, die schon länger in Dortmund ansässig war. Wir hatten eine eigene Bar und einen Billardtisch. Es war genug Platz, um ordentliche Partys zu schmeißen. Wir verteilten auch Ämter. Mirat wurde wie geplant zu unserem Präsidenten gewählt. Sein Wort galt! Wenn er etwas sagte, wurde es gemacht. Keine Diskussion. Doch die ersten Wochen gab es keine krassen Befehle. Wir waren im Aufbau. Und das bedeutete vor allem, dass wir uns überall in NRW und Deutschland vorstellen mussten. Also anderen Clubs Besuche abstatten. »Hallo, wir sind jetzt da und wenn wir was für euch tun können, sagt Bescheid und umgekehrt.« Der Modus. Doch dafür brauchten wir erst mal unsere Kutten. Wir gingen alle zusammen zum selben Lederschneider, der auch für die Konkurrenz die Kutten anfertigte. Der Typ wusste genau, was abging, und passte kleinlichst genau auf, dass verfeindete Clubs nicht zur selben Zeit bei ihm auftauchten. Ein bisschen wie die Flugaufsicht im Tower, die darauf achtet, dass nicht zwei Flugzeuge zur selben Zeit auf derselben

Bahn landen. Denn dann knallt es! Dass es jedoch ein gewisses Restrisiko gab, jemandem vom anderen Verein zu begegnen, wussten wir auch. Mirat hatte uns angewiesen, »Werkzeuge« mitzunehmen, und so hatte ich unter meiner Jacke ein langes Messer unter den Arm geklemmt, als wir die Lederschneiderei betraten.

»Moin, ihr seid die Jungs vom Club, hab euch schon erwartet«, sagte ein älterer Mann in Lederweste, Bierbauch und langen weißen Haaren, die er zu einem Pferdeschwanz zusammengebunden hatte. Seine Freizeit verbrachte er auf Mittelaltermärkten, wie Fotos an der Wand seiner Schneiderei bezeugten. Und da standen wir nun. Ein halbes Dutzend menschgewordener Bullterrier ließ sich mit ausgestreckten Armen von einem Schneider und seinem Gehilfen vermessen. Und Mirat, der Präsi, wollte natürlich eine Kutte aus Krokodilleder. Ich entschied mich für Rind.

»Die Kutten könnt ihr in drei Wochen abholen. Ich ruf euch an. Und vergesst nicht, die Patches vorher vorbeizubringen. Das dauert auch noch ein paar Tage, die draufzunähen.«

»Alles klar, Meister«, sagte Mirat, »und wehe, die Dinger sehen nicht krass aus.« Dann lachte er laut auf und wir verließen den Laden. Die Patches musste man extra bestellen. Heute bekommt man Fälschungen leicht bei wish oder etsy. Aber die Originale erhielt man nicht einfach so. Und billig waren sie auch nicht. Jeder zahlte etwas für seine Abzeichen. Und so kam auch das erste Mal etwas Kohle in die Clubkasse. Jetzt hieß es warten. Wir warteten wie Kinder auf Weihnachten. Auch wenn es sich keiner anmerken ließ, war die Anspannung und

Vorfreude in jedem von uns groß. Wie würde es sein, wenn ich mit der Kutte durch die Münsterstraße lief? Das wird der geilste Tag meines Lebens, schoss es mir durch den Kopf.

Ich fand mich zu Hause vor dem Spiegel wieder. Der kleine Junge mit der verletzten Seele aus dem Wald. Da stand er nun und begutachtete sein Spiegelbild in der Kutte. Der kleine Junge dachte, dass ihm dieses Stück Leder die Stärke und Sicherheit gab, die er damals verloren hatte. Der kleine Junge in dem Körper eines breit gebauten, tätowierten 1,90-Meter-Mannes. Egal wo der Junge jetzt hingehen würde, sie würden alle Ehrfurcht vor ihm haben. Sogar Angst! Ich denke, 80 Prozent der Männer, die in Motorradclubs oder ähnliche Gangstrukturen gehen, sind wie der kleine verletzliche Junge, der vor dem Spiegel in seiner Lederweste stand. Eigentlich wollen sie nur verstanden und geliebt werden, aber weil sie das nicht bekommen, entscheiden sie sich, gefürchtet zu werden. Sie denken, das wäre Respekt. Aber niemand, der dich fürchtet, hat wirklichen Respekt für dich. Ich zähle heute auch noch Jungs zu meinen entfernten Bekannten und Kunden im Tattoostudio, die weiterhin nach den Regeln der Clubs und Gangs leben. Ich würde sie niemals dafür verurteilen. Aber wenn sie mich ehrlich fragen, würde ich ihnen sagen, dass sie etwas ganz anderes in ihrem Leben gebraucht hätten, als diesem martialischen Lebensstil zu folgen. Doch damals war ich selbst noch nicht so weit zu erkennen, wonach ich wirklich suchte. Ich zog mir meine neuen New-Balance-Sneaker an und ging mit meiner Kutte die Münsterstraße hinab, um einen Döner zu essen. Die Menschen schauten mich ehrfürchtig an, aber vermieden es, mir in die Augen zu schauen. Auf diesen paar Metern dachte ich, ich sei Gott.

Kein Weg zurück

Als Fußsoldat erfährst du nicht, was dich in deinem Einsatz erwartet. Du befolgst Befehle. Du bekommst eine kurze Nachricht. Fahr da und da hin. Du musst immer vorbereitet sein. Immer. Die Kutte hatten wir, wenn wir irgendwo hinfahren sollten, immer im Kofferraum verstaut. Denn die Kutte trägt man nicht beim Autofahren. Das war eine Regel, die wir streng befolgten. Immer wieder kam es zu Überfällen, die das Ziel hatten, Member der anderen Seite ihre Kutte zu rauben. Die ultimative Demütigung für jeden Rocker. Ein paar Wochen nach der Gründung wurden auch wir auf solche Missionen geschickt. Einige Jungs und ich sollten einem befreundeten Club helfen, die Gegenseite einzuschüchtern, und fuhren in voller Mannstärke zum Clubhaus unserer Feinde. Die Polizei hatte davon Wind bekommen und löste unser »Treffen« auf. Keine Eskalation. Das wussten wir aber noch nicht, als wir im Auto dorthin saßen. Wir hatten nur eine Adresse. Einer der Jungs, der mit mir fuhr, fluchte die ganze Zeit: »Was ist das für eine Scheiße? Warum sagen die uns nicht, wohin es geht und was uns dort erwartet?« Ich sagte ruhig zu ihm: »Du bist jetzt in dieser Gemeinschaft. Was hast du erwartet? Wir alle hier haben Angst. Die Frage ist, wie man als Soldat damit umgeht.« Damals glaubte ich diese Scheiße wirklich. Der Typ war einer der Ersten, der den Club wieder verließ. Und im Nachhinein war er der Schlauste von uns.

* * *

Ich war jetzt schon ein paar Monate dabei und merkte schnell, dass das alles wenig mit Brüderlichkeit und Respekt zu tun hatte. Mirat, der Präsi, zeigte langsam sein wahres Gesicht. Er war ein Blender! Nicht geschäftsfähig. Gleichzeitig verlangte er aber von uns, dass wir mehr *Business* machen sollten, und kam mit immer bescheuerteren Ideen auf uns zu. Wenn dann doch mal eines dieser Dinger lief, prahlte er damit, dass er alles allein geschafft hatte. Offiziell ging es zwar immer um den Club, aber eigentlich wollte er sich nur seine eigenen Taschen vollmachen. Sogar Spargel wäre ein besserer Präsident gewesen. Der hatte immerhin das Herz am rechten Fleck. Das alles war natürlich nicht gut fürs Gemeinschaftsgefühl. Und dann kam die Aktion, die mich endgültig daran zweifeln ließ, ob ich die richtige Wahl getroffen hatte.

Mirat rief mich und Maxim in sein Büro.

»Jungs, ihr müsst nach Rheinland-Pfalz fahren. Ich habe keine Zeit, der Sergeant hat keine Zeit. Aber unsere Brüder dort brauchen Hilfe!«

»Worum geht es?«, fragte Maxim. Mirat schaute ihn böse an, als wäre bereits seine Frage eine Beleidigung gewesen.

»Das müsst ihr nicht wissen. Nehmt eure Kutten mit! Wir müssen dort Präsenz zeigen.« Wir stellten keine weiteren Fragen und machten uns auf den Weg.

Als wir an der Adresse ankamen, standen dort schon 20 bis 30 Mann unseres Vereins in voller Montur vor einer Kneipe. Ich kannte die Kneipe vom Hörensagen. Sie gehörte einem Wirt, der in der Unterwelt der Region bekannt war. Sphinx. Den Spitznamen hatte er, weil ihm bei einer Schießerei ein Stück von seiner Nasenspitze durch einen Streifschuss abgetrennt wurde. Und zufälligerweise war er auch noch Ägypter. Ein etwas schmieriger Typ, aber ziemlich harmlos und im Grunde genommen in Ordnung, wie ich später erfahren sollte. Ich ging auf den ortsansässigen Präsi zu und fragte, was wir hier machen.

»Ah, ihr seid die Verstärkung aus Dortmund.« Er zeigte auf die Bar von Sphinx. »Unser Freund hier denkt, er könne in unserem Revier die Jungs von der anderen Seite bewirten. Deswegen werden wir ihm jetzt eine Lektion erteilen.«

Wir liefen in voller Mannstärke in das Lokal ein. Sphinx stand hinter der Theke und begrüßte den Präsi freundlich, während die Gäste auf den Boden schauten. Jeder wusste, jetzt gab es Ärger.

»Hey Hermann, wie geht es dir? Lang nicht mehr gesehen. Was führt dich mit so vielen deiner Brüder in mein Lokal« Der Ägypter stellte dem Präsi ein Glas Schnaps auf den Tresen.

»Ich habe gehört, hier treffen sich regelmäßig Männer, die wir nicht so gut leiden können. Männer von einem anderen Club. Das geht so leider nicht.« Aus dem

Augenwinkel sah ich, wie der Präsi seine Hand hob. Ein Zeichen. Ein junger Prospect packte Sphinx und schlug ihm mit voller Wucht ins Gesicht. Dann hob er den deutlich kleineren Mann hoch und schleuderte ihn mit voller Wucht in das Regal hinter der Theke. Schnapsflaschen zerbrachen, auf einen Schlag roch es bestialisch nach Alkohol. Überall flogen Scherben durch die Luft. Die Gäste, die noch im Laden waren, rannten panisch und schreiend auf die Straße. Maxim und ich schauten uns an. Wir dachten das Gleiche: Warum zum Teufel hatte man die Gäste nicht vorher rausgeschickt? Nun waren das alles Zeugen einer schweren Körperverletzung.

»Los, verteilt euch. Und gebt dem Sack beim Rausgehen noch eine mit«, rief der Präsi. Jeder von den Jungs trat Sphinx noch einmal mit voller Wucht gegen die Nieren oder in den Bauch. Einen wehrlosen Mann zu treten, der wimmernd auf dem Boden lag, hatte nichts mit Ehre oder Stolz zu tun. Aber auch ich trat zu. Heute schäme ich mich dafür.

Danach liefen Maxim und ich zum Wagen. Im Auto schnauften wir erst mal durch. Was war da gerade passiert?

»Das war ziemlich unfair«, sagte Maxim, »ich meine, der Typ war allein.«

»Du hast schon recht, aber jemand, der Sphinx heißt und sich mit Jungs wie uns abgibt, wird es schon verdient haben«, versuchte ich zu rechtfertigen, was wir gerade getan hatten. Doch irgendwie ließ uns das Bild dieses gestandenen Gangsters, der dort in seinem Blut lag und weinte, nicht los. Noch heute denke ich daran, wie wir ihn dort zurückgelassen hatten.

»Irgendwas stimmt da nicht«, sagte ich zu Maxim, nachdem wir ein paar Kilometer gefahren waren.

»Ja, das war großer Mist. Ich werde mal nachhorchen, um was es da wirklich ging«, erwiderte Maxim, als hätte er denselben Gedanken gehabt wie ich.

Ein paar Tage später fand Maxim heraus, dass die Story, die uns der Präsi aus Rheinland-Pfalz aufgetischt hatte, nur eine Lügengeschichte war. In Wahrheit war er eifersüchtig auf ein gut laufendes Business von Sphinx gewesen und hatte uns nur benutzt, um einen Rivalen aus dem Weg zu räumen. Wusste Mirat etwas davon? Von da an war mir klar, dass wir nicht mehr als Handlanger und Bauernopfer der Bosse waren. Zu diesem Zeitpunkt war ich jedoch noch nicht bereit, die Notbremse zu ziehen. Ich verdrängte, dass es mir immer schlechter ging. Ich hatte Vojtech und die Jungs verlassen und das im Club lief ganz anders, als ich es mir vorgestellt hatte.

* * *

Ein paar Tage später besuchte ich meine Mutter, die Erholungsurlaub in einem Naturschutzgebiet machte. Abseits des lauten Stadtlebens und der Gefahr und des Stresses, die das Clubleben mit sich brachten, merkte ich, wie gut mir die Natur tat. Stundenlange Waldspaziergänge ließen mich vergessen, wie unglücklich und depressiv mich mein Leben als Gangster mal wieder machte. Nein, sie brachten sogar noch mehr! Sie gaben mir Kraft! Endlich konnte ich wieder durchatmen. Wenn das Licht der Sonne durch die Zweige schimmerte und die Blätter der Bäume grün leuchteten, fühlte ich mich geborgen. Der Gesang der Vögel erinnerte mich unterbewusst an meine glückliche Kindheit am Rand des Waldes. Und das erste Mal seit Langem musste ich wieder an meinen Baum denken. Ich hatte ihn sicher ein paar Jahre nicht mehr gesehen. Ich würde ihn bald wieder besuchen! Wieso hatte ich erneut vergessen, wie gut mir die Natur tat? Diese Tage der Ruhe und Geborgenheit stärkten meine Zweifel, ob der Weg, den ich in den letzten Jahren eingeschlagen hatte, der richtige war. Und dann waren da die anderen Signale, die mir mein Körper sendete. Sobald ich wieder in meinem Hotelzimmer war und an den Stress in Dortmund denken musste, fühlte ich körperliche Schmerzen. Ja, allein der Gedanke an den Club und die Konflikte, in die wir verwickelt waren, löste bei mir körperliche Reaktionen aus. Jeden Tag, an dem meine Rückkehr in die Stadt näher rückte, wurden die Schmerzen, die mich plagten, schlimmer. Ich versuchte, die Magenkrämpfe, Kopfschmerzen und depressiven Gedanken vor meiner Mutter zu verbergen, doch bei einem gemeinsamen Spaziergang durch das Heilmoor, das in dem Naturschutzgebiet lag, fragte sie mich:

»Bist du glücklich, Max?«

»Ja, es ist alles in Ordnung, Mama«, log ich sie an.

»Ich meine, ich will nicht wissen, womit du dein Geld verdienst. Aber du hast so viele Talente.«

»Ich überlege, ob ich vielleicht Tätowierer werde«, unterbrach ich sie. Das war tatsächlich keine Lüge. Schon immer hatte ich mir gedacht, wenn gar nichts mehr geht, tätowiere ich.

»Oh, dann würdest du eine alte Kunstlehrerin ja doch noch glücklich machen. Aber mehr Tattoos an dir müssen es ja wirklich nicht sein.« Ihr Blick wanderte auf das Zeichen der Vojtech-Gang, das ich mir über meinem Daumen hatte stechen lassen.

»Aber dir geht es wirklich gut?«

»Ja, mir geht es wirklich gut«, log ich ein zweites Mal.

Da war er wieder. Der kleine Junge, der nicht über seine Gefühle sprechen konnte. Der Jugendliche, der Angst hatte, von seiner Panikstörung zu erzählen. Der Erwachsene, der seinen Eltern und Großeltern nie offenbart hatte, womit er wirklich sein Geld verdiente. Und der langsam begann, sich dafür zu schämen. Doch noch war ich nicht bereit, auf mein Herz und meinen Körper zu hören …

***

Eines Abends stand ich im Supermarkt an der Kasse und legte meine Einkäufe auf das Band. Ich trug meine Kutte, da ich gerade von einem Treffen kam. Plötzlich liefen zwei Typen an mir vorbei und legten ihre Sachen vor mir auf das Warenband. Sie grinsten mich höhnisch an. Normalerweise wäre ich in dieser Zeit meines Lebens direkt auf Konfrontation gegangen, aber ich war bereits an einem Punkt, wo ich jeden Stress vermeiden wollte. Mir ging es wirklich schlecht. Also sagte ich zu den beiden: »Kein Problem. Geht vor.« Ich legte meine Sachen weiter auf das Band.

»Was hast du gesagt?«, fragte einer der Typen. Der Ton in seiner Stimme verriet, dass er Stress wollte.

»Ich hab gesagt, nimm deine Scheißsachen und geh ruhig vor.«

»Was willst du?« Er würde nicht aufhören, bis ich den Schwanz einzog. Langsam wurde ich wütend.

»Nimm deine Sachen, bezahle und verschwinde«, sagte ich.

»Nur kleine Pisser in eurem Club.« Das konnte ich mir nicht bieten lassen.

»Warte draußen auf mich. Dann zeige ich dir, wer der Pisser ist. Aber nicht hier an der Kasse.«

»Sobald du rauskommst, stech ich dich ab.«

Die Kassierin, ein junges türkisches Mädchen, schaute mich verängstigt an und fragte: »Soll ich die Polizei rufen?« Ich erwiderte, dass alles in Ordnung sei, und sah im Augenwinkel, wie der Typ in seine Hosentasche griff. Ich schlug sofort zu. Der Mann ging zu Boden, stand aber direkt wieder auf. Kein Schmerzempfinden. Scheiße, der ist total auf Koks oder Speed, dachte ich in diesem Moment und gab ihm den nächsten Faustschlag. Als ich zum dritten Mal ausholte, brachte der Kollege des Typen seine Hand zwischen meinen Schlag. Anstatt im Gesicht traf meine Faust ihn am Schädel. Das tat verdammt weh, aber ich hatte die beiden in die Flucht geschlagen. Der andere Vogel zerrte seinen Freund aus dem Laden und die beiden rannten über den Parkplatz des Supermarktes davon.

Es war ein angenehmer Sommerabend, also fuhr ich nach dieser unangenehmen Begegnung zu einem See, um ein wenig zu entspannen. Nur meine Hand machte mir Sorgen. Ich kaufte am Kiosk Wassereis, um meine Knöchel zu kühlen. Doch anstatt abzuschwellen, wurde meine Hand immer dicker. Als es am nächsten Morgen immer noch nicht besser war, versuchte ich mir meinen kleinen Finger wieder einzurenken. Verdammt dumme

Idee. Da war nichts verrenkt! Ich hörte, wie der Knochen splitterte. Ein Knacken. Ich schrie vor Schmerzen. Ab zum Arzt!

»Das sieht gar nicht gut aus«, sagte der Doktor und wedelte mit der Röntgenaufnahme, »das muss sofort operiert werden. Der Mittelhandknochen und ein paar Knöchel sind gebrochen. Und dank ihrer Selbstbehandlung auch noch ordentlich zersplittert.«

Fuck! Das war wirklich nicht der beste Zeitpunkt für so eine Scheiße. In diesem Sommer sollten wir den Berliner Ableger des Clubs unterstützen. Denn in der Hauptstadt brannte es! Viele unserer Jungs in Berlin waren zur Konkurrenz übergelaufen und wir mussten Präsenz zeigen. Ich rief unseren Road Captain an, der die Reise organisierte.

»Alles klar, Max. Denke, mit kaputter Hand kannst du uns eh nicht weiterhelfen. Aber wir brauchen Leute, die Wache vorm Clubhaus halten, solange wir unterwegs sind. Schnapp dir 'nen Campingstuhl und ein bisschen Pfefferspray und schieb deine Schichten.«

Das würde ich auch mit operierter Hand hinbekommen, dachte ich mir. Und so saß ich einen Tag nach meiner OP vor dem Clubhaus. Es war Hochsommer. Irgendwas stimmte nicht. Während der Kollege, der mit mir zusammen Wache hielt, wie ein Schwein schwitzte und eine Cola nach der anderen zischte, fror ich am ganzen Körper. Ich zitterte wie verrückt und ja, ich schwitzte auch. Aber mein Schweiß war kalt! Wird morgen sicher besser sein, dachte ich mir, nahm noch ein paar Brüder aus Spanien in Empfang, die gerade durch Deutschland reisten, und zeigte ihnen, wo sie schlafen konnten.

»Hermano, te ves como una mierda«, sagte einer der Spanier. Ich konnte ein paar Brocken Spanisch und sagte ihm, dass es halb so wild sei. Dann fuhr ich nach Hause.

Am nächsten Morgen fühlte mich immer noch richtig mies, aber ich fuhr trotzdem noch zu einem geschäftlichen Termin in einem Einkaufscenter.

»Alter, Max, du siehst aus wie 'ne Wasserleiche«, begrüßte mich mein Geschäftspartner. Und er hatte recht, ich bekam immer schlechter Luft und wirkte, als würde ich jeden Moment abkratzen. Wir brachen den Termin ab. Zu Hause maß ich mehrmals Fieber. Mal 37 Grad, dann wieder 40. Meine Temperatur ging auf und ab. Es war, als würde in meinem Körper eine Schlacht ausgetragen. Ich rief meine Freundin an, damit sie ein neues Fieberthermometer besorgte. Aber das, was ich davor benutzt hatte, war nicht kaputt.

Wahrscheinlich hatte ich mir im Krankenhaus einen Keim eingefangen. Oder steckte mehr dahinter? Wollte mir mein Körper etwas mitteilen? Die ganze Nacht konnte ich kein Auge zumachen. Ich wollte schlafen, aber es ging nicht! Ich war zu aufgekratzt. In mir stieg eine Mischung aus Unwohlsein, Angst und Hilflosigkeit auf. Und immer wieder spürte ich den Druck des Clubs. Was würden meine sogenannten Brüder von mir denken? Vielleicht dachten sie, ich sei ein Feigling, weil ich nicht mitgefahren war. Im Fieberwahn dachte ich über mein Leben nach. Wo war ich? Wer bin ich? Ich dachte an den Club und dass ich dieses Leben eigentlich verabscheute. Diese Gedanken und Fragen sollten mich tausendfach auch in den folgenden Nächten plagen.

***

Als ich am nächsten Morgen aufwachte, glühte ich. Die Sommersonne hatte die Dachgeschosswohnung so stark aufgeheizt, dass sich mein Fieber noch krasser anfühlte. Ich rief meine Freundin an.

»Baby, du musst mich in die Wohnung meiner Eltern fahren«, sagte ich mit schwacher Stimme. Das Haus, in dem meine Eltern lebten, war deutlich kühler als unser Wohnhaus in der Dortmunder Nordstadt und die beiden waren gerade im Urlaub. Ich wusste, ich musste an einen Ort, an dem es kühler war, sonst würde das Fieber wirklich gefährlich werden. Ich war fast bei 41 Grad Körpertemperatur.

Wir fuhren gerade in einem Kreisverkehr. Meine Freundin hatte alle Fenster weit runtergelassen, damit ich genug Luft bekam. Ich sah mich selbst im Beifahrerspiegel, aber es fühlte sich an, als wäre dort nicht ich, sondern eine andere Person zu sehen. Der Typ im Spiegel sah todkrank aus. Auf einmal wurde mir schwindelig und ich spürte, wie ich die Kontrolle über meine Wahrnehmung verlor. Kurz bevor ich ohnmächtig wurde, konnte ich noch mit letzter Kraft sagen: »Du musst mich sofort ins Krankenhaus bringen. Ich glaube, ich sterbe.« Das Nächste, woran ich mich erinnern kann, ist, wie ich mit meiner Freundin in der Notaufnahme in Iserlohn sitze. Die Röntgenbilder zeigten lauter Flecken auf meinen Lungenflügeln. Die Diagnose war eindeutig: schwere Lungenentzündung.

***

Der Arzt hatte mich nach Hause geschickt und mir eine zu schwache Dosierung Antibiotika verschrieben. Mein Zustand verbesserte sich kaum und in der darauffolgenden Nacht dachte ich daran, was gestern passiert war. »Du hast eine schwere Lungenentzündung, Max, du musst dich jetzt wirklich ausruhen«, murmelte ich immer wieder vor mich hin. Doch mein Körper erholte sich nicht! Obwohl ich so erschöpft war, konnte ich wieder nicht schlafen. Diese unbändige Angst und der Zweifel kratzten mich innerlich auf. Wenn ich versuchte zu schlafen, quälten mich Tausende Gedanken. Ich fragte mich, warum ich immer schwächer wurde. Ich bekam kaum noch Luft. Und dann dieses Gefühl. Dieses Gefühl, in negativen Emotionen zu ertrinken. Wenn ich die Augen schloss, sah ich die Vergangenheit wie eine gewaltige Flutwelle auf mich zu rollen. All die Verletzungen, all meine Panikattacken, all meine Zweifel, all meine Depressionen. Sie übermannten mich. Mein Herz fühlte sich an wie ein schwarzer Klumpen Pech.

Als ich in der dritten Nacht auf meinem Laptop Nachrichten las, stieß ich auf einen Artikel, der ein paar Tage alt war. Ich kann mich nicht mehr genau daran erinnern, was dort stand. Aber es klang ungefähr so:

> Vor einem Vereinsheim der Rockergruppierung (...) ist es zu einer gewalttätigen Auseinandersetzung gekommen. Schüsse fielen, zwei Menschen wurden verletzt. Es ist bereits der fünfte Vorfall dieser Art innerhalb weniger Wochen.

Ich hätte dort sein können. Ich hätte erschossen werden können. Ich hätte tot sein können. Meine Freundin und meine Eltern hätten jetzt an meinem Grab stehen können. Meine Gedanken überschlugen sich in dieser Nacht. Ich hatte schon mal eine Waffe an den Kopf gehalten bekommen. Wieso zum Teufel hatte ich damals nicht einen Schlussstrich gezogen?! Mir kam mein Baum wieder in den Sinn. Er hatte mir bereits den richtigen Weg gezeigt, ich war nur zu verblendet, ihn zu erkennen. Ich konnte diese Gedanken nicht abschütteln. Was wäre, wenn ich dort gewesen wäre? Was wäre, wenn mich die Kugeln getroffen hätten? WAS WÄRE, WAS WÄRE, WAS WÄRE. Immer und immer wieder der Gedanke, was wäre, wenn ich erschossen worden wäre. Jeder Versuch, den Gedanken zu verdrängen, brachte nur noch mehr negative Gefühle hervor. Ich hatte Todesangst, hatte Angst zu ersticken. Und von einem Moment auf den anderen lag im Gästebett meiner Eltern nicht mehr Max, der gefährliche Rocker, sondern Max, der kleine verletzliche Junge. Ich sah mich selbst, sah meinem kindlichen Ich in die Augen. Sah die Unschuld und den Schmerz. Und dann nahm der kleine Junge mich an der Hand und führte mich auf eine Waldlichtung. »Erinnerst du dich, wie glücklich wir hier waren?« Ich erkannte den Ort. Es war der Wald meiner Kindheit. Wir liefen runter zum Hang und blickten auf das Forsthaus. Meine ganze Familie war dort. Meine Großeltern, meine Eltern und mein Onkel. Alle lächelten mich an und ich sah die Liebe in ihren Gesichtern. Die Liebe, die sie für mich hatten.

»Wir sind alle für dich da, Max«, sagte der Junge.

Plötzlich saß ich bei Linda im Auto. Sie erzählte mir, wie schwer ihr Leben war, wegen ihrem Vater, der sie verlassen hatte, und dem Freund, der sie dazu überredet hatte, sich zu verkaufen. Und zum ersten Mal in meinem Leben wurde mir bewusst, was für ein Bullshit es gewesen war, damals zu denken, dass es für sie in Ordnung gewesen sei, sich zu prostituieren. Dass sie es so gewollt und mich ausgesucht hatte. Bullshit! Sie hätte damals einen wirklichen Freund gebraucht und keinen Zuhälter. Ich begriff immer mehr, was ich getan hatte.

In verschiedenen Sequenzen sah ich all die Menschen vor mir, denen ich wehgetan hatte. Menschen, die ich bedroht hatte und verhöhnt, ihnen Gewalt angetan.

Dann stand ich auf dem Parkplatz vor dem Bordell in dem kleinen Nest irgendwo in Ostdeutschland. Ich hörte, wie das Blut in meinen Adern pulsierte. Mein schwerer Atem. Und dann einen Daumen, der den Abzug drückt. Ein Schuss. Alles wurde schwarz.

Bin ich tot? »Du bist nicht tot«, sagte eine sanfte Stimme. Ich stand in einem hellen, unendlichen Raum. Und neben mir, ja, neben mir stand mein Baum. Von irgendwo kam ein Hauch, der seine Äste zum Flüstern brachte.

»Du hast nur eine Chance, Max. Du musst dein Leben ändern!«

Als ich aus dieser Fiebervision erwachte, wusste ich, welche Konsequenzen ich ziehen musste. Ich würde körperlich und seelisch nur gesund werden, wenn ich der Kriminalität ein für alle Mal den Rücken kehrte. Im Angesicht des Todes fiel alles von mir ab. Jetzt war es klar: Ich würde mich selbst zerstören, wenn ich den Weg der Straße weiterginge. Ich hatte dem nichts mehr entgegenzusetzen.

* * *

Auch die nächsten Tage vegetierte ich, dem Tod näher als dem Leben, vor mich hin. Sechs Tage am Stück hatte ich nicht geschlafen. Insgesamt nahm ich in den folgenden Wochen um die 30 Kilo ab.

Meine Großmutter kam vorbei, um mich mit Suppe und Tee aufzupäppeln. Beides bekam ich gerade noch so herunter. An festes Essen war nicht zu denken! In dem Moment, als meine Großmutter mein Zimmer betrat, schämte ich mich so sehr. All die Jahre hatte ich meine Großeltern belogen. Sie wussten nichts von meinem Leben auf der Straße und aus Respekt mir gegenüber hatten sie nie nachgehakt, wenn ich ihnen etwas von irgendwelchen Gelegenheitsjobs vorlog. Meine Großmutter legte mir einen feuchten Waschlappen auf die Stirn.

»Noch immer hohe Temperatur«, hörte ich sie sagen, als sie den Raum verließ. Ich wusste, das Fieber würde nur sinken, wenn ich handelte.

Als meine Oma weg war, nahm ich all meine Kraft zusammen und schaute das erste Mal seit ein paar Tagen auf mein Handy. Ich wollte im Club anrufen und endlich reinen Tisch machen. Doch ich hatte schon ein paar verpasste Anrufe des Präsidenten auf meinem Gerät. Vor ein paar Tagen hatte ich eine SMS geschrieben, dass ich mit einer Lungenentzündung zu kämpfen hatte und erst mal nicht zur Verfügung stand. Die Nachricht hatte Mirat wohl nicht gefallen. Ich rief zurück.

»Max, was soll das?«, schrie Mirat, »denkst du, du kannst dich einfach verpissen?«

»Ich bin krank. Wirklich schwer krank. Lass uns das klären, wenn es mir besser geht.«

»Alter, wenn du eine Pause brauchst, dann sag es. Aber verarsche niemals deinen Präsidenten!«

»Willst du einen gelben Schein von mir oder was?«, schrie ich zurück, bis mir wieder die Luft wegblieb. In der Wut kamen die Lebensgeister für einen kurzen Moment zurück.

»Ich sag dir jetzt mal was. Ich komm vorbei und wir klären das persönlich.« In diesem Moment fiel so ein großer Ballast von mir ab. Meine Entscheidung stand fest.

»Ich muss erst mal mit den anderen besprechen, wann wir uns das nächste Mal treffen«, sagte er etwas perplex.

»Ja, mach das und schreib mir, wo und wann.«

Am selben Abend erhielt ich eine SMS von Mirat: »Morgen Clubhaus 18 Uhr.« Alles klar.

***

Als ich mit 40 Grad Fieber aus dem Taxi ausstieg, stand schon einer der Schergen des Präsidenten am Eingang des Clubhauses, um mich in Empfang zu nehmen. So musste es sich also anfühlen, wenn man zu seiner eigenen Hinrichtung fährt. Ich wankte auf ihn zu, konnte mich kaum auf den Beinen halten. Der Typ schaute mich böse an und tastete mich ab.

»Seh ich so aus, als könnte ich irgendwem gerade irgendwas antun?«, fragte ich.

»Alles klar, du kannst hochgehen.« Und dann ging ich durch die Tür und schaute nach oben. Da war die Treppe. Der Ausgang. Der Weg in mein neues Leben. Und der schwerste Gang, den ich bis dahin gehen sollte.

»Da bist du ja, Max«, sagte Mirat. Hinter ihm stand die versammelte Mannschaft wie das Jüngste Gericht. »Also meinetwegen können wir die ganze Sache vergessen. Aber du stehst doch zu deinem Präsidenten, oder?« Ich wusste, warum er so oft nachfragte. Ich war nicht der Erste, der ihm den Rücken gekehrt hatte. Langsam gingen ihm die Soldaten aus.

»Mirat, ich mach mich gerade für mich selbst. Ich bin hergekommen, um dir meine Kutte zurückzugeben.«

Mirat sah mich überrascht an, dann grinste er höhnisch und schaute mir lange in die Augen.

»Und du bist dir da ganz sicher, Max?«

»Meine Entscheidung steht«, sagte ich. Ich übergab ihm die Kutte und machte mich innerlich bereit für das, was folgen würde.

»Na gut, dann lass dich zum Abschied noch mal umarmen«, sagte er mit einer viel zu freundlichen Stimme und ging mit ausgestreckten Armen auf mich zu. Ich war lang genug auf der Straße, um zu wissen, was gleich passierte. Anstatt mich zu umarmen, gab mir Mirat einen Leberhaken. »Du wagst es, mich zu verlassen?«, schrie er, während er auf mich einschlug. Sein Speichel tropfte in mein Gesicht, immer wieder sah ich sein wutverzerrtes Gesicht über mir aufblitzen. Aber ich war nicht in der Lage, mich zu wehren. Selbst wenn ich es gekonnt hätte, hätte ich es nicht getan. Das war der finale Preis, den ich bezahlen würde. Während die Schläge und Beschimpfungen auf mich niederprasselten, schloss ich meine Augen. Ich war bei meinem Baum. Die Sonne schien und Mirats Schreie waren so fern, dass ich den Gesang der Vögel hören konnte. »Alles ist gut, Max«, säuselte mein Baum. »Du hast das Richtige getan.«

Und dann trafen mich seine Schläge am Kopf und ich war wieder da. Meine Brille flog weg. Ich konnte nichts mehr sehen und taumelte Richtung Tür. Immer wieder Schläge auf meinen Kopf. Auch ein paar andere Clubmitglieder hatten jetzt angefangen, auf mich einzuprügeln. Ich stolperte die Treppe hinab und schämte mich nicht dafür. Ich bin gerannt. Instinktiv gerannt. Mein Körper war so mit Adrenalin vollgepumpt. Der Taxifahrer hatte mit laufendem Motor auf mich gewartet und ich hastete halb blind zu dem Wagen. »Hey Max, du hast deine Brille vergessen«, rief der Präsident mir hinterher. Ich hörte, wie irgendwas auf dem Bordstein landete. Höhnisches Lachen. Aber es war mir egal. Ich hatte meinen Mann gestanden. Und das Wichtigste: Ich war frei.

»Soll ich Sie ins Krankenhaus fahren oder die Polizei rufen?«, fragte der Taxifahrer, der besorgt in den Rückspiegel schaute und mein geschwollenes Gesicht begutachtete.

»Nein, alles gut«, sagte ich. »Fahren Sie mich an den Stadtrand. Zum Revierpark.« Lächelnd schaute ich aus dem Fenster. Die Dortmunder Nordstadt zog an uns vorbei. Wir ließen die City, den Schmutz, den Lärm und den Schmerz hinter uns. Ich wollte nur noch in die Natur, um Ruhe und Kraft zu tanken. Natürlich klang mein Fieber nicht innerhalb von Sekunden ab. Ich war immer noch sehr krank, aber meiner Seele ging es von einem Moment auf den anderen deutlich besser. Ich wusste, dass das der Weg zur Heilung war.

Ich drückte dem Taxifahrer einen Zwanziger in die Hand und wünschte ihm alles Gute. Dann setzte ich mich unter eine alte Linde und beobachtete den See. Ich sah einen Fischreiher, der emsig seinen Kopf ins Wasser tauchte, um kleine Fische mit seinem Schnabel zu fangen.

Ich erinnerte mich, dass ich irgendwo mal gehört hatte, dass der Reiher im alten Ägypten ein Symbol für die Wiedergeburt war. Ein Phönix. Und wie der Phönix würde auch ich aus der Asche wieder emporsteigen.

Mein Aufstieg nach dem Ausstieg

Es dauerte noch drei Monate, bis ich mich wieder normal bewegen konnte. Auch Wochen nach dem Ausstieg aus dem Club hatte ich Probleme mit meiner Atmung. Meine Lunge war vernarbt, meine Kondition im Arsch. Das war wahrscheinlich die längste Zeit in meinem Leben ohne Sport.

Aber ich hatte die wichtigste Entscheidung meines Lebens gefällt. Und die richtige Wahl getroffen.

An dem Tag, an dem ich den Club verließ, hatte mein Körper seine letzten Kräfte gebündelt und es gerade noch bis zum See geschafft. Laufen war in den ersten Tagen danach undenkbar gewesen, aber ich spürte mit jedem Tag, wie dankbar mein Körper war, dass ich diesen Stress von ihm genommen hatte. Langsam kam ich wieder auf die Beine.

Doch ich hatte kaum noch Geld. Im Club hatte ich auf großem Fuß gelebt, aber nie etwas zur Seite gelegt. Ich besaß noch einen alten Schneidplotter. Zu Beginn unseres Gang-Wear-Business hatte ich damit unsere ersten Shirts produziert. Dafür bekam ich 2000 Euro. Auch einen Großteil meines Schmucks musste ich verscherbeln.

Aber das war mir egal. Es galt, die Miete für unsere Dachgeschosswohnung in der Dortmunder Nordstadt zu zahlen und uns zu ernähren. Und vor allem musste ich heilen!

Als ich das erste Mal wieder rausgehen konnte, ließ ich mir Augen auf dem Hinterkopf wachsen, schaute ständig über meine Schulter. Die Jungs aus dem Club waren unberechenbar. Ich hatte zwar nie jemanden verraten oder war zur Polizei gegangen. Aber was war, wenn sie einfach nur ein Zeichen setzen wollten? Zeigen, dass man den Club nicht ohne Folgen verließ?

Es gab genug Berichte von Aussteigern, die angegriffen, gefoltert oder ermordet worden waren. Mirat war ein Blender, aber trotzdem nicht zu unterschätzen. Meine Vorsicht war begründet.

Gleichzeitig hatte ich immer wieder panische Angst, dass ich wieder nicht schlafen konnte. Diese langen Phasen der Schlaflosigkeit, als meine Lungenentzündung am gefährlichsten war, hatten mich traumatisiert.

Doch die Wochen vergingen und nichts passierte. Weder griff mich jemand aus dem Club an, noch kehrte meine Schlaflosigkeit zurück. Zeit, darüber nachzudenken, wie es mit meinem Leben weitergehen sollte.

Ich stand allein da. Kein Club mehr im Rücken und auch zu Vojtech wollte ich nicht zurück. Die Kriminalität wollte ich ein für alle Mal hinter mir lassen. Das stand fest.

Aber ich hatte ja fast mein ganzes Leben lang nichts anderes gemacht, außer mich auf der Straße durchzuschlagen. Gut, da war noch das Klamottenlabel. Aber auch da war ich raus. Eine wirkliche Ausbildung oder einen Universitätsabschluss hatte ich auch nicht. Mein Lebenslauf war ein weißes Blatt Papier. Auf der Habenseite sah es ziemlich beschissen aus. Verdammt, was sollte nur aus mir werden? Verzweifelt saß ich auf der Couch und schaute mich im Zimmer um. Und dann sah ich sie. Unter ein paar Skizzenbüchern versteckt lag in einem Schuhkarton meine Tattoomaschine.

Ich hatte sie schon gekauft, als ich im Club war, die Sache aber nie wirklich ernst genommen. Maxim habe ich damals einen Löwen gestochen. Mein erstes Tattoo. Es sah scheiße aus und Maxim war ziemlich angepisst.

»Alter, Max. Dafür könnte ich dich verklagen.«

Ich lächelte bei dem Gedanken, dass der Typ jetzt damit rumlaufen musste. Aber Talent hatte ich, das stand außer Frage. Die Vorlage, die ich gezeichnet hatte, war stark, nur an der handwerklichen Umsetzung hatte es gehapert.

Ich erinnerte mich zurück an das Gespräch mit meiner Mutter und an den Gedanken, den ich schon so oft gehabt hatte: Wenn nichts mehr geht, werde ich Tätowierer. Das war meine Chance! Ich würde es durchziehen, egal ob es klappte oder nicht. So hatte ich es schon immer gemacht.

* * *

In den nächsten Wochen, nachdem mein Entschluss gefallen war, besorgte ich mir alle möglichen Bücher. Wie zeichnet man ein gutes Porträt? Was gibt es bei Schattierungen zu beachten? Wie entwerfe ich eine eigene Schrift?

Ich zeichnete stundenlang, bis meine Hand schmerzte. Und als ich zufrieden war mit meinem Stil, begannen die ersten praktischen Versuche. Aber nicht auf Schweinehaut, sondern auf meinem eigenen Bein. Wahnsinn! Aber ich war so davon überzeugt, dass ich es schnell draufhatte, dass mir meine eigene Haut nicht zu schade war. Und tatsächlich, nach ein paar Stunden hatte ich den Dreh halbwegs raus.

Ich aktivierte meinen Facebook-Account wieder. Monatelang war ich Undercover, hatte kein Lebenszeichen von mir gegeben. Doch nun war es Zeit, mein Business anzukurbeln.

> Yo, wer kostenlose Tätowierungen in Dortmund will,
> soll sich bei mir melden.

So lautete mein erster Post nach Monaten. Und er sollte einschlagen wie eine Bombe. Es meldeten sich tatsächlich richtig viele Leute. Ich war baff. Das konnte wirklich was werden. Einer meiner ersten Kunden war Phil, einer meiner Jugendkumpels aus Altena. Er hatte mir geschrieben, ob er vorbeikommen könne. »Klar«, hatte ich geantwortet. Und ein paar Tage später stand er vor meiner Tür.

»Komm rein«, sagte ich. Wir umarmten uns.

Ich hatte einiges über Phil gehört. Genau wie bei mir war auch bei ihm nicht alles glatt gelaufen. Er war nie weggekommen von den Drogen. Über ein paar Ecken hatte ich gehört, dass er neben seinem normalen Job mit Amphetaminen dealte. Er sah echt fertig aus.

»Zehn Jahre haben wir uns mindestens nicht gesehen«, sagte Phil.

»Ja, ist lang her. Leg dich einfach hier auf die Liege. Ich habe das Motiv schon vorbereitet.«

Phil legte sich auf die Liege, die ich für mein Business besorgt hatte. Wir schwiegen. Es gab so viel zu erzählen, aber manchmal ist Schweigen besser als jedes Wort. Wir wussten beide, dass wir an einem Punkt in unserem Leben angekommen waren, an dem es entweder bergauf oder weiter bergab gehen würde. Nur das Surren der Nadel und unsere Atemzüge waren zu hören.

»Weißt du, was mit Dino passiert ist?«, unterbrach Phil die Stille.

Ich schüttelte den Kopf. Ich konnte es mir denken. Dino war immer der kreativste und lustigste von uns Jungs gewesen, aber auch der verletzlichste.

»Es geht ihm nicht gut, Max. Er schmiert richtig ab.« Phil schaute mich an, als könnte ich irgendwas daran ändern. Ich schwieg und arbeitete weiter an dem Tattoo. Wir hatten Dino damals auf Droge geschickt.

»Zwischen uns ist alles cool, Max?«, fragte Phil, als wir fertig waren.

»Zwischen uns ist alles cool, melde dich gerne bei mir«, sagte ich zum Abschied. Vielleicht war es Schicksal, dass ich Phil wiedergetroffen hatte. Denn heute ist er einer meiner wichtigsten Verbündeten im Kampf für den Wald, der auch sein Leben positiv verändert hat.

* * *

Die Leute rannten mir die Bude ein. Und irgendwann begann ich, Geld fürs Tätowieren zu nehmen. Ich fing an mit 50 Euro pro Sitzung. Ein unschlagbarer Preis.

»Du, sag mal, kann mein Onkel Rick einen Termin bei dir ausmachen?«, fragte mich Susi. Ich hatte ihr gerade ein Porträt ihres verstorbenen Hundes gestochen.

»Klar, wieso nicht?«, sagte ich und brachte sie zur Tür.

»Super, ich gebe ihm deine Nummer.«

* * *

Ein paar Tage später bekam ich eine SMS.

»Hey, Rick hier. Ich würde gerne den letztmöglichen Termin am Freitag haben. Ich muss lange arbeiten.«

»Kein Problem«, antwortete ich.

»Du tätowierst zu Hause, oder? Da sind keine anderen Leute?«

»So ist es«, schrieb ich kurz und knapp zurück. Der wollte es aber ganz genau wissen, dachte ich mir. Vorsicht war geboten.

Am Tag des Termins hatte ich ein mulmiges Gefühl, das sich bestätigen sollte. Ich erkannte Rick sofort, als er die Treppen hochlief. Er war alte Schule, ein Rocker der alten Garde. Glatze, grauer Schnauzer und für einen Sechzigjährigen noch verdammt gut in Form. Hatte der Club ihn geschickt?

»Du bist doch Max?«, fragte er, als er die letzten Stufen hochging. Ich stand im Türrahmen und konnte seine Hände nicht sehen. Wir musterten uns beide vorsichtig.

»Ja, bin ich. Und du bist Rick?«

»Ja, bin ich. Bist du noch im Club?«

»Nein, und du?«

»Ich auch nicht.«

Erleichterung auf beiden Seiten. Wir hatten nichts voneinander zu befürchten. Ich ließ den alten Veteranen rein. Als er auf meiner Liege lag, unterhielten wir uns lange über die Zeit im Club und wie wir beide getäuscht worden waren. Nach der Sitzung zog der alte Rick einen Gasrevolver aus dem Hosenbund.

»Ich habe leider gerade keine Kohle. Du weißt ja, wie das ist, wenn man dem Milieu den Rücken kehrt.« Ich nickte.

»Aber du kannst die Knarre haben.« Hatte Rick die Waffe mitgenommen, um sich verteidigen zu können? Wie oft würde ich noch in solche Situationen kommen? Ich hatte noch nicht abgeschlossen mit der Vergangenheit. Das wurde mir in dieser Situation bewusst.

»Pack das Eisen wieder ein. Das Tattoo geht aufs Haus. Halt die Ohren steif.«

***

Mein Erfolg beim Tätowieren, das Treffen mit Phil und Rick – das alles löste in mir starke Emotionen aus. Die ersten Monate nach meinem Ausstieg, als sich die schlimmsten Sorgen gelegt hatten, war ich zwar broke, aber frei und hatte alles unter Kontrolle. Doch mit dem Erfolg kamen Selbstzweifel. War ich der ganzen Sache gewachsen? Konnte das wirklich klappen? Und mit den Zweifeln kehrte mein größter Alptraum zurück. Die Schlaflosigkeit. Jede Nacht lag ich wach im Bett und quälte mich mit meinen Zweifeln. Das Leben war doch gerade schön. Aber da war diese Angst. Die Angst, es zu versauen. Die Angst, dass meine Panikattacken zurückkamen. Die Angst, dass ich vielleicht sogar einen Rückfall in meinen Horrortrip erleben könnte, wie damals in dem Vorort in Köln. Ich sagte Tattootermine ab und verbarrikadierte mich in der Wohnung. Die Vergangenheit hatte mich ein weiteres Mal gebrochen und ich wusste nicht, was ich dagegen unternehmen konnte.

In einer dieser schlaflosen Nächte ging ich durch das Wohnzimmer und blieb lange vor dem Bücherregal stehen. Bis auf die Bücher, die mir beim Zeichnen halfen, hatte ich nie eines angerührt. Mein Blick blieb lange auf dem Dalai-Lama-Buch haften, das ich noch kein einziges Mal aufgeschlagen hatte. Aus irgendeinem Grund weckte »Die Weisheit des Verzeihens« mein Interesse.

Ich griff mir das Buch aus dem Regal und verzog mich damit auf die Couch. Erst als die ersten Sonnenstrahlen durch das Fenster schienen, klappte ich das Buch zu. Ich hatte es in einer Nacht durchgelesen.

Es handelte von der Freundschaft des Dalai Lama mit dem chinesischen Autoren Victor Chan. Ich musste es immer wieder kurz weglegen beim Lesen, weil es mich nachdenklich stimmte.

Ich war auf dem Weg, mir selbst zu verzeihen. Doch das allein würde nicht reichen. Ich musste auch den anderen Menschen auf meinem Weg ihre Fehler verzeihen. Meinem Vater, Vojtech, Maxim, Mirat, den anderen Männern aus dem Club.

Ich war und bin kein praktizierender Buddhist, aber das Konzept der Leerheit und das Prinzip von Ursache und Wirkung öffnete mir die Augen. Leerheit bedeutet in der buddhistischen Philosophie, dass man sich von den Konzepten Vergangenheit und Zukunft löst und in der Gegenwart lebt. Die Seele ist ein leeres Gefäß, das von Momenten im Jetzt gefüllt wird. Wir sind in unserem ursprünglichen Seinszustand, wenn wir uns von Träumen und Sorgen der Vergangenheit und der Zukunft lösen können.

Mit dieser Erkenntnis waren meine Schlafprobleme zwar nicht vorbei, aber ich hatte einen Lösungsansatz. Ich holte mir psychologische Unterstützung bei einem Coach, dem ich bis heute sehr dankbar bin. Er zeigte mir, wie ich mit meinen Selbstzweifeln umgehen konnte. Durch ihn begann ich auch zu meditieren. Auch hier sind der Wald und die Natur als Ganzes ein ganz wichtiger Faktor in meinem Genesungsprozess. Oft saß ich stundenlang im Park oder in einem Waldstück nahe der Stadt und meditierte. Außer mir war dort kein Mensch weit und breit. Wenn ich meine Augen schloss, spürte ich, wie ich eins wurde mit meiner Umgebung. Das Rascheln der Blätter, der Gesang der Vögel, das warme Licht der Sonne. Ich fühlte die Leichtigkeit des kleinen Jungen, der ich einmal gewesen war.

* * *

Mittlerweile war über ein halbes Jahr vergangen, seit ich Mirat meine Kutte zurückgegeben hatte. Innerlich war ich ausgeglichen. Hatte alles unter Kontrolle und sogar einen Job in einem Tattoostudio in Kreuztal. Der Besitzer war allerdings ein ziemlicher Schaumschläger, ein Großmaul. Er wusste nichts von meiner Vergangenheit und prahlte immer mit irgendwelchen Verbindungen zu Clubmembern in Dortmund. Das war Bullshit. Ich war in einem Club und habe dich noch nie gesehen, du Pisser, dachte ich, blieb aber ruhig. Ich war einfach froh, in Ruhe arbeiten zu können.

Aber mein neuer Chef wurde eifersüchtig auf mich. Innerhalb von ein paar Wochen stach ich bessere Porträts als er. Ich liebte es, Porträts zu stechen. Auch heute noch sind ausgefeilte Schwarz-Grau-Porträts mein Spezialgebiet.

Der Typ fand das gar nicht gut, weil ich ihm die Kundschaft wegnahm. Klar, ein bisschen was von meinen Einnahmen bekam er sowieso. Aber er hatte sich nun mal auf Porträts spezialisiert und jeder Kunde, der lieber zu mir ging als zu ihm, stellte ein Problem dar. Doch anstatt das ehrlich anzusprechen, vergab er einfach keine Termine mehr an mich. Nach ein paar Wochen hatte ich sein falsches Spiel durchschaut. Jetzt war klar, es war Zeit, mein eigenes Studio aufzumachen. Kohle hatte ich in dieser Zeit genug verdient. Es war Zeit, zurück nach Altena zu gehen. Zurück zu meinen Wurzeln.

Damals hat mir die Stadt Altena viele Steine in den Weg gelegt und sicher waren auch einige der Ladenbesitzer in der Lennestraße skeptisch. Ein volltätowierter Hüne mit Rockervergangenheit? Das konnte nur Ärger bedeuten.

Heute, über zehn Jahre später, ist das Hillside Tattoostudio eine Institution in der Region und deutschlandweit für seine Arbeit bekannt. Nicht umsonst nennen wir uns die Nummer 1 im Sauerland. Und auch die Skepsis der Stadt und meiner Nachbarn ist gewichen. Max

Cameo, das Sorgenkind, ist mittlerweile ein anerkannter Geschäftsmann.

Doch Talent allein bringt keinen Erfolg. Man muss etwas riskieren. Und das tat ich. Denn der zweite Entschluss, den ich an dem Tag traf, als ich meinen hinterhältigen Chef in Kreuztal verließ, war, dass ich nach Los Angeles, Kalifornien, fliegen würde, um von den Besten der Besten zu lernen. Den Jungs, die den Chicano-Style erfunden hatten. Den Tätowierern der gefährlichsten Gangs der Welt.

Ich besorgte mir ein billiges Flugticket nach Los Angeles. Meine Großcousine holte mich am Los Angeles International Airport ab. Ich freute mich, sie in den Arm nehmen zu können. Diesen Teil meiner Familie, der in die USA ausgewandert war, hatte ich seit meiner Kindheit nicht mehr gesehen und es war mein erster Besuch.

Wir fuhren über das ausgeprägte Autobahnnetz hinein in die Stadt. Die Wolkenkratzer in Downtown reflektierten die Sonnenstrahlen. Am Straßenrand standen riesige Palmen, in den Vorgärten wuchs eine Vielfalt an Pflanzen. Oleander, Agaven und Kakteen jeder Art. Und überall Street Art und Graffiti von hoher Qualität. Ich hatte mich direkt in die Stadt verliebt. California Love, Baby.

Die ersten Tage verbrachte ich viel Zeit mit meiner Familie, bekam ein Gefühl für die Stadt und gewöhnte mich an die Bullenhitze. Doch dann widmete ich mich meiner Mission. Ich musste Kontakt zu den krassesten Tätowierern der Stadt aufnehmen. Also schaute ich mich nach Orten um, an denen ich diesen Menschen begegnen konnte.

***

An einem Abend ging ich zu einer Vernissage des Fotografen Estevan Oriol. Ich denke, jeder, der sich mit der Gangkultur von Los Angeles auseinandersetzt, kennt mindestens ein Foto von ihm. Er ist für mich einer der besten amerikanischen Fotografen des 21. Jahrhunderts.

Bei einer Ausstellungseröffnung von Oriol kommen natürlich nicht nur Leute aus der Kunstszene, sondern auch viele Gangmember. Und so fiel ich mit meinen vielen Tätowierungen kaum auf. Na ja, irgendwie fiel ich schon auf. Ich war groß und ich war weiß. Ich passte in die Szene und dann wieder auch nicht. Dieser Umstand half mir dabei, an diesem Abend viele Kontakte zu knüpfen.

Ich stand gerade vor einer Fotografie, die den tätowierten Rücken eines Gangmitglieds zeigte, als ein kleiner Chicano mit kurz geschorenen Haaren und einem Schnauzer sich neben mich stellte. Das Motiv auf seinem T-Shirt war ein Schlüssel, auf dem eine Line Koks lag, darunter stand »The key to success«.

»Krasser Rücken, oder?«, fragte er mich und musterte das Bild.

»Ja, ich liebe diese Tätowierungen. Sicher ein krasser Gangbanger, der Typ.« Fasziniert schaute ich auf das Bild.

»Yo, das ist mein Rücken«, sagte der Chicano, lachte und gab mir die Hand. Wir unterhielten uns den ganzen Abend und er stellte mir noch weitere Mitglieder seiner Gang vor. Letztlich tauschten wir Nummern aus und von da an lief alles von ganz allein.

In den kommenden Wochen verbrachte ich fast jeden Tag in der Hood bei den Jungs, die ich auf der Vernissage kennengelernt hatte. East Los Angeles. Dieser Teil der Stadt ist geprägt von sozialen Missständen. Das Einkommen und Bildungsniveau sowie der Zugang zu angemessener Gesundheitsversorgung sind in diesen Vierteln oft sehr schlecht, die mehrheitlich schwarzen und lateinamerikanischen Bewohner erleben Rassismus und Polizeigewalt. Der perfekte Nährboden für Kriminalität und Drogenmissbrauch. Und natürlich für die ausgeprägte Subkultur der Gangs, die meinen Tattoostyle bis heute inspiriert.

Ich lernte Jungs von den Head Hunters, Florenica 13 und Venice 13 kennen. Jungs, die seit ihrer Kindheit in der Hood gegen andere Gangs und die Polizei kämpften. Mörder und Drogendealer. Doch ich hatte genug Erfahrung auf der Straße gesammelt, um zu wissen, wie man diesen Menschen begegnet, ohne Probleme zu bekommen.

Und tatsächlich nahmen sie mich mit großem Respekt und Gastfreundschaft bei sich auf. Und das Wichtigste: Ich lernte die Tätowierer der Gangmember kennen. Sie brachten mir viel bei über die kulturelle Bedeutung des Chicano-Styles für die mexikanische Community. Ich wollte nicht nur das Handwerk lernen, sondern auch verstehen, was es diesen Menschen bedeutete. Das war mir sehr wichtig.

Ich erfuhr viel über die Bedeutung der oft religiösen Motive, lernte aber auch, wie ich Grautöne bei den Schattierungen richtig einsetzte oder welches Detail bei einem Porträt besonders wichtig ist, um den Charakter eines Menschen oder Tieres zum Vorschein zu bringen. Nach ein paar Tagen durfte ich selbst die Nadel in die Hand nehmen, um Gangmitglieder zu tätowieren.

Zurück in Deutschland bildete sich am Tag der Eröffnung meines »Hillside Tattoo-Studios« eine lange Schlange. Während der Zeit in Los Angeles hatte ich immer wieder Bilder auf Facebook gepostet, sodass nun alle wussten: Das ist der Typ, der die Gangster in Los Angeles tätowiert hatte. Mit dieser Reputation lief das Studio vom ersten Tag an. Und es dauerte nicht lange, bis auch Rocker von mir tätowiert werden wollten. So bekam ich immer öfter Besuch von alten Bekannten …

»Lang nicht mehr gesehen, Max«, sagte der Typ in der Kutte. Es war einer meiner alten *Brüder* aus dem Club. Ich stand gerade an der Eingangstheke des Studios und trug etwas in mein Terminbuch ein. Ich erkannte ihn sofort.

»Wenn du hier bist, um Stress zu machen, kannst du gleich wieder gehen«, sagte ich. Das Adrenalin schoss in mir hoch.

»Alles cool, Max. Ob du es glaubst oder nicht, niemand im Club hat ein Problem mit dir.«

Ich schaute ihn skeptisch an.

»Eigentlich haben damals alle Respekt vor deiner Entscheidung gehabt. Gerade nach dem, was Mirat gebracht hat.«

Ich horchte auf. »Was hat er denn gebracht?«

Und dann erzählte mir mein ehemaliger Clubbruder die ganze Geschichte. Mirat war zusammen mit zwei anderen Jungs im Auto unterwegs, als sie in einen Hinterhalt gerieten. Während die beiden anderen das Feuer erwiderten, kroch Mirat verängstigt in einen Straßengraben und ergriff zu Fuß die Flucht, als die Schützen ihre Magazine wechselten.

»Er ist gerannt wie ein Hase«, sagte das Clubmitglied und fuhr fort. Danach hatte Mirat sich bei keinem mehr gemeldet und sich in seinem alten Kinderzimmer verkrochen. Die Jungs vom Club konnten das nicht durchgehen lassen. Das war Verrat und Feigheit vor dem Feind. Mirats Vater flehte sie auf Knien an, seinem Sohn nichts zu tun, als sie vor seiner Haustür standen, um seine Kutte abzuholen.

»Das muss man sich mal vorstellen. Ein Präsident schickt seinen alten Vater vor. Unglaublich.«

Ich stimmte mit einem Nicken zu. Und dieser Typ hatte mir Verrat vorgeworfen.

»Tja, Max, dein Chapter war damit Geschichte«, sagte der ehemalige Bruder, nachdem wir einen Termin für ihn ausgemacht hatten, »aber einen wie dich könnten wir bei uns gut gebrauchen. Meld dich doch mal.«

»Nein, Danke. Das ehrt mich. Aber das Thema ist für mich durch.« Jetzt hatte ich das Lebenskapitel Rockerclub endgültig abgeschlossen.

***

In der Zeit nach 2013 wurde ich als Tätowierer immer erfolgreicher. Stars aus jeder Branche ließen sich von mir stechen. Wer mich in meinem Tattoostudio in Altena besucht, dem erzählen zahlreiche Fotografien von meinen Begegnungen mit den ganz großen Stars aus Deutschland und den Staaten.

Trotzdem war es für mich eine große Überraschung, als mich 2015 ein Bekannter anrief und mich fragte, ob ich DMX als Haustätowierer auf seinen Deutschlandkonzerten begleiten wolle.

Ich sagte sofort zu. DMX war eine Legende, einer der besten Rapper der Welt. Für mich als Rapper und großer Fan ging ein Traum in Erfüllung.

Es waren die besten zwei Wochen meines Lebens. Ich durfte mit auf die Bühne und nach den Konzerten tätowierte ich D und seine Jungs in den krassen Suiten der Luxushotels. Während der Tour lernte ich auch meinen guten Freund Gilly kennen, einen Cousin der Rap-Legende Big Pun, der mich nach New York einlud. Ein weiterer Traum wurde wahr. Ich würde zum Ursprung der Hip-Hop-Kultur reisen.

Wie in Los Angeles kam ich auch in der Bronx gut mit den Jungs zurecht. Ich hatte mit Marcia eine Ferienwohnung in Brooklyn gemietet und fuhr täglich mit dem Uber nach Manhattan. Wir hingen jeden Abend in einer Kneipe ab, die der Gang gehörte, und zockten Billard, während wir Rapmusik hörten und auch selbst auftraten.

Eines Abends kam ein älterer Herr in den Laden. Trotz seines Alters war er verdammt groß, eine Luxussonnenbrille verdeckte seine Augen. Sein Gesicht war halbseitig gelähmt, wegen eines Giftanschlags auf ihn im Gefängnis, wie ich später erfahren sollte. Alle Männer in der Bar standen auf, um ihm Respekt zu zollen.

»Wer ist das?«, fragte ich Gilly.

»Max, das ist Peter Shue, einer der größten Dealer der Bronx«, sagte Gilly mit einem ehrfürchtigen Ton in seiner Stimme.

Shue war in den Achtzigerjahren eine große Nummer im Kokain- und Heroinhandel gewesen und angeblich sogar mit Madonna zusammen gewesen. Sie soll ihn dann an das FBI verraten haben.

Ich lernte Shue an diesem Abend kennen und weil er mich mochte und sehr interessiert an Deutschland war, lud er mich ein, mit ihm um die Häuser zu ziehen, um seine Hood kennenzulernen. Ein unvergesslicher Abend, der mich wie mein Besuch in Paris in der Jugend und die Zeit in L.A. für meinen You-Tube-Kanal inspirierte, den ich bald eröffnen sollte.

* * *

Es lief einfach super. Das erste Mal war ich wirklich erfolgreich in meinem Leben. Und mit wirklich erfolgreich meine ich wirklich erfolgreich. Jeder deutsche Rapper, der was auf sich hielt, wollte ein Tattoo von Max Cameo.

Aber irgendwie wollte ich etwas Neues ausprobieren. Die Plattform YouTube gab es schon länger, doch um 2018 herum hatte sie in Deutschland einen massiven Hype. Ich hatte schon immer gerne Videos gedreht, gut erzählen und erklären konnte ich auch. Wieso probiere ich das nicht mal, dachte ich mir. Zuerst fing ich an mit Videos übers Tätowieren. Das lief okay. Ein paar Tausend Klicks. Aber ich wollte mehr. Also setzte ich die Idee um, eine Führung durch ein Bordell zu machen. Da ich nie jemanden je verraten und durchs Tätowieren immer noch Kontakte ins Milieu hatte, konnte ich einen Bekannten davon überzeugen, sein Bordell zu filmen. So etwas hatte bis dahin in Deutschland noch niemand gestartet. Doch auch das Video lief damals nicht gut.

In der Zwischenzeit war ich wieder in Los Angeles. Als Tätowierer meiner Größenordnung verbrachte ich mindestens einen Monat pro Jahr in den Staaten, um an Conventions teilzunehmen oder Stars zu tätowieren. Für mein erstes Hood-Video rief ich ein paar Homies der Head Hunters zusammen. Sie sollten mir ihr Leben auf den Straßen von Los Angeles zeigen. Doch selbst dieser Film floppte erst mal.

Und dann hatte der Algorithmus mich entdeckt. Von diesem Augenblick an ging es bam, bam, bam. Jeden Tag Zehntausende neue Klicks und Tausende neue Abos. Innerhalb weniger Wochen wurde ich zum Star. Die Menschen interessierten sich für meine bewegte Lebensgeschichte, aber auch für das Format »HOOD«, welches ihnen einen Einblick gab in ein Leben, das sie selbst nicht kannten. Das Leben der Gangs. Und zwar weltweit.

Ich sammelte Millionen Klicks. Aus meinen Besuchen bei den Gangstern entstanden aber auch tiefe Freundschaften, wie zu meinem Freund Grimmis400 von den Bloods in Los Angeles. Ich weiß noch gut, wie ich ihn bei meinem ersten Trip nach L.A. kennengelernt habe. Wir hatten uns über Facebook auf einem Parkplatz in Compton verabredet und ich war damals so leichtsinnig gewesen, Rolex und Goldkette zu tragen. Es war so verdammt ruhig. Ich wusste, entweder habe ich gleich eine geile Zeit oder werde gerippt. Als ich in Grimmis' Lowrider saß, zeigte er mir seine 45er im Handschuhfach. Fuck? Warum zeigte er mir seine Waffe, schoss es mir in dieser Sekunde durch den Kopf. »Nur damit du weißt, dass wir sicher sind, Bro«, sagte Grimmis, als hätte er meine Gedanken gelesen. Noch heute ist ein Besuch bei Grimmis Pflicht, wenn ich in L.A. bin.

Auch der ehemalige Gangboss der Hopi-Boyz Swen aus Bijlmer, Amsterdam, zählt seit meinem Hoodbesuch zu meinen guten Freunden.

***

Danach besuchte ich zusammen mit einem deutsch-italienischen Bekannten und zwei Schauspielern der Gangsterserie »Gomorrha« den berüchtigten Stadtteil Scampia in Neapel. Das Viertel mit den markanten Plattenbauten in Segelformen, den »Le Vele«, erlangte traurige Bekanntheit durch die Aktivitäten der Camorra. Die Mafiaorganisation hatte hier einen der größten »Supermärkte« für harte Drogen in Europa eröffnet. Mittlerweile hat sich die Lage verbessert, aber Perspektivlosigkeit, Armut und Jugendkriminalität prägen diese Hood noch heute.

Wir waren gerade am Drehen, als ein Typ in Flipflops, Napoli-Trikot und Strohhut auf uns zukam und lauthals auf Italienisch zu schimpfen begann. Nach zehn Minuten sagte ich zu meinem Begleiter: »Sag dem Typen jetzt mal, er soll ruhig sein.« Das ging mir langsam auf die Nerven. Aber niemand traute sich, etwas zu sagen. Egal, dachte ich mir, als er zwei Minuten später freiwillig verschwand.

Als wir wieder in Deutschland waren, schickte mir mein Bekannter eine italienische Doku über einen ehemaligen Auftragskiller der Camorra, der ausgestiegen war und jetzt in der Kriminalitätsprävention arbeitete. Ich traute meinen Augen nicht. Das war doch der Typ aus Scampia mit dem Strohhut. Er hatte sich damals darüber beschwert, dass wir seinem Viertel wieder ein kriminelles Image verpassen, erklärte mir mein Kollege.

Das brachte mich zum Nachdenken. Klar, meine Videos dokumentierten soziale Missstände wie Rassismus, Gentrifizierung und Drogenkriminalität. Aber dass wir bestimmten Leuten und einem bestimmten Lebensstil eine Bühne boten, war nicht von der Hand zu weisen. Sollte ich die Reichweite, die ich mir aufgebaut hatte, vielleicht sinnvoller nutzen?

Ein paar Wochen später fuhr ich eine Landstraße entlang und beobachtete, wie Hunderte Bäume abgeholzt wurden.

Zu Hause setzte ich mich an mein MacBook und googelte, was da los war. Ich war schockiert. Das, was ich beobachtet hatte, passierte in ganz Südwestfalen. Massives Baumsterben, verursacht durch den Klimawandel. Statt der grünen Baumkronen, die ich aus meiner Kindheit kannte, prägten nun überall braune, tote Stämme das Landschaftsbild. Ich musste tief durchatmen, um keine Panikattacke zu bekommen. Verdammt, wie konnte ich übersehen, wie schlecht es meiner Umwelt ging?

In den nächsten Tagen informierte ich mich ausgiebig. Das, was ich mein Leben lang für einen natürlichen Wald gehalten hatte, wurde für den menschlichen Holzhunger so stark bewirtschaftet, dass den Wäldern jede Möglichkeit genommen wurde, sich den verändernden klimatischen Bedingungen anzupassen. Und ich begann auch meinen eigenen Lebensstil zu hinterfragen. Um ein wenig Ordnung in meine Gedanken und Gefühle zu bekommen, ging ich in den Wald zum Meditieren, wie ich es nun immer tat, wenn ich innerlich aufgewühlt war.

Ich setzte mich unter eine alte Eiche und ließ die Geräusche, Gerüche und visuellen Eindrücke auf mich wirken. Dann schloss ich die Augen, um in mich hineinzuhorchen. Ich hatte alles erreicht, was man in einer materiellen Welt erreichen konnte. Ich hatte es zu einem gewissen Lebensstandard gebracht, war berühmt und hatte viel erlebt und gesehen. Aber alles konnte ich wieder verlieren und was wäre dann noch übrig außer Erinnerungen? In diesem Moment begriff ich, dass nichts davon eine Bedeutung hatte.

Die Natur hatte mir mein Leben lang so viel gegeben, doch was gab ich ihr eigentlich jemals zurück? Mir wurde bewusst, dass auch ich ein Faktor bin, der die Natur zerstört, anstatt sie zu erhalten. Mir wurde klar, dass wir Menschen nur ein kleiner Teil dieses großen Ganzen sind, das sich Natur nennt, und wir nicht über ihr stehen.

Dieser Moment der Erkenntnis fühlte sich an wie der endgültige Schlusspunkt einer langen Reise. Von nun an wollte ich mich für den Erhalt der Natur und des Waldes einsetzen.

Ein Leben für den Wald

Es war ein Tag im August 2022. Ich war gerade auf dem Weg nach Altena in mein Tattoostudio, als mein Smartphone klingelte. Als ich auf das Display schaute, sah ich, dass ein mir bekannter Waldbesitzer anrief. Was der wohl will, dachte ich und schaltete die Freisprechanlage an. Auf das, was dann kommen sollte, war ich nicht vorbereitet.

»Hast du Zeit? Du musst dringend zu deinem Waldstück kommen.«

»Wirklich ganz schlecht. Ich habe gleich einen Kunden. Aber was ist denn mit dem Wald?«

»Es gibt keinen ...«, sagte er und stockte. Es fiel ihm hörbar schwer, mir mitzuteilen, was los war.

»Nun sag schon.«

»Max, es gibt keinen Wald mehr.«

Ich konnte erst nicht begreifen, was er dort sagte. *Mein Wald* soll weg sein? Der übertreibt sicher nur, dachte ich.

»Hier ist eine Firma gewesen, die eine von deinen Flächen komplett abgeholzt hat.« Das konnte nicht wahr sein. So schlimm war es niemals, versuchte ich mir einzureden.

»Pass auf. Ich frag' Phil, ob er Zeit hat. Ich muss jetzt zum Termin. Kannst du den Verantwortlichen ausfindig machen?«

»Mach ich, Max«, sagte der Waldbesitzer und legte auf.

Es war so schlimm. Phil hatte mich bereits am Nachmittag darauf vorbereitet, was ich am Abend zu sehen bekommen würde. »Max, es sieht aus wie ein Kriegsgebiet«, hatte er mit gedämpfter Stimme gesagt. Er hatte mir auch ein paar Bilder geschickt. Aber nichts hätte mich auf den Anblick vorbereiten können, der sich mir bot, als ich auf der Anhöhe stand und das ganze Ausmaß der Zerstörung überblicken konnte. Mein Blut kochte. Diese Firma hatte nicht nur alle alten Fichten auf der Fläche abgeholzt, ihr Harvester hatte auch die jungen Buchen platt gewalzt, die in den letzten Jahren dort ihre ersten Schritte ins Leben gewagt hatten. Selbst eine benachbarte Modellfläche mit vielen jungen Bäumen hatte er beschädigt. Verdammt. Mein Projekt sollte den Wald doch genau vor solchen Menschen schützen. Ihm die Freiheit schenken!

***

Wenn du dieses Buch liest, ist das wahrscheinlich schon länger her. Aber jetzt, gerade während ich schreibe, geht mir diese Szene nicht aus dem Kopf. Ich stand an diesem Tag vor zwei Jahren zerstörter Arbeit, vor Hunderten vernichteter Bäume. Und das, was *meinem Wald* angetan wurde, steht dafür, was wir Menschen den Wäldern überall auf dem Planeten jeden Tag antun. Und wofür? Für wirtschaftliches Wachstum. Für mich nur ein Euphemismus für Habgier.

Wenn von *meinem Wald* die Rede ist, dann meine ich mein Waldprojekt. Im Frühsommer 2020 habe ich mir mit der Hilfe von Freunden mehrere Hektar bewaldetes Gebiet in meiner Heimatregion, dem Sauerland, gekauft. Der Wald gehört mir aber nur auf dem Papier, denn das Ziel meines Projektes ist es, dass der Wald wieder sich selbst gehört. Das ist in Deutschland schließlich die Ausnahme.

Nach Zahlen des Bundesministeriums für Ernährung und Landwirtschaft (BMEL) aus der sogenannten Waldzustandserhebung aus dem Jahr 2022 ist ein Drittel der Bundesrepublik bewaldet. Das entspricht 11,4 Millionen Hektar. Klingt erst mal gar nicht so schlecht, könnte man meinen. Und tatsächlich gab es auch Perioden in unserer Geschichte, in der wir weniger Bäume in Deutschland hatten. Im Mittelalter wurde massenhaft abgeholzt, um Böden für die Landwirtschaft zu erschließen. Zwischen den Jahren 1400 und 1900 waren nur rund 26 Prozent Deutschlands bewaldet, wie ich in einem Artikel der *ZEIT* gelesen habe. Dennoch ist unser Wald in einem schlechteren Zustand als damals. Denn Wald ist nicht gleich Wald!

Wer mit einer Zeitmaschine 2500 Jahre in die Vergangenheit reisen würde, an einen beliebigen Punkt des heutigen Deutschlands, der würde wahrscheinlich wortwörtlich im Wald stehen. Denn zu jener Zeit waren fast 100 Prozent unseres heutigen Staatsgebietes bewaldet. 100 Prozent!

Stell dir das vor … Man würde dort Braunbären, Wölfen oder Luchsen begegnen. Tiere, die heute gar nicht mehr oder nur noch in kleinen Populationen in unseren Wäldern leben. Man würde Wälder aus Eichen, Linden, Eschen und Buchen erblicken, so weit das Auge reicht. Das ist heute anders.

Zurzeit dominieren Kiefern (23 Prozent) und Fichten (25 Prozent) den deutschen Wald. Er besteht also fast zur Hälfte aus Nadelbäumen. Dabei wächst die Fichte hierzulande eigentlich nur in einigen Regionen auf natürliche Weise. Wie konnte sie also die *Königin* der deutschen Wälder werden?

Der Grund ist recht simpel: Die Fichte ist der ideale Baum, um Geld zu verdienen. Sie wächst gerade und sie wächst schnell. Nach 80 Jahren ist sie reif für die Ernte. Klingt nach einer langen Zeit, ist es für Bäume aber nicht. Außerdem kann ihr Holz vielfältig verwertet werden. Das erkannten die Menschen bereits im 19. Jahrhundert. In dieser Zeit liegt der Ursprung des vielflächigen, monokulturellen Fichtenanbaus, der sich heute rächt.

Nun stehen sie also da, die Fichten, nehmen die Hälfte der Wälder ein und sind doch ausgerechnet eine Art von Baum, der besonders schlecht angepasst ist an das, was wir in Zukunft leider immer häufiger erleben werden: Wetterextreme, verursacht auch durch den menschengemachten Klimawandel. Schon während des verheerenden Orkans Kyrill zeigte sich, dass die Fichte Stürmen dieser Stärke nicht standhalten kann. Ihr Wurzelsystem ist dazu einfach zu flach. Und dass sie auf einem Feld in Reih und Glied stehen, macht es auch nicht besser.

Generell hat das Anbauen von Fichten als Monokultur, also einer Anbaufläche, auf der nur Fichten wachsen, enorme Nachteile für die Bäume selbst, aber auch für das Ökosystem Wald. Solche Monokulturen sind anfällig für Krankheiten oder Schädlingsbefall. Und der Schädling schlechthin, der die Fichte in den letzten Jahren in extremer Weise heimgesucht hat, ist der Borkenkäfer.

Nicht nur, dass der Borkenkäfer geschwächte und gestresste Wirtsbäume bevorzugt – und davon haben wir durch den Klimawandel viel zu viele –, laut waldwissen.net schafft er es durch die wärmeren Temperaturen auch noch viel schneller, sich von der Larve zum Käfer zu entwickeln. Und der Klimawandel ist in vollem Gange. Eine dauerhafte Temperaturerhöhung von durchschnittlich 1,5 bis 3,5 Grad Celsius scheint unausweichlich, wenn wir jetzt keine wirksamen Maßnahmen einleiten.

Ich selbst kenne die Problematik mit der Fichte nur zu gut. Ich habe mit eigenen Augen gesehen, wie der Klimawandel diese Bäume verenden lässt. Durch Stürme, durch Dürren, durch Brände und Schädlinge. Ich habe Forstwirte erlebt, die in ihrer Verzweiflung Infusionsbeutel an ihre jungen Bäume gehangen haben, damit diese ihre Jugendphase überleben können. In einem Artikel der *taz* vom März 2023 habe ich gelesen, dass vier von fünf Bäumen in Deutschland krank sind.

Wie konnte es so weit kommen, dass viele Wälder in Deutschland eher Plantagen ähneln als dem, was unser Wald ursprünglich war? Wer diese Frage beantworten möchte, muss zuerst eine andere stellen – wem gehört der Wald?

Das war die erste Frage, die sich mir stellte, als ich verstehen wollte, wie Wald in Deutschland überhaupt funktioniert. 48 Prozent des bewaldeten Gebietes in Deutschland liegt in privatem Besitz, 29 Prozent in der Hand der Bundesländer, 19 Prozent gehören Körperschaften und 4 Prozent gehören dem Bund.

Die Menschen, die Wald privat besitzen, splittern sich in Hunderttausende Einzelparteien auf. Alle mit eigenen, auch wirtschaftlichen Interessen. Und solange sich alle an die bestehenden Gesetze halten, haben sie quasi freie Hand, ihre Waldfläche so zu gestalten, wie sie es für richtig halten.

Der Wald gehört also nicht der Allgemeinheit oder gar sich selbst. Und meine Konsequenz aus dieser Erkenntnis war, dass ich selbst Wald erwerben musste, um der Natur ihre Freiheit zurückzugeben. Denn gleichzeitig hatte ich auch die Probleme in der deutschen Forstwirtschaft für mich analysiert. Mir war klar, dass ein radikales Umdenken nötig ist. Sowohl beim Kleinsteigentum als auch unter den großen Forstbetrieben.

Außerdem habe ich auch Wald erworben, um den Menschen eine Möglichkeit zu geben, einen naturbelassenen Rückzugsort zu erleben und zu genießen. *Mein Wald* ist frei zugänglich für alle, die ihn mit Respekt behandeln. Auf dass sie dort das finden, was ich schon als Kind zwischen den Bäumen erlebte und was mir mit meiner Buche so oft, im wahrsten Sinne des Wortes, sogar das Leben gerettet hat. Das waren meine beiden Hauptmotivationen, als ich damals mit der Hilfe einiger äußerst großzügiger Einzelspenden das Gelände für mein Projekt gekauft habe.

***

Ich möchte mit *meinem Wald* aber auch aufklären! Sei es in meinen Outdoorkursen, in den sozialen Medien, meinem Podcast oder eben diesem Buch. Die Menschen sollen sich über die Problematiken der Forstwirtschaft, das neue Waldsterben und die Folgen des Klimawandels bewusst werden. Denn nur wenn wir verstehen, wo das Problem liegt, können wir Fragen stellen. Fragen an die Politik, Fragen an die Forstwirte und auch Fragen an uns selbst. Ich denke, die meisten machen sich keine großartigen Gedanken darüber. So wie ich über all die Jahre, trotz meiner Liebe zum Wald. Die Forstwirtschaft wird uns als nachhaltige Industrie präsentiert. Doch »nachhaltig« kann nicht bedeuten, dass wir bloß mehr anpflanzen, als wir abholzen. Zwei Bäume für einen gefällten Baum anzupflanzen, das ist nicht nachhaltig. Und auf dem Papier zu kalkulieren, wie lange ein Baum braucht, bis er die volle Reife für die Holzernte hat, entspricht nicht der Realität der Natur.

Was ich damit sagen will, ist: Ein gesunder Wald entscheidet selbst darüber, wie viel Holz er uns zur Verfügung stellen möchte, oder auch nicht. Nur die Gabe, die Natur mit einem würdevollen Auge zu betrachten und ihrer Bedürfnisse gerecht zu werden, wird es uns erlauben, unsere Bedürfnisse aus ihr zu stillen. Das bedeutet für mich, dass wir die Natur genau beobachten müssen, um zu erkennen, wie viel wir von ihr nehmen dürfen, anstatt nur wirtschaftlich zu denken. Eine naturverbundene Herangehensweise, die ich besonders bei meinen Reisen zu den nordamerikanischen Stämmen, wie den Dakota, beobachten konnte.

Und ja, ich weiß, dass die Diskussion über mehr natürliche Ökodiversität, also die Vielfalt des ursprünglichen Waldes, auch viele Menschen in der Forstwirtschaft erreicht hat. Doch Diskussionen allein genügen nicht. Wir müssen handeln. Jetzt! Genau wie bei anderen Klima-Themen bleibt keine Zeit. Der Klimawandel ist bereits Teil unserer Lebensrealität. Jetzt sind die Monokulturen durch gesunde Wälder zu ersetzen! Und das gelingt nur, wenn wir wirtschaftliche und persönliche Interessen hintanstellen und uns darauf konzentrieren, um was es wirklich geht: Unseren Wald und unseren Planeten zu retten.

Vor über 50 Jahren, im Jahr 1970, wurde in Deutschland der erste Nationalpark geschaffen – der Nationalpark Bayrischer Wald. In den Nationalparks wird eigentlich schon das umgesetzt, was ich mir für alle Waldflächen in Deutschland wünsche: dass der Mensch nicht länger in die Natur eingreift!

Bei meinen Recherchen stieß ich auf der Webseite pro-nationalpark-steigerwald.de auf ein Interview mit einem der damaligen Gründungsleiter des ersten deutschen Nationalparks, Hans Bibelriether. Viele Stellen in dem Gespräch mit diesem erfahrenen Naturschützer haben mich in meiner Ansicht bestätigt, dass ein gesunder Wald ein wilder Wald ist. Besonders diese Aussage: »Auch in einem Wirtschaftswald sollte man möglichst viel der Natur überlassen. Wir können selbst als Förster nicht genau beurteilen, welche Bäume wo am besten wachsen. Wenn man es der Natur überlässt, wachsen die Bäume an der richtigen Stelle. Und es entsteht ein anderer Wald, als er von Menschenhand gemacht wäre.«

Ein natürlicher Wald ist wichtig und alternativlos, wenn die Wälder in Deutschland überleben sollen. Ich möchte an dieser Stelle deswegen die Vorteile eines naturbelassenen Waldes vorstellen.

Stell dir mal vor, du würdest in einer Gesellschaft leben, in der alle Menschen gleich alt sind. Alle wurden in derselben Woche geboren. Eine gruselige Vorstellung, oder? Aber so geht es vielen Bäumen in den Plantagen – oder eher gesagt in den Wäldern, die als Plantagen missbraucht werden.

In einem natürlichen Wald gibt es hingegen alte und junge Bäume, die sich gegenseitig unterstützen und helfen. Die Jungen wachsen im Schutz der Alten. Und wenn die alten Bäume sterben, können die jungen Bäume ihren Platz direkt einnehmen und das Sonnenlicht optimal nutzen. Die Altersunterschiede der Pflanzen fördern auch die Biodiversität, da durch die unterschiedlichen Wuchshöhen mehrere Lebenszonen für Lebewesen entstehen.

Ein natürlicher Wald kann somit ein wichtiger Verbündeter gegen das Artensterben sein, denn neben der hohen Artenvielfalt bietet er auch Rückzugsmöglichkeiten für seltene Tierarten.

Außerdem ist ein Naturwald widerstandsfähiger gegen die Folgen des Klimawandels wie Hitze und Dürre – und die daraus resultierenden Waldbrände. Durch das geschlossene Blätterdach und das Wasser, das in Lebend-

und Totholz verdunstet, kühlt sich der natürliche Wald an heißen Sommertagen eigenständig ab.

Ich möchte noch aus einem Artikel des Redaktionsnetzwerks Deutschland von 2020 zitieren. In dem Text geht es um die Ergebnisse von Forschenden, die herausfinden wollten, welcher Wald besser für unsere Umwelt ist, die Plantage oder der Naturwald: »Die Wissenschaftler kommen zu dem Schluss, dass ursprünglichere Wälder mehr CO2 einlagern und damit besser fürs Klima sind. Sie schützen effektiver vor Bodenerosion, sind besser für den Wasserhaushalt und sorgen für mehr Biodiversität.«

Ich denke, dieser Absatz spricht für sich. Der natürliche Wald hat keinen einzigen Nachteil … außer dem, dass sich mit ihm kurzfristig weniger Geld verdienen lässt.

Ich weiß, wie sich das lesen muss von jemandem, der über Jahrzehnte nichts anderes angestrebt hat, als möglichst viel Kohle zu machen. Doch gerade deshalb kann ich darüber sprechen. Nur wer zwischenzeitlich wirklich viel Geld hatte, kann beurteilen, wie wenig es als reiner Ego-Booster glücklich macht. Nur wer die Halbwelt so gut kennt wie ich, kann aufrichtig sagen, welche Erlösung darin besteht, wieder in der Ganzwelt zu sein, in der es nach Rinde und Unterholz riecht und in der man spürt, weshalb wir womöglich auf diesem Planeten sind. Jedenfalls bestimmt nicht, um uns gegenseitig auszunutzen und zu zerstören. Uns nicht und die Natur schon gar nicht.

Was viele Menschen auch nicht wissen – dass Bäume nicht nur sehr sensible Lebewesen sind, sondern auch miteinander kommunizieren. In der Forschung spricht man liebevoll vom Wood Wide Web. Ein Netzwerk, bei dem auch Pilze eine Rolle spielen. Sie umschlingen die feinen Wurzeln der Bäume. Da das feingliedrige Pilzsystem sich über den Waldboden erstrecken kann, sind auch die Bäume miteinander verbunden. Diese Symbiose nennt man Mykorrhiza.

Auf diese Weise leiten die Pilze chemische Signale von einem Baum zum anderen. So können sich Bäume beispielsweise gegenseitig vor Schädlingen warnen.

Bäume kommunizieren aber auch über geheime Duftstoffe, die sogenannten Terpene, freigesetzt als ätherische Öle und chemische Signale, um andere Bäume vor möglichen Bedrohungen zu warnen. Sie sind auch ein Faktor, warum Waldluft so gesund ist, wie du später noch erfahren wirst.

***

Wahrscheinlich fragst du dich während des Lesens, wie genau mein Waldprojekt denn nun eigentlich aussieht. Das möchte ich dir jetzt erklären. Es geht darum, ein möglichst naturbelassenes Konzept zu entwickeln, das Biodiversität fördert, an den ursprünglichen Urwald der verschiedenen Regionen Deutschlands anknüpft und langfristig auch dem Klimawandel standhält und diesen sogar entschleunigt. Die Grundmaxime dabei ist: Überlass den Wald sich selbst!

Um das zu erreichen, habe ich vier Modellregionen entwickelt. Wobei das »Entwickeln« nur auf eine Region zutrifft, während ich die anderen drei Regionen sich selbst überlassen möchte. Also der Natur unter Beobachtung freien Lauf lassen.

Bei einer Modellregion handelt es sich um einen abgegrenzten Bereich innerhalb eines Waldes, in dem neuartige Konzepte und Ideen für einen nachhaltigen Wald getestet, entwickelt und umgesetzt werden. Diese Bereiche sind von den vorgegebenen Gegebenheiten geprägt, also dem, was vorher dort gewachsen ist. In meinem Fall möchte ich einfach sehen und Nachweise sammeln, was passiert, wenn wir den Wald sich selbst überlassen oder gezielt Mischwälder entwickeln. In einigen Jahrzehnten möchte ich dann Bilanz ziehen und daraus ein Konzept entwickeln, unter welchen Bedingungen eine Renaturalisierung von Wäldern am vielversprechendsten ist.

Fläche 1: Laubwald

Diese Fläche ist experimentell. Hier habe ich verschiedene Laubbäume angepflanzt, um zu beobachten, welcher Baum am besten unter den sich verändernden klimatischen Veränderungen wächst. Anfangs habe ich dafür auch Laubbäume aus Nordamerika gesetzt, wie die Schwarznuss. Mittlerweile würde ich das nicht mehr tun, weil ich denke, dass es besser ist, mit heimischen Bäumen wie Eiche und Buche zu arbeiten. Die Buche selbst hat es zurzeit zwar eher schwer, dem Klimawandel zu trotzen, was aber eher daran liegt, dass der Mensch zu viel in natürliche Buchenbestände eingreift. So zumindest meine Beobachtung. Ein gutes Beispiel für einen gesunden Buchenwald im Sauerland ist das Felsenmeer in Hemer.

Fläche 2: Totes Holz für neues Leben

Auf dieser Fläche standen lebende Fichten im Alter von 90 bis 120 Jahren. Meine erste Idee war, die Fichten alle abzuholzen, nachdem sie gestorben waren, denn sie wurden nach und nach ohnehin vom Borkenkäfer befallen. Also begann ich mit der Abholzung. Kein leichtes Unterfangen, da ich grundsätzlich gegen Forstmaschinen bin, weil sie den Waldboden verdichten und damit das Wurzelwachstum erschweren. Somit hieß es: Handarbeit. Mit rund sechs Leuten kämpften wir uns mit Kettensägen und purer Muskelkraft Baumstamm für Baumstamm voran.

Je weiter wir kamen, desto mehr fiel mir auf, dass zwischen den absterbenden Fichten junge Buchen ihre Köpfe in die Höhe reckten. Buchen wachsen gerne im Schatten und mir war sofort klar: Holze ich hier weiter die Fichten ab, selbst wenn sie tot sind, sorge ich dafür, dass die jungen Buchen keine Minimalbeschattung mehr bekommen. Sie haben keinen Schutz und sind der Trockenheit und Sonne komplett ausgeliefert. Ich arbeitete also gegen den natürlichen Wuchs in meinem Wald. Natürlich war es abzusehen, dass die toten Fichten durch Stürme und Fäule nach einer gewissen Zeit umfallen werden, aber bis dahin würden sie den jungen Buchen Zeit geben, sich zu entfalten. Und auch wenn eine umgefallene Fichte mehrere Buchen unter sich begraben würde, diente das Totholz als Wasserspeicher und Raum für neues Leben. So gesehen ist »Totholz« zwar ein korrekter, aber doch ein wenig unfairer Begriff, spielt es doch als Wasserspeicher eine wichtige Rolle im Kampf gegen die Waldbrände und generelle Trockenheit von Böden. Außerdem ist es Lebensraum für viele Käfer, Pilze und Insekten, die Schädlingspopulationen kontrollieren können.

Fläche 3: Der Birkenwald

Hierbei handelt es sich um eine Fläche, die während des Sturms Kyrill im Jahr 2007 stark beschädigt wurde. Hier wachsen vor allem junge Birken. Die Birke ist ein typischer Pionierbaum. Als Pionierbaum bezeichnet man Pflanzen, die trotz widriger Umstände als Erstes nach Bränden oder Stürmen wachsen. Wer sich für sogenannte Lost Places interessiert, also verlassene Bauwerke, ehemalige Parkplätze oder nicht länger befahrene Gleise, wird das vielleicht schon einmal beobachtet haben. Schon nach wenigen Jahren brechen Birken durch den Asphalt und bilden bereits kleine Wäldchen, während zwischen ihnen immer noch die Reste der ehemaligen »Zivilisation« zu sehen sind. Mit der Zeit können auch Birkenwälder imposant werden. Leider werden viele Birken, nach einer Naturverjüngung, früh abgeholzt, um wieder Raum für Plantagen zu schaffen. Nicht so bei mir! Ich werde sie wachsen lassen und mit den Jahren werden wir sehen, was aus ihnen wird. Birken haben nach meiner Einschätzung gute Chancen, sich an den Klimawandel anzupassen, so etwa, weil sie sogar im Sommer Blätter abwerfen können, um Wasser zu sparen.

Fläche 4: Brombeeren- und Holundersträucher

Diese Modellregion ist eine undurchdringliche Strauchlandschaft. Ich weiß nicht, warum hier keine neuen Bäume nachwachsen. Zurzeit stehen auf der Fläche Besenginster, Brombeeren und Holunder. Ich werde das weiter beobachten und meine Schlüsse daraus ziehen.

Welchen Schluss ich aber schon nach diesen paar Jahren ziehen kann: Damit Böden nicht austrocknen, müssen wir das Totholz stehen lassen. Im Schatten auch toter Fichtenstämme können junge Bäume überleben. Große, wüstenartige Freiflächen, die wegen der Borkenkäferabholzung entstehen, sind trockenes Gift für alle Baumbestände in der Umgebung.

***

Zum Schluss dieses Kapitels möchte ich mich nochmals explizit an die Forstwirtschaft wenden. Wenn eure Betriebe überleben sollen, müsst ihr der Natur mehr Raum geben! Maximaler Gewinn darf nicht länger im Vordergrund stehen. Denn auch, wenn ihr in Profiten denkt und wirtschaftlich überleben wollt, geht das nur, wenn der Wald überlebt – und der liegt gerade im Sterben.

Ich hoffe auch, dass ich mit diesem Buch Menschen erreichen kann, die Wald besitzen und damit selbst nichts anfangen können. Es gibt sogar viele, die gar nicht wissen, dass sie Wald besitzen. Klingt komisch, aber wenn man von einem Erbe nichts weiß oder ein größeres Stück Land besitzt, kann das schon vorkommen. Und dann passiert häufig, was auch meinem Wald passiert ist. Eine habgierige Firma holzt die Fläche einfach ab, weil die Besitzverhältnisse nicht geklärt sind.

Falls es Menschen gibt, die mir ihre Waldfläche für mein Projekt zur Verfügung stellen wollen, schreibt mir gerne. Ich versichere euch notariell, diese Flächen nicht kommerziell zu nutzen.

* * *

Zurück in den August 2022. Es war mittlerweile Abend geworden. Phil, der befreundete Waldbesitzer, und ich standen auf der Anhöhe, von der man die ganze Trümmerwüste überblicken konnte. Zwischen den Baumstämmen waren die Abdrücke des Harvester gut sichtbar. Aus der Ferne sahen wir zwei Gestalten den Hügel hochstapfen.

»Da sind sie. Der Forstwirt und sein Waldarbeiter.« Mein Bekannter zeigte auf die beiden Männer. Ruhig bleiben, Max. Das sagte ich mir immer wieder. Der alte Max hätte den beiden Kerlen vielleicht eine Schaufel in die Hand gedrückt und ihnen befohlen, damit zwei mannsgroße Löcher auszuheben. Aber so war ich nicht mehr.

Langsam kamen die beiden Männer in Sichtweite und ich sah, wie einer von ihnen unbedacht eine Zigarette rauchte. Wenige Wochen nach den großen Waldbränden in der Region. Ich war fassungslos. Dieser Typ scherte sich einen Dreck um den Wald. Für ihn war die Natur nur eine Einnahmequelle. Noch grinste er, aber als unsere Blicke sich trafen und er merkte, dass ich das gar nicht witzig fand, drückte er seine Kippe in der Hand aus.

»Ihr habt hier also alles platt gemacht«, sagte ich mit ruhiger Stimme.

»Ja, echt blöd gelaufen. Wir wussten gar nicht, dass …«

»Stopp, ich will das gar nicht hören«, unterbrach ich ihn, »das, was ihr hier zerstört habt, ist unersetzbar. Der emotionale und ökologische Schaden ist nicht wieder gutzumachen. Dennoch erwarte ich eine finanzielle Entschädigung von euch.«

Die bekam ich auch. Aber was war dieses Geld wert?

»Erst wenn der letzte Baum gerodet,
der letzte Fluss vergiftet,
der letzte Fisch gefangen ist,
werdet ihr merken,
dass man Geld nicht essen kann.«

Klassischer Spruch der Umweltbewegung, als »Weissagung der Cree« bekannt geworden, aber bislang unbekannter Quelle

Adoptivsohn der Prärie

Ein kühler Wind blies Tommy Tomahawk und mir ins Gesicht, als wir aus der Schwitzhütte schritten. Es war, als hätte diese Brise uns neues Leben eingehaucht, nachdem wir schwer atmend und mit Schweißperlen bedeckt wieder ans Tageslicht traten.

Wir hatten nicht nur die Schwitzhütte verlassen, nein, wir waren aus dem Leib von Mutter Erde geboren worden, gereinigt und erneuert. Es war meine spirituelle Wiedergeburt.

Ich hatte das Gefühl, dass ich jetzt wirklich alles hinter mir gelassen hatte, was meine Seele über all die Jahre beschwerte. Die Depressionen meiner Kindheit, der Horrortrip in meiner Jugend und auch meine Zeit als Gangster.

Da stand ich nun an einem diesigen Herbsttag in einem Waldstück irgendwo in Minnesota. Wir hatten unsere Schwitzhütte im Schatten dreier Eichen aufgebaut.

Ein paar Stunden zuvor hatten wir dafür biegsame Zweige und Äste in den Boden gesteckt und sie zu einer kreisförmigen Anordnung gebogen, als Grundgerüst für unsere *sweat lodge*. Traditionell deckt man die Konstruktion dann mit Büffelhäuten ab. Doch Tommy drückte mir stattdessen ein paar schwere Decken in die Hand.

Zuvor hatten wir eine Grube in der Mitte ausgehoben, in die wir später heiße Steine trugen, die wir im Lagerfeuer vor der Hütte erhitzt hatten.

Mein Respekt war groß vor dem Ritual, das die Dakota *Inipi* nennen. Auch wenn keine halluzinogenen Substanzen im Spiel waren, wusste ich trotzdem nicht, wie die Zeremonie auf mich wirken würde.

Mein ganzes Leben lang hatte ich mit Panikattacken zu kämpfen. Was, wenn ich in dem engen Raum plötzlich Angst bekommen würde und die Kontrolle verlor?

Doch dann spürte ich diese Zuversicht in mir und sagte zu mir selbst langsam und ruhig: »Ich lasse mich auf diese Reise ein.« Vielleicht war das meine Chance, auch die letzten Dämonen aus der Vergangenheit abzuschütteln. Und im Nachhinein kann ich sagen, dass diese spirituelle Reise eine der besten Erfahrungen meines Lebens war.

***

Wenn man es genau nehmen will, knüpfte ich meinen ersten Kontakt zu den indigenen Völkern Nordamerikas bereits, als ich viel Zeit mit den Chicano Gangs und ihren Tätowierern in Los Angeles verbrachte. Die meisten von ihnen hatten mexikanische Wurzeln und damit oft indigene Vorfahren.

Das Gebiet des heutigen Mexikos war von einer Vielzahl von Stämmen besiedelt. Mixteken, Azteken, Maya, Zapoteken, Otomi und Tarahumaru – um nur einige zu nennen. Ich denke, man kann sagen, dass durch diese Begegnungen mein erstes Interesse an der Geschichte und der Kultur aller Stämme Amerikas entfacht wurde. Dennoch sahen diese Jungs sich in erster Linie als Gangmember und Mexikaner.

Die erste Begegnung mit einem Menschen, der sich wirklich als Mitglied eines Stammes identifizierte, war auf einer Motorradtour durch den Südwesten der USA. Ich hatte mir damit einen Traum erfüllt. Einmal mit der Harley durch Südkalifornien am Pazifik entlangbrausen, durch die Weite der Mojave-Wüste heizen.

Es war ein verflucht heißer Tag auf meiner Tour. Über 40 Grad. Ich machte eine Pause an einer Tankstelle, um meine Wasservorräte aufzufüllen, als ich hinter mir eine Stimme hörte.

»Ein wirklich bemerkenswertes Messer, das du da an deinem Gürtel trägst.«

Ich drehte mich um und sah in das freundliche Gesicht eines Mannes um die 50. Und er hatte recht, ich trug ein seltenes Bowiemesser an meinem Ledergürtel, welches nur ein anderer Sammler erkennen konnte.

»Du kennst dich damit aus?«, fragte ich. Der Mann lachte und stellte sich vor.

»Mein Name ist Robert Whitecloud. Und wenn sich jemand mit Messern auskennt, dann ich.« Er lud mich ein, mit ihm gemeinsam Rast zu machen.

Er erzählte mir, dass er zum Stamm der Mescalero gehörte. Diese Gruppe gehört zur Apache-Kultur. Die Mescalero leben heute im Südwesten der USA, vor allem in den Bundestaaten New Mexico und Texas. Messer spielen in ihrer Kultur eine große Rolle. Sie dienen nicht nur als wichtige Werkzeuge in der Wüste, sondern haben auch eine spirituelle Bedeutung.

Robert bot mir an, in Kontakt zu bleiben, da er ein wirkliches Interesse meinerseits an seiner Kultur spürte. Und das war auch so. Diese Begegnung hatte mich inspiriert. Seit damals treffen wir uns regelmäßig.

Auch als in den folgenden Jahren meine Rückbesinnung auf die Natur begann und ich mich mit dem Thema Survival auseinandersetzte, war Robert ein guter Lehrmeister, der mir zeigte, wie ein Mensch nur mit Hilfe der Natur in der Wüste überleben kann.

***

Durch die Begegnung mit Robert begann ich, auch daheim in Deutschland weiter zu indigener Lebenskultur in Nordamerika zu recherchieren. Ich las jeden Artikel und jedes Buch, das ich finden konnte. Und ich begann darüber nachzudenken, was unsere Vorfahren mit diesen Völkern gemeinsam hatten. Mit *unseren Vorfahren* meine ich die Menschen, die in Europa lebten, bevor die Romanisierung und später auch die Christianisierung einsetzten. Natürlich kann man das bei der Vielzahl der verschiedenen Stämme und Kulturen, die auf beiden Kontinenten lebten und teilweise auch heute noch leben, nicht verallgemeinern.

Ich habe meine Beobachtungen darauf heruntergebrochen, was die Menschen beider Kontinente einte, bevor die christliche Missionierung begann. Diese Merkmale treten unabhängig von Historie und Geografie auf. Und das Wichtigste dieser Gemeinsamkeiten, die verloren gingen, ist die *tiefe Verbundenheit zur Natur.*

Sowohl in Europa als auch in Nordamerika fühlten sich die Menschen sehr mit der Natur verbunden und erkannten die natürliche Welt an. Mit natürlicher Welt ist alles gemeint, was nicht künstlich vom Menschen erschaffen wurde. Sie beinhaltet die gesamte Natur mit all ihren Elementen.

Auch wir Europäer hatten vor Tausenden von Jahren ein tiefes Verständnis für das Gleichgewicht der Ökosysteme, in denen wir lebten. Die Natur war für uns etwas Wertvolles und wir hatten auch einen spirituellen Zugang zu ihr. Wir hatten sie uns nicht zum Untertanen gemacht, sondern waren ein Teil von ihr.

Als ein Beispiel für diese Gemeinsamkeiten möchte ich die Birke nennen. Diese wurde von vielen Stämmen im Nordosten Amerikas als Baumaterial verwendet. Sie bietet ein leichtes, flexibles und wasserabweisendes Material, das sich zum Bau von Kanus eignet.

Auch unsere Vorfahren in Europa nutzten die Birke als Baumaterial. Ein konkretes Beispiel bilden die Koten der Samen. Die Samen sind ein indigenes Volk im heutigen Skandinavien und die sogenannten Koten traditionelle Hütten, die auch aus Birkenholz gebaut werden. Die Rinde diente als Regenschutz.

Auf beiden Kontinenten verwendete man die Birke auch medizinisch und als Nährstoffquelle. Die jungen Triebe des Baumes sind reich an Vitamin C. Schließlich hatte die Birke auf beiden Seiten des Atlantiks eine große spirituelle Bedeutung. Ehrlich gesagt kann ich das gut nachvollziehen. Ihre weiße Rinde und das geheimnisvolle Flüstern, wenn der Wind ihre Blätter rascheln lässt, berühren mich jedes Mal, wenn ich durch den Wald gehe.

Ich denke, die meisten Menschen spüren dieses Wohlbefinden, wenn sie im Wald sind und der Wind durch die Äste und Zweige rauscht. Auch ihrer Eigenschaft als Pionierbaum wird die Birke als spirituelle Botschafterin gerecht. Wie kein anderer Baum unserer alten Geschichte steht sie für den Neuanfang. Schon die alten Germanen tranken im Frühling frischen Birkensaft, um die Krankheiten des Winters aus ihrem Körper zu vertreiben.

Birkenrinde ist außerdem ein super Brennmaterial. In meinen Survivalkursen bringe ich den Menschen bei, wie sie die Rinde dieses wunderbaren Baumes als Zunder nutzen können. Der vielfältige Nutzen dieses Baumes sowohl für das Ökosystem Wald als auch für uns Menschen verblüfft mich immer wieder.

Aus dieser Erkenntnis zog ich den Schluss, dass, wenn ich mehr über meine eigene Beziehung zur Natur und ihren Wert für mein Leben erfahren möchte, ich häufiger Zeit mit den Stämmen Nordamerikas verbringen musste. Mag die moderne Welt auch vor diesen Menschen keinen Halt machen, haben sie ihr uraltes Wissen um die Natur besser bewahrt als wir Europäer.

Ich lernte in dieser Zeit aber auch viel über den Schmerz, den diese Völker erleiden mussten. Es ist eine Geschichte von Vertreibung, Entfremdung und Rassismus. Eine Geschichte von kultureller Enteignung und Fremdbestimmung.

***

Ich denke, ich habe bis auf die Geburt meiner Tochter keinen erhabeneren Moment in meinem Leben erlebt als den Morgen, an dem ich das erste Mal die Sonne über dem Monument Valley aufgehen sah.

Das Blau der Nacht verblasste allmählich und wich einer Vielzahl rosa und oranger Nuancen am Horizont, die das Aufgehen der Sonne ankündigten. Und dann brachen die ersten Sonnenstrahlen durch die roten Felsen und die Wüste füllte sich mit warmem Licht. Es war so still, dass ich nichts hörte außer meinem eigenen Atem, bis irgendwann die wilden Hunde zu bellen begannen, die sich zu uns gesellt hatten.

Es war meine erste Nacht auf dem Gebiet der Navajo Nation, dem Land der Diné, wie sich die Navajo ursprünglich nennen. Ich hatte das Privileg, sie in einem Hogan, einer traditionellen Rundhütte, zu verbringen.

Bewusst hatte ich mich dazu entschieden, die Navajo Nation in den letzten Jahren zu besuchen. Mich faszinierte die Landschaft, in der die Nation liegt. Eine in weiten Teilen naturbelassene, teilweise lebensfeindliche Wüstenlandschaft auf dem Gebiet der US-Bundesstaaten Arizona, New Mexico und Utah. Es ist das größte Reservat der USA und umfasst eine Fläche von etwa 71 000 Quadratkilometern. Aus Respekt gegenüber dem Stamm benutze ich das Wort Reservat eigentlich ungern, auch wenn es eine weit verbreitete und zum Teil leider offizielle Bezeichnung ist. Für mich und viele Stammesangehörige ist der Begriff sehr negativ behaftet, da er eng verbunden ist mit dem Landraub durch die Weißen und der Abgrenzung dieser Menschen von der weißen Mehrheitsgesellschaft, die sie nicht als gleichwertig anerkannte, sondern rassistisch als »Wilde« diffamierte. Und diesen Rassismus spüren die Bewohner der Reservate noch heute.

Doch viel wichtiger als die Landschaft war es für mich, die reichhaltige Kultur dieser Menschen kennenzulernen. Die Lebensweise der Navajo ist eng verbunden mit der Natur. Sie betrachten ihr Land nicht als Besitz, sondern als etwas Heiliges. Ihr Zusammenleben ist geprägt von Zeremonien, die ihre spirituelle Verbindung zur Natur widerspiegeln.

Und auch ich fühlte eine tiefe Verbundenheit zur Natur, als ich in der Wüste lebte. Es ist nicht zu bestreiten, dass diese magische Landschaft zum Träumen einlädt. Nie wieder habe ich solch klare Sternenhimmel gesehen, nie wieder solch eindrucksvolle Naturmonumente.

Doch es gibt auch eine Lebensrealität im Reservat, geprägt von dem tiefen Graben zwischen Tradition und Moderne, aber auch der zynischen Wahrheit, dass man der indigenen Bevölkerung diese neue Realität aufgezwungen, ihr aber nie wirklich eine Chance gegeben hat, an dieser modernen Welt teilzunehmen.

Viele Haushalte haben kein fließendes Wasser oder Elektrizität. Es gibt kaum Arbeit. Alkoholmissbrauch und die daraus resultierende Gewalt sind ein großes Problem in vielen Communities. Auch Menschenhändler treiben ihr Unwesen in der Abgelegenheit der Wüste. So grausam es klingt, Menschen verschwinden einfach.

***

Frau Rosalena stand am Herd und bereitete unser Abendessen zu. Behutsam legte sie das traditionelle *Frybread* der Navajo in heißes Öl, während in einer Pfanne auf der zweiten Feuerstelle Bohnen köchelten. Es duftete einfach himmlisch. In meine Nase stiegen die Düfte von Gewürzen und Kräutern, die ich vorher noch nie gerochen hatte.

Als das Frybread goldbraun und knusprig war, holte Rosalena es aus der Pfanne und reichte es uns zusammen mit den Bohnen. Sie war eine Frau, die wohl jeden Menschen bewirten würde, der an ihrer Tür klopft. Jedoch nicht ohne Argwohn, denn sie hatte schon viel erlebt.

Rosalena war eine unserer Gastgeberinnen auf der Reise, die Marcia und ich durch das Land der Navajo absolvierten. Bevor sie ihre bescheidene Unterkunft an Durchreisende vermietete – wir waren eingeladen –, hatte sie einen Job, den sie heute nicht mehr ausüben kann. Rosalena wurde schwer angeschossen, als zwei Drogenabhängige die Tankstelle überfielen, an der sie gearbeitet hat.

Mir waren ihre Verletzungen, ihr Humpeln schon bei unserer ersten Begegnung aufgefallen, aber aus Höflichkeit hatte ich nicht nachgefragt.

Als wir zusammen beim Abendessen saßen, begann sie von selbst zu erzählen. Vielleicht tat es ihr gut, über die Ungerechtigkeit zu berichten, die ihr widerfahren war. Rosalenas Geschichte ist nur eine von vielen, die stellvertretend für die Probleme der amerikanischen Gesellschaft und ihren Umgang mit Kriminalität und Waffen stehen.

Man hat die Menschen der Navajo Nation in weiten Teilen sich selbst überlassen. Abgeschnitten vom Bildungs- und Gesundheitssystem. Und mit *man* meine ich die weiße Mehrheitsgesellschaft und die US-Regierung.

In den Vierzigerjahren entdeckte man große Vorkommen von Uranerz auf dem Stammesgebiet. Mit fatalen Folgen für Natur und Menschen.

In den folgenden Jahrzehnten wurden 500 Minen zum Uranabbau erschlossen. Manche der Minen wurden ohne die Erlaubnis der Navajo gebaut.

Viele Männer des Stammes bekamen Arbeit in den Minen, jedoch ohne dass man sie vor den Gefahren der Strahlung gewarnt oder gar entschädigt hätte. Nicht einmal Schutz gab es für die Arbeiter und ihre Familien. Sie waren radioaktiver Strahlung und giftigen Chemikalien ausgesetzt, was zu einer erhöhten Krebsrate und anderen Krankheiten führte.

Die Böden und Wasserquellen der Navajo wurden verunreinigt und gefährdeten die traditionelle Lebensweise des Stammes. 1979 kam es zur größten nuklearen Katastrophe in der Geschichte der Vereinigten Staaten, als nach einem Dammbruch über 1000 Tonnen radioaktives Material und 360 Millionen Liter toxische Abwässer den Puerco River kontaminierten.

Das Grausamste an dieser Geschichte ist, dass die Bewohner der Navajo Nation tagelang nicht über die Verseuchung ihres Grundwassers informiert wurden. Und das Wasser ist noch heute verseucht. Eine Grundwassermessung im Reservat im Jahr 2012 zeigte, dass das Wasser im Durchschnitt 90 Mikrogramm Uran pro Liter enthält – das Maximum, das noch nicht gesundheitsschädlich ist, liegt bei 30. Dennoch verlassen viele Navajo das verseuchte Land nicht. Sie fühlen sich als Teil davon. Diese Verbundenheit zur Natur berührt mich. Umso mehr schmerzt es, was diesen Menschen, die die Natur wirklich schätzen und achten, angetan wurde.

* * *

Wir haben auf unserer Reise durch die Navajo Nation viele großartige Menschen kennengelernt. Und eigentlich hätte jede einzelne Begegnung in diesem Buch ein Kapitel verdient. Da wären zum Beispiel Pete Sands, ein in Amerika nicht unbekannter Musiker, oder ein Deutscher, der in die Navajo Nation ausgewandert ist und zu dessen Sohn ich noch heute engen Kontakt habe.

Doch ein Mensch, den ich kennenlernen durfte, ist mir besonders wichtig, weil er mir auf meiner eigenen spirituellen Reise sehr geholfen hat.

Ich war auf der Suche nach einem Guide, der bereit war, mich auch abseits der Touristenpfade zu führen. Also fragte ich einen Bekannten, ob er eine solche Person vermitteln könnte. So lernte ich Louis Williams kennen.

Manche meiner Zuschauer kennen Louis aus meinen Videos, die ich zur Navajo Nation auf YouTube hochgeladen habe. Wer visuelle Eindrücke zu dieser Zeit haben möchte, dem kann ich die beiden Dokumentationen auf meinem Kanal sehr empfehlen.

* * *

Neben den zahlreichen Naturmonumenten und heiligen Stätten, die Louis mir zeigte, waren es vor allem die Gespräche mit ihm über seine Lebensweise, die mich berührten und auch in meiner eigenen Lebensphilosophie bestätigten. Auch über diese Gespräche könnte man ein ganzes Buch schreiben. Aber hier, in diesem, möchte ich einen zentralen Begriff der Navajo-Kultur erklären, der mich besonders beeindruckt und eben auch bestätigt hat, nämlich Hózhó.

Hózhó ist ein Lebenskonzept, das in allen Lebensbereichen des Stammes vorkommt. Es bedeutet, dass man nach Harmonie, Balance, Schönheit und Wohlstand strebt, die man erreicht, wenn man im Einklang mit der Natur und dem Leben handelt.

Wichtige Aspekte sind dabei ein guter Umgang mit seinen Mitmenschen, Respekt vor der Natur, ethische Werte und die Ausgewogenheit zwischen Seele, Körper und Geist. Mit Schönheit ist nicht nur ästhetische Schönheit gemeint, sondern vielmehr die innere Zufriedenheit, die ein Mensch ausstrahlt.

In Deutschland leben wir schon lange nicht mehr in diesem Einklang und auch die moderne Welt und die Zerstörung ihrer Umwelt durch die US-Regierung macht es den Navajo immer schwerer. Dennoch lohnt es sich, daran festzuhalten. Und auch wenn ich dir nur einen kurzen Einblick in das Konzept Hózhó geben konnte, hat es sich vielleicht gelohnt, weil es dich zum Nachdenken angeregt hat.

***

Nachdem ich als Gast bei der Navajo Nation war, wollte ich auch Kontakte zu anderen Indigenen knüpfen, um von ihnen über das Zusammenleben mit der Natur zu lernen. Besonders interessierten mich die Stämme der großen Plains, die als Halbnomaden in der Prärie im Zentrum des Kontinents lebten. Die bekanntesten Stämme sind die Lakota, Dakota, Cheyenne, Comanche, Pawnee und Crow.

Und wie es der Zufall wollte, schrieb mich vor einiger Zeit ein Aktivist des American Indian Movement (AIM) auf Facebook an. 1968 gründeten Dennis Banks, Clyde Bellcourt, Eddie Benton Banai, Pat Bellanger und George Mitchell das Movement in Minneapolis. Das AIM kämpft dafür, dass die Vertragsrechte der Stämme anerkannt werden und ihnen gestohlenes Land zurückgegeben wird. Auch der Kampf gegen Rassismus und die Wahrung der eigenen kulturellen Identität sind wichtige Ziele des AIM.

Der Name des Aktivisten, der mir schrieb, war Tommy Tomahawk. Tommy ist Mitglied im Stamm der Mdewakanton-Dakota und dieser Stamm sucht immer neue Verbündete.

Tommy wusste, dass ich ernsthaftes Interesse an seiner Kultur hatte und mit meiner Reichweite mehr Bewusstsein für den Kampf seiner Leute in Deutschland schaffen konnte. Also lud er mich ein, ihn und sein Volk zu besuchen. Und das tat ich auch.

Mittlerweile bin ich ein anerkanntes Ehrenmitglied des Stammes, habe meinen eigenen Ausweis, arbeite ehrenamtlich in der Öffentlichkeitsarbeit der Mdewakanton-Dakota und habe die große Ehre, den Instagram- und Facebook-Auftritt des Stammes zu betreuen.

Das traditionelle Stammesgebiet der Mdewakanton liegt im US-Bundesstaat Minnesota. Die kleinen Unterstämme finden sich überall im ganzen Staat verteilt in

Reservaten oder den Dörfern und Städten des Staates. Und wie bei anderen indigenen Völkern Nordamerikas ist auch die Geschichte der Mdewakanton mit viel Leid verbunden.

Die Mdewakanton sind einer der vier Unterstämme der Dakota-Sioux. Es besteht sogar die Annahme, dass es sich um den Gründungsstamm der Dakota handelt. Ihr Name bedeutet »Volk, das am Geistersee lebt« und geht auf einen ihrer Siedlungsorte zurück, den Mille Lacs Lake, einen Binnensee in Minnesota.

Aufgrund ihrer östlichen Lage wurden die Dakota als erster Stamm der Sioux von den weißen Siedlern verdrängt. Am 5. April 1851 unterzeichneten die Häuptlinge der Dakota einen Vertrag mit der US-Regierung, in dem sie große Teile ihres Landes den Weißen überließen. Ein Unterzeichner dieses Vertrages war der Oberhäuptling der Mdewakanton Little Crow, der später von einem weißen Siedler erschossen wurde.

Die Weißen hatten versprochen, die Dakota-Stämme mit Nahrung und Geld zu versorgen, doch als der amerikanische Bürgerkrieg (1861–1865) ausbrach, kam es zu Zahlungsschwierigkeiten. Viele Menschen im Reservat litten unter Hunger und bitterer Armut. Deswegen verließen die Krieger der Stämme das ihnen zugeschriebene Gebiet und überfielen weiße Siedler. Die US-Regierung schlug diesen Aufstand blutig nieder und verurteilte über 300 Männer zum Tode. Auch wenn viele Todesurteile in Haftstrafen umgewandelt wurden, hängten die Amerikaner 38 Dakota-Krieger im Dezember 1862. Diese grausame Strafe ist bis heute die größte Massenhinrichtung in der amerikanischen Geschichte.

Landraub, Deportation und Umsiedlung, Assimilationspolitik, der Verlust der Jagdgründe und die Kontaminierung der traditionellen Stammesgesellschaften mit eingeführten Krankheiten und Alkohol, der ein beliebtes Tauschmittel der Weißen war – die Liste der Verbrechen, derer wir Europäer uns schuldig gemacht haben, ist lang. Umso wichtiger ist es mir, diese Geschichte und auch Movements wie das AIM in diesem Buch, wenn auch nur kurz, vorzustellen.

Denn egal bei welchem Stamm ich war, welche Familien ich kennengelernt habe, nie ist mir Groll oder Feindseligkeit entgegengebracht worden, obwohl auch viele deutschstämmige Siedler im 19. Jahrhundert für die Vernichtung indigenen Lebens in Nordamerika verantwortlich gewesen sind.

* * *

Als Ehrenmitglied der Mdewakanton nehme ich, wenn ich kann, am alljährlichen großen Fest des Stammes, dem »Wacipi«, teil, ein traditionelles »Powwow«, also eine gesellschaftliche oder spirituelle Versammlung.

Das »Wacipi« ist ein Fest, auf dem die Menschen das Leben feiern und heißt aus der Dakota-Sprache übersetzt so viel wie: »Sie tanzen«. Historisch gesehen wurde das »Wacipi« veranstaltet, um eine erfolgreiche Jagd oder andere positive Ereignisse zu feiern. Heute hat es die wichtige Funktion für die Mdewakanton, die Bräuche und das alte Wissen an die nächste Generation weiterzugeben. Denn wie der Name schon verrät, spielen die traditionellen Tänze eine große Rolle. Neben spirituellen Tänzen gibt es heutzutage auch Tanzwettbewerbe mit Auszeichnungen und Preisgeldern. Es ist eine beeindruckende Veranstaltung und wirklich jeder ist willkommen, solange man der Kultur mit Respekt begegnet.

Neben dem Tanz spielt auch die Musik in der Dakota-Kultur eine große Rolle. Ein wichtiges Instrument ihrer Kultur ist die Native American Flute (NAF) oder *ćotaŋke* in Dakota-Sprache. Doch nicht nur bei den Stämmen der Plains ist dieses Instrument verbreitet.

Eine Theorie, wie die Flöte ihren Weg zu verschiedenen Stämmen in Nordamerika fand, lautet wie folgt: Der Ursprung der modernen NAF liegt wohl im Stammesgebiet der Ute, einem Stamm im Süden des US-Bundesstaates Utah. Die Ute sollen die Flöte nach Santa Fe gebracht haben, einem wichtigen Handelsposten zwischen verschiedenen Stämmen der USA. Von hier aus gelangte sie auch in die großen Plains, wo wohl die Version der Flöte entstand, die heute überall auf der Welt gespielt wird.

Ein Mann, dem ich eine Menge zu verdanken habe, ist mein Lehrmeister Kelvin Mockingbird. Kevin ist einer der Menschen, die mir beibrachten, wie man dieses wunderschöne Instrument spielt. Er ist ein wahrer Meister der Flöte, sogar Grammy-nominiert. Wer Lust hat, sich mehr mit dieser Musik auseinanderzusetzen, dem empfehle ich seine Alben »Sacred Fire« und »Night Echo – Star Seed«. Dank Kelvins großartigem Unterricht darf ich euch heute sogar mein eigenes NAF-Album »Woodland« ans Herz legen.

Auch die Geschichte der Urvölker Europas ist immer eine des kulturellen und ethnischen Austauschs gewesen. Vielleicht kann diese Rückbesinnung auf unseren Ursprung dabei helfen, die rassistische und exotisierende Blickweise auf Naturvölker zu ändern. Diese Menschen waren uns nie unterlegen oder primitiv! Wir haben uns einfach von Gier, Habsucht und Überheblichkeit leiten lassen. Die Auswirkungen dieses Irrweges spürt die Menschheit noch heute in Form von Rassismus, Bürgerkriegen, Armut und der Zerstörung der Natur.

Was ist das Wichtigste, das ich durch meine Freundschaft und meine Reise zu den Stämmen gelernt habe? Für mich persönlich ist es die Rückbesinnung auf das Ursprüngliche und der damit verbundene Weg, besser im Einklang mit der Natur zu leben und sie letztlich auch zu schützen. Ich werde die Interessen meiner Brüder und Schwestern in den Stämmen, deren Ehrenmitgliedschaften ich habe, weiter gegen kulturelle Aneignung und die Ausbeutung der Natur verteidigen. Denn auch das ist für mich ein Aspekt meines Kampfes für den Wald.

Wald bewusst sein

Die Frau schrie den Forstarbeitern ihre Wut und Verzweiflung ins Gesicht. »Das ist unsere Heimat, die ihr hier umbringt.«

Ich spürte ihren Schmerz. Auch mir ging die ganze Sache nahe. Die Frau wünschte sich in diesem Moment nichts mehr, als dass der Wald am Leben bleibt. Und diese Männer kamen mit ihren Motorsägen, Astscheren, Forstäxten, Spalthämmern, Bulldozern und Raupenfahrzeugen, um den Wald platt zu machen, um ihn zu töten.

Ihre beiden Söhne standen hinter ihr, um ihr den Rücken zu stärken. Die Frau und ihre Jungs wirkten auf mich wie normale Mittelständler. Menschen, die auch mal eine Wurst vom Discounter kaufen und sich nicht alltäglich mit dem Thema Naturschutz auseinandersetzen. Trotzdem leisteten sie Widerstand. Denn was hier einer grauen Betonbahn weichen sollte, war ein Stück ihres Lebens.

Auch ein älterer Herr schrie laut: »Deges raus«, und beschimpfte die Forstarbeiter als Pharisäer, also als scheinheilig und selbstgerecht. Zahlreiche Menschen seitens der aktivistischen Gruppen, aber auch Menschen, die rund um den Wald lebten, stimmten in seinen Kampfruf ein.

Die Deges ist das Unternehmen, das ein Stück ihrer Heimat zerstören wollte, um dort eine Autobahn zu bauen. Und dieser wichtige Teil des Lebens so vieler Menschen, um den es an diesem Tag und an vielen anderen Tagen ging, war der Dannröder Forst, kurz Danni genannt, welcher der neuen Straße weichen sollte. Genauer gesagt 27 Hektar des 277 Hektar großen Waldstücks. Bleiben doch noch 250, könnte man denken. Aber wo fangen wir an und wo hören wir auf, Kompromisse zu machen? Ich möchte diese Frage mit Zahlen beantworten: Laut dem WWF verlieren wir weltweit jedes Jahr durchschnittlich 13 Millionen Hektar Wald. Bis 2030 wären bei diesem Fortgang bis zu 170 Millionen Hektar verschwunden. Allein in Deutschland haben wir zwischen 2018 und 2021 bereits fünf Prozent unserer Waldfläche verloren. Das sind laut NABU ungefähr 501 000 Hektar! Ich sage: Jeder Hektar zählt!

***

Vielleicht sollte ich zu Beginn dieses Kapitels gleich erwähnen, wie wichtig mir in meinem Kampf für den Erhalt des Waldes auch das Wording ist. Wenn wir von »Forst« sprechen, ist immer eine Waldfläche gemeint, die wirtschaftlich genutzt wird oder wurde, das müssen auch keine reinen Plantagen sein. Für mich ist jeder »Forst« aber in erster Linie trotzdem ein Wald und damit ein Ort, den wir als Gesellschaft erhalten und beschützen müssen. Wenn ich in diesem Buch das Wort Forst benutze, übernehme ich das Wording der Wirtschaft und der Medien.

Beim Danni handelt es sich um einen alten Mischwald von enormem ökologischen und kulturellen Wert. So wie der Danni ist, waren die meisten unserer Urwälder vor Tausenden von Jahren in Deutschland. Er bietet nicht nur den Tieren einen Rückzugsort. Viele der Menschen aus der Region kennen den Wald seit ihrer Kindheit. »Das ist unsere Lunge hier«, sagte die Frau, die die Arbeiter konfrontiert hatte, zu mir. Sie war immer noch aufgebracht. Zu Recht, wie ich finde. Können wir es uns leisten, Waldstücke wie den Dannröder Wald massiv zu verändern? Für eine weitere Straße, die den Boden für immer unbrauchbar macht? Ich denke nicht.

Ab 2019 kamen Aktivistinnen und Aktivsten aus der ganzen Republik nach Nordhessen, um den Danni zu besetzen. Sie bauten sich eine eigene kleine Stadt aus Baumhäusern, errichteten Barrikaden und sabotierten Geräte und Fahrzeuge, um die Rodung zu verhindern. Im September 2020 begann die Polizei mit der Räumung des Waldes.

Ich hatte Kontakt zu einem Aktivisten, der mich einlud, das Protestcamp mit der Kamera zu besuchen und mir ein eigenes Bild vom Polizeieinsatz zu machen. Ich sagte sofort zu und machte mich auf den Weg.

Mein Interesse an dieser aktiven und drastischen Form des Widerstands gegen die Zerstörung der Wälder begann mit der Besetzung des Hambacher Waldes in Nordrhein-Westfalen in den Jahren 2018 und 2019, wobei es bereits seit 2012 dort Baumbesetzungen gab. Der Energiekonzern RWE wollte auch hier Wald roden, um seinen Braunkohletagebau in Hambach zu erweitern. Fast zehn Jahre wehrten sich die Aktivistinnen und Aktivisten dagegen.

2019 fuhr ich ohne Kamera in den Hambi, um mir mein eigenes Bild von der Räumung zu machen. Ich kann mich noch gut erinnern, wie ich vor dieser schwarzen Kette stehe. Hunderte Polizisten in Kampfmontur, die nur auf den Befehl warteten, um endlich vorrücken zu dürfen.

Auf lange Sicht hatten die Aktivistinnen und Aktivisten keine Chance. Es war ein Kampf gleich dem von David gegen Goliath. Ein paar Dutzend Menschen gegen einen der mächtigsten Konzerne des Landes, gestützt von der Staatsgewalt, die Hunderte Beamte in den Kampf gegen sie und die Natur schickte.

Viele Menschen haben damals gedacht, dass eine Niederlage unausweichlich sei. Doch letztlich führten der jahrelange Widerstand und Protest dazu, dass bei einem Spitzentreffen der Bundesregierung im Januar 2020 beschlossen wurde, dass der Hambi bleibt! Der Hambacher Wald ist seitdem das Symbol der Anti-Kohlekraft-Bewegung. Aber um ehrlich zu sein, denke ich, dass er nicht überleben wird. Ich habe die schiere Zerstörung durch RWE mit meinen eigenen Augen gesehen. Der Wald trocknet aus, weil durch die Grabungen der Grundwasserspiegel zu stark abgesunken ist. Die Bäume verdursten.

Damals lernte ich auch den Aktivisten kennen, der mich einlud, meine Doku im Danni zu drehen, und mir erlaubte, die Camps zu filmen. Nennen wir ihn Dave. Als ich Dave nach seiner eigenen Motivation fragte, sein

Leben komplett auf den Kopf zu stellen und in den Wald zu ziehen, sagte er mir: »Ich hatte keinen Bock mehr auf Gelaber.«

Ein paar Tage nach meinem Besuch im Danni, im Oktober 2020, erschien auf meinem YouTube-Kanal die Dokumentation *Kampf um den Wald – gegen Konzerne und Politik*. Der Besuch bei den Menschen vor Ort brachte mich zum Nachdenken. Auch ich hatte keinen Bock mehr auf Gelaber.

Ich stellte mir also die Frage, wie ich als Max Cameo mich für den Wald einsetzen kann und was vielleicht auch du, und wir als Gesellschaft, an unserem Lebensstil ändern können, um den Wald in seinem Überlebenskampf zu unterstützen.

***

Am 26. April 1986 ereignete sich in Tschernobyl eine der schlimmsten Nuklearkatastrophen der Menschheitsgeschichte. Ein Reaktor explodierte in einem Atomkraftwerk. Bei der Explosion wurde Radioaktivität freigesetzt, die grausame ökosoziale Folgen für die Region hatte. Wie viele durch die Spätfolgen der tödlichen Strahlung starben, ist bis heute umstritten. Schätzungen gehen von mehreren Tausend Menschen aus, die durch strahlenbedingte Krankheiten ihr Leben verloren oder unter Missbildungen und Unfruchtbarkeit leiden mussten. Die Kontamination von Böden und Gewässern sorgte für eine dramatische Änderung in den Ökosystemen, die auch das Leben zahlreicher Tiere und Pflanzen unumkehrbar veränderte.

Ich wurde im Jahr dieser Katastrophe geboren. Ich kann mich zwar nicht mehr daran erinnern, aber damals ging meine Mutter mit mir auf eine Demonstration der Anti-Atomkraft-Bewegung. Und während draußen die Menschen Parolen wie »Atomkraft? Nein Danke!« und »Abschalten jetzt!« riefen, schlummerte ich friedlich in meinem Kinderwagen.

Man könnte sagen, die Anti-Atomkraft- und die Umwelt-Bewegung begleiteten mich unterbewusst meine ganze Kindheit. Ich hatte schon damals verstanden, dass das Anliegen dieser Menschen richtig war. Umso mehr irritierte es mich, wenn ich vor dem Fernseher saß und in den Nachrichten sah, wie die Polizisten die Demos niederknüppelten. Es machte mich wütend. Es erschien mir einfach falsch, dass der Staat das Aufbegehren dieser Menschen für eine richtige und gute Sache gewaltvoll unterdrückte.

Mein halbes Leben lang habe ich Zeit damit verschwendet, **gegen** etwas zu sein. Gegen die Gesellschaft, gegen den Staat, gegen das System. Ich wollte immer kämpfen. Nur heute kämpfe ich **für** statt gegen etwas. Und ich habe auch der Gewalt abgeschworen. Ich habe keine Lust auf Stress mit Polizisten oder darauf, wilde Beschimpfungen in Richtung derer, die anders denken oder handeln als ich, auszusprechen. Ohne Versöhnung, Bewusstsein und Verständnis kann es keine Veränderungen geben.

Ich bin auch kein politischer Mensch. Ich folge keiner Ideologie, sondern nur einer Maxime: Ich bin **für** den Schutz der Natur. Bei jeder meiner Handlungen überlege ich, ob sie einen Nutzen für den Erhalt dieser hat.

Das **für** habe ich gefettet, weil das für mich ein ganz wichtiger Punkt ist. Denn die Einstellung **für** etwas zu sein und nicht gegen etwas, hilft mir dabei, lösungsorientiert und konstruktiv zu denken und zu handeln. Jetzt denkst du dir vielleicht, dass es doch eigentlich dasselbe ist, ob man für etwas oder im Umkehrschluss gegen etwas ist. Aber glaub mir, das ist es nicht. Jeder Mensch hat eine andere Motivation, aber mir hilft es extrem, wenn ich eine positive habe. Ich gebe dir mal ein Beispiel mit folgenden zwei Sätzen:

Ich bin gegen kapitalistische Großkonzerne, die unsere Umwelt und unsere Gesellschaft zerstören.

oder

Ich setze mich für eine gesunde Natur und Umwelt ein, von der alle Menschen und Lebewesen gleichermaßen profitieren.

Welcher Satz motiviert dich mehr, aktiv zu werden? Ich denke, du weißt welchen Satz ich wählen würde. Es hat tatsächlich ein wenig gedauert, bis ich dieses **Für-etwas-Sein** in meiner Denkweise verankert habe. Aber glaub mir, es lohnt sich auf lange Sicht. Du wirst dich und deine Umwelt inspirieren, weil du die Menschen mit einer positiven Denkweise besser davon überzeugen kannst, dass wir jetzt handeln müssen, um den Wald zu retten!

Mit diesem Denken habe ich meine Rolle im Aktivismus für die Umwelt definiert. Ich sehe mich selbst als Mediator, als jemand, der dokumentiert und aufklärt.

Die Zeit der Konfrontation ist für mich vorbei. Ich habe erkannt, dass ich als Person mit mehreren Hunderttausend Followern eine extreme Reichweite habe. Und diese Reichweite will ich für den Wald verantwortungsvoll nutzen. Denn ich weiß, dass ich mit meiner Aufklärungsarbeit auch viele Menschen erreiche, denen das Thema Umweltschutz eher fremd ist.

***

»Danke für deinen Beitrag! Deine Zielgruppe schneidet sich nicht zwangsläufig mit den Aktivisten. Ist gut, dass du Aufmerksamkeit auf so was bringst.« So lautet ein Kommentar unter meiner Dokumentation über den Dannröder Wald. Und dieser Mensch hat recht. Früher war das so. Doch was mittlerweile meine alten und neuen Followerinnen und Follower eint: Die meisten folgen meinen Kanälen, weil sie meine Authentizität schätzen, sei es auf meinen Reisen oder bei meinem Einsatz für den Wald. Inzwischen gebe ich auch sehr viele nützliche Tipps zur Verwendung von Pflanzen als Heilmittel an Menschen weiter, was besonders bei Instagram und TikTok gut ankommt.

Was mir in den letzten Jahren aufgefallen ist: Niemand findet es gut, wenn ein Baum gefällt wird. Wirklich niemand. Aber aktiv etwas dagegen unternehmen? Diesen Schritt gehen die Wenigsten. Dabei müssen wir uns immer wieder vergegenwärtigen: Wenn der Wald nicht überlebt, werden wir Menschen es auch nicht.

Ein gesunder Wald ist unser wichtigster Verbündeter im Kampf gegen die Erderwärmung. Bäume binden

Kohlenstoffdioxid (CO_2) und wandeln es in Sauerstoff um. Sie wirken so dem menschengemachten Klimawandel entgegen.

Der Wald ist aber auch wichtig für die Biodiversität. Wenn wir das Artensterben aufhalten wollen, müssen wir den Wald retten!

Jedes Jahr verlieren wir in Deutschland mehrere Hunderttausend Hektar Wald. Nein, wir verlieren sie nicht, wir zerstören sie mit unserer egozentrischen Lebensweise!

Das klingt nach einem sehr negativen Narrativ und das ist es auch. Aber wir haben keine Zeit mehr, um Dinge schönzureden. Ich sehe das Waldsterben jeden Tag und es zerreißt mir das Herz. Die gute Nachricht lautet: Es ist noch nicht zu spät, diesen Prozess aufzuhalten. Aber dafür müssen wir alle etwas unternehmen.

Das, was die Aktivistinnen und Aktivisten tun, ist wichtig. Sie leisten aktiv Widerstand gegen die kapitalistische Umweltzerstörung und machen es den Konzernen so schwer wie möglich, ihre Agenda durchzusetzen.

Menschen wie Dave, die sich in Lützerath, dem Hambacher oder dem Dannröder Wald mit allem, was sie haben, gegen Bagger und Abholzungsmaschinen stemmen, sind der Stachel in der Wunde. Eine Alarmanlage, die Speerspitze. Sie überschreiten bewusst Grenzen bei ökologischen Themen, damit wir und die Politik hinschauen. Das sorgt für Unverständnis und Wut bei manchen Menschen.

Aber warum treten Menschen diesen Aktivistinnen und Aktivisten mit so viel Hass und Verachtung entgegen? Wenn ich Bilder von Autofahrern sehe, die aggressiv gegen Menschen, die sich auf eine Straße kleben, vorgehen, dann begreife ich beide Seiten. Ich kann verstehen, wenn Menschen wichtige Termine haben oder zur Arbeit müssen. Aus ihrer Sicht richten sich die Aktionen bloß gegen ihr Leben, ihren Fleiß. Wahrscheinlich hätte ich mich vor ein paar Jahren selbst über die Aktivisten aufgeregt. Heute frage ich: Was bringen Gewalt oder Hass gegen die sogenannten Klimakleber? Sind wirklich sie die *Feinde*, gegen die sich die Wut richten sollte? Oder nicht vielmehr die Umweltzerstörer in den Hinterzimmern der großen Konzerne, die alle gegeneinander ausspielen?

Was regt euch mehr auf? Ein paar Leute, die sich auf die Straße kleben, oder Unternehmen, die unsere Umwelt zerstören, und eine Politik, die das zulässt?

Jeder vernünftige Mensch würde sich nach kurzem Überlegen wohl für Letzteres aussprechen.

***

Jetzt fragst du dich vielleicht, ob du dich auch monatelang an einen Baum ketten musst, deine Wohnung gegen ein Baumhaus eintauschen sollst oder dich am besten jedes Wochenende auf die Straße klebst. Der erste Schritt in eine bessere Zukunft ist folgender: Werde ein *bewusster Mensch*, der die Bedürfnisse von Mutter Natur erkennt!

Was heißt es, ein *bewusster Mensch* zu sein? Zuerst sollten wir begreifen, dass wir Teil eines empfindlichen Ökosystems sind, das wir mit jeder noch so kleinen Handlung beeinflussen. Immer. Rund um die Uhr.

Wir sind Teil der Natur, aber wir haben uns von ihr entfremdet. Zerstören wir sie, und damit auch den Wald, zerstören wir uns selbst und unsere menschliche Vergangenheit.

Ein Mensch, der diese Tatsachen klar vor Augen hat, muss anders handeln und denken als ein Mensch, der sich unserer Verbundenheit zu Natur nicht bewusst ist. Du bist ein Kind des Waldes! Deine Vorfahren vor vielen Tausend Jahren lebten mit ihm im Einklang. Aber jetzt stehen wir vor einer großen Katastrophe. Unser Wald braucht uns!

Wir werden diese Katastrophe nur aufhalten können, wenn wir uns als Gemeinschaft ändern. Und das heißt auch, dass wir als Individuen mit gutem Beispiel vorangehen. Es ist Zeit, Gewohnheiten und Traditionen zu überdenken. Du hilfst damit nicht nur der Umwelt, sondern vielleicht sogar deiner eigenen Gesundheit und sogar deinem Geldbeutel. Um dir den Start zu erleichtern, habe ich zehn Punkte zusammengestellt, die du einfach in dein Leben integrieren kannst, um der Umwelt zu helfen und ein bewussterer Mensch zu werden:

1. Bewusstsein und Informationen: Dass du dieses Buch gelesen und vielleicht aus meiner Geschichte etwas für dich gelernt hast, ist schon mal ein positiver erster Schritt. Als Nächstes könntest du dir noch mehr Informationsmaterial zum Thema Umwelt besorgen. Es gibt unzählige wunderbare Bücher, Artikel und Filme, die sich in diesem Zusammenhang mit meinem Spezialgebiet, dem Wald, beschäftigen. Aber

du kannst auch priorisieren, was dich am meisten interessiert. Vielleicht sind es bei dir ja die Ozeane.

2. Respektiere den Wald. Das heißt, wenn du im Wald bist, hinterlasse keinen Müll und bleibe auf den Pfaden, um junge Bäume nicht zu beschädigen und die Tiere in ihrem Lebensraum nicht zu stören.
3. Konsumiere bewusst: In den letzten Jahren habe ich angefangen, Textilien oder Möbel Second Hand zu kaufen oder zu tauschen. Ob du es mir glaubst oder nicht, in meinen erfolgreichsten YouTube-Videos trug ich schon häufig Vintage-Klamotten und gerade diese kamen immer besonders gut an. Um unserem unstillbaren Holzhunger entgegenzuwirken, würde ich mir wünschen, dass wir Hölzer und Holzprodukte im großen Stil re- und upcyclen. Achte auch bei Lebensmitteln und Kosmetika darauf, ob sie Palmöl enthalten. Für den Anbau der Palmen zerstören Konzerne den Regenwald, was überaus negative Auswirkungen auf alle Ökosysteme hat.
4. Pflanze Bäume! Finde heraus, ob es Anpflanzungsprojekte in deiner Nähe gibt, die eine helfende Hand suchen. Falls du einen Garten hast, pflanze dort ein paar Bäume. Die Früchte, die man selbst erzeugt hat, schmecken am besten.
5. Engagiere dich. Informiere dich über lokale Gruppen, die sich für den Waldschutz einsetzen. Oftmals sind es kleine Aktionen wie das Aufsammeln von Müll oder Plastik, die einen enormen Einfluss haben können, wenn sich viele Menschen beteiligen.
6. Selbstversorgung: Um zu verstehen, was der Wald und die Natur uns schenken, muss man wissen,

welche essbaren Pflanzen es zu entdecken gibt. In der Stadt zu leben ist keine Ausrede. Löwenzahn, Brennnessel, Giersch, Wegerich und Vogelmiere sind Beispiele für Wildpflanzen, die in der Stadt wachsen. Also zieh los und mach dir einen leckeren Großstadtsalat! Das ist gesund und spart Geld. In vielen Städten gibt es großartige Urban-Gardening-Projekte und auf jeden Balkon passen ein paar Pflanzen.

7. Stell dir einfach selbst die Frage, ob du jeden Tag Fleisch essen musst. Die industrielle Fleischindustrie ist eine der Hauptursachen für den menschengemachten Klimawandel - und auch für die Abholzung großflächiger Waldgebiete. Zudem ist es ungesund, sich jeden Tag Billigfleisch reinzuziehen: Das Risiko, an bestimmten Krebsarten, Diabetes, Fettleibigkeit oder Herzleiden zu erkranken, steigt durch übermäßigen Fleischkonsum. Plant-Based-Produkte füllen in unseren Supermärkten immer mehr Regale und das ist gut so. Nur eine Umstellung hin zu mehr pflanzlicher Grundnahrung wird die Klimakatastrophe aufhalten. Falls du dich über vegan oder vegetarisch lebende Menschen lustig machst, frag dich, ob das wirklich eine gesunde Grundhaltung ist, da diese Menschen in ihrem Essverhalten aktiv dafür sorgen, dass die massive Umweltzerstörung für den Fleischkonsum eingedämmt wird.
8. Hol den Wald zu dir nach Hause. Um zu verstehen, wie wichtig und wohltuend Pflanzen sind, musst du sie in deinen Alltag integrieren. Das wird nicht nur dein Zuhause schöner machen, sondern dich auch

mental stärken. Und du lernst viel über die Lebensweise der Pflanzen und ihre Pflege.
9. Suche dir positive Vorbilder. Menschen, die die Welt nachhaltig verändern und veränderten, gibt es genug. Solch vorbildhafte Personen motivieren dich vielleicht, auch selbst aktiver zu werden.
10. Vonne Straße innen Wald! Du hast genug gelesen und möchtest raus in die Natur. Suche nach Workshops und Outdoorwochenenden, in denen du direkt im Wald mehr über ein Leben im Einklang mit der Natur lernen kannst. Ich selbst biete neben meiner Arbeit im Tattoostudio eine Vielzahl von Kursen an Wochenenden mit meiner Firma Natur&Survival an.

Ich hoffe, diese Punkte konnten dich inspirieren, wie du die Umwelt schützen kannst und so auch dein Leben besser machst. Die Zeit, nach links und rechts zu schauen und über andere zu meckern, ist vorbei. Nur wenn wir als Einzelpersonen unsere Lebensweise ändern, werden wir auch als Gesellschaft Fortschritte machen. Wenn auch du keinen Bock mehr auf Gelaber hast, dann fang jetzt an. Es sind die kleinen Schritte, die zu großen Veränderungen führen können.

***

Zum Abschluss möchte ich dich noch zu einem positiven Gedankenexperiment einladen. Zurzeit leben knapp 84 Millionen Menschen in Deutschland. Stell dir mal vor, was passieren würde, wenn jeder von ihnen nur einen Baum pflanzte. 84 Millionen Bäume. Und dann stell dir vor, wie Deutschland in 40 Jahren aussehen könnte, wenn wir das jedes Jahr machen würden. Eine beeindruckende Vorstellung. Eine Vorstellung, die mich Hoffnung schöpfen lässt.

Natur als Therapieform

Als ich Benjamin sah, wie er in den Wald rannte, sah ich mich selbst. Ich sah den kleinen Max, der sich selbst in seiner Kindheit verloren fühlte. Den kleinen Max, der auch immer weggerannt war, um seinen Gefühlen zu entkommen.

Als ich mich neben Benjamin setzte, versuchte er seine Tränen zurückzuhalten. Er war ein kleiner Kämpfer. Sein Leben lang musste er kämpfen. Deswegen dachte er vielleicht, dass er auch an diesem Tag im Wald kämpfen müsse. Denn wenn man die ganze Zeit kämpft, dann sieht man irgendwann nur noch Gegner. Aber weder die Pädagoginnen und Pädagogen, die ihn betreuten, noch ich waren das. Im Kopf des Jungen war fest einprogrammiert, dass er nur dann Aufmerksamkeit bekam, wenn er sich auffällig verhielt. Menschen wie ich kennen das. Wie ihr nun wisst, habe ich selbst jahrelang alles dafür getan, möglichst auffällig zu sein, um beachtet zu werden.

Benjamin war eines der Kinder, die an einem meiner ersten Kurse für Kinder und Jugendliche teilnahmen und in einer stationären Einrichtung für junge Menschen mit herausfordernden Verhaltensweisen leben.

Viele dieser Mädchen und Jungen kommen aus schwierigen Verhältnissen. Armut, Vernachlässigung und Drogenmissbrauch. Oft wurden sie von Heim zu Heim, von Schule zu Schule gereicht. Ich selbst bin zwar in einigermaßen stabilen Verhältnissen aufgewachsen, hatte aber seit meiner frühen Jugend mit ähnlichen Problemen wie diese Kids zu kämpfen. Depressionen, Missbrauch von Alkohol und anderen Substanzen und dieses verdammte Gefühl der Verlorenheit. Gerade deshalb kann ich diesen jungen Menschen heute zeigen, wie der Wald ihnen dabei helfen kann, besser mit ihren Problemen zurechtzukommen.

»Jetzt hörst du aber auf, uns ständig zu unterbrechen, und machst mal richtig mit.« Diese entnervten Worte einer Betreuerin hatten dazu geführt, dass Benjamin mit den Worten »Ich habe keinen Bock mehr« weiter in den Wald gerannt war. Mit verschränkten Armen saß er auf einem alten Baumstamm. Ich wusste sofort, dass er mit seinem Verhalten nur überspielte, dass er eigentlich tieftraurig war. Den anderen betreuenden Personen gab ich Anweisungen für die Gruppe, folgte Benjamin und setzte mich vorsichtig neben ihn. Wir schwiegen für ein paar Sekunden. Dann fing er an zu reden.

»Seit ich fünf Jahre alt bin, komme ich jedes Jahr in ein anderes Heim. Ich werde jetzt bald neun. Weißt du, wie scheiße sich das anfühlt, wenn deine Eltern dich nicht wollen?« Tränen liefen seine Wangen hinab.

»Ich kann mir nur vorstellen, was du durchmachst«, antwortete ich wahrheitsgemäß und gab ihm ein Taschentuch. »Ich habe das nie erlebt. Aber ich weiß, wie es ist, wenn man einsam ist und nicht weiß, wo man hingehört. Und wie es ist, wenn man ständig machen muss, was andere sagen.«

»Und wie hast du es geschafft, damit klarzukommen?«

»Tja, das geht nicht von heute auf morgen, aber es geht.« Ich erzählte ihm eine kindgerechte Version meiner Vergangenheit und versprach ihm, dass ich ihm Lösungen aufzeigen würde. Dann gingen wir zurück zu den anderen.

Trotz der professionellen Distanz, die ein Coach wahren muss, sind solche Momente der Nähe wichtig, um die Kinder und Jugendlichen zu erreichen.

Am Abend, die Dämmerung hatte schon eingesetzt, machten wir mit der ganzen Gruppe ein großes Lagerfeuer und jeder erzählte, wie er den Tag fand. Als Benjamin zu Wort kam, war ich gespannt.

»Ich fand den Tag ziemlich gut. Kommen Max und seine Jungs uns öfter besuchen?« Er schaute zu seiner Betreuerin. Das ging mir ans Herz. Während seiner Zeit in der Einrichtung besuchten wir ihn noch ein paarmal und die Tage im Wald hatten wohl eine nachhaltige Wirkung auf ihn. Er konnte jetzt deutlich besser mit seinen negativen Emotionen umgehen, wenn er regelmäßig Zeit in der Natur verbrachte.

* * *

Natur als Therapie? Wald als Therapie? Kann das funktionieren? Diesen Fragen bin ich selbst nachgegangen, als ich mich von meiner Vergangenheit gelöst habe.

Mir hat die Natur sehr dabei geholfen, mit mir selbst ins Reine zu kommen. Lange Spaziergänge im Wald,

Meditieren im Grünen oder unter meinem Baum und die kurze, aber intensive Zeit mit einem Coach führten dazu, dass ich mich immer mehr mit lösungsorientierter Psychologie im Zusammenhang mit Naturerlebnissen auseinandergesetzt habe. Parallel besann ich mich auf die Natur und ihre Bewahrung, hinterfragte meinen eigenen Lebensstil und überlegte, wie ich meine Reichweite sinnvoller nutzen könnte. Ich denke, diese Entwicklung lässt sich in den vorangegangenen Kapiteln gut nachvollziehen.

Parallel dazu machte ich eine zertifizierte Ausbildung zum Survival- und Outdoor-Coach, wofür ich regelmäßig nach Berlin fuhr. Diese Ausbildung ist von der Berliner Senatsverwaltung für Integration, Arbeit & Soziales anerkannt.

Seitdem biete ich Kurse für Privatpersonen oder Unternehmen an und arbeite mit verschiedenen sozialen Trägern in der Kinder- und Jugendarbeit. In den Kursen geht es nicht nur darum, wie man dreckiges Wasser filtert oder giftige von genießbaren Pflanzen unterscheidet. Ich möchte den Menschen mitgeben, wie die Natur ihr Leben sowie ihre mentale und körperliche Gesundheit fördert und sie im Umkehrschluss dazu bewegen, ihr eigenes Verhältnis zur Natur zu überdenken.

Denn nur wenn wir uns selbst als Teil der Natur begreifen und ihren großen Nutzen erkennen, werden wir auch beginnen, unser Leben aktiv zu ändern und die Natur zu schützen.

***

Falls du dich jetzt fragst, ob es belegbare Hinweise dafür gibt, dass der Wald wirklich eine heilende Wirkung hat, kann ich dir ein ganz klares »Ja« als Antwort geben. Zuerst möchte ich meine eigenen Beobachtungen mit dir teilen. Während der letzten Jahre habe ich folgende positive Effekte des Waldes auf die Teilnehmerinnen und Teilnehmer meiner Kurse und natürlich auch auf mich beobachtet:

1. Stressreduktion: Der Wald trägt dazu bei, dass der Stresspegel der Menschen sinkt. Wichtige Faktoren sind die Ruhe und die angenehmen Sinnesreize wie Vogelgesänge oder die reine Luft. Wald kann Entspannung pur sein, wenn man sich darauf einlässt. Es lohnt sich wirklich, das Smartphone auch mal auszuschalten. Außerdem gibt es noch die Terpene, die Duftstoffe der Bäume. Sie haben auf uns eine entspannende Wirkung – ähnlich wie eine Aromatherapie. Und welche Heilkraft in ihnen steckt, wirst du nach ein paar weiteren Seiten erfahren.
2. Soziale Interaktion: Vom sanften Zusammenleben im Ökosystem Wald können wir viel für unser Zusammenleben lernen. Bäume, kleinere Pflanzen, Tiere und Mikroorganismen leben in einer perfekten Symbiose zusammen, um die Natur im Gleichgewicht zu halten. Jeder hat eine wichtige Funktion. Für unsere Gesellschaft heißt das: Je harmonischer und fairer wir miteinander umgehen, desto besser wird auch das Leben aller Menschen.
3. In der Natur zu überleben geht oftmals auch nur zusammen. Die Teilnehmerinnen und Teilnehmer

der Kurse müssen häufig als Gruppe handeln und agieren. Dabei entsteht ein Austausch zwischen den Menschen und zwischenmenschliche Bindungen werden gestärkt. Gerade für Jugendliche, die in ihrem Leben wenig Zusammenhalt erfahren haben, kann das eine prägende Erfahrung sein.

4. Mehr Bewegung: Körperliche Aktivität wirkt sich positiv auf unsere Gesundheit aus. Wer regelmäßig im Wald spazieren oder wandern geht, tut nicht nur seiner Psyche etwas Gutes, sondern hält auch den Körper fit. Gerade Menschen, die Berührungsängste mit Sport haben, können so eine gesunde Routine in ihren Alltag bringen.
5. Verbesserung von Konzentration und Kultivierung von Achtsamkeit: Gerade bei jungen Menschen beobachte ich immer wieder, wie kurz ihre Aufmerksamkeitsspanne ist. Wer sich bewusst auf das Hier und Jetzt in der Natur einlässt, kann auch die eigene Konzentrationsfähigkeit steigern. Abends an den Lagerfeuern ist der Effekt besonders stark zu erkennen, wenn wirklich jeder jedem zuhört oder man einfach still dem Knistern des Feuers lauscht.
6. Förderung der psychischen Gesundheit: Das, was der Wald mit Benjamin gemacht hat, konnte ich bei vielen beobachten. Nicht nur die heilsame und entspannende Umgebung helfen den Menschen, ihre Sorgen zu vergessen und sich zu öffnen. Der Kontakt zur Natur und das Entdecken des Lebens außerhalb des urbanen Umfeldes können positive Gefühle hervorrufen, die nachhaltig bleiben. Wenn

diese Verknüpfung gelingt, kann jeder einen geschützten Rückzugsraum in der Natur finden.

Ähnliche Beobachtungen stellten in den Achtzigerjahren auch schon japanische Ärzte und Wissenschaftler auf. In Japan ist Shinrin-Yoku, was übersetzt »Waldbaden« bedeutet, eine anerkannte Form der Naturtherapie. Einer der Vorreiter dieser Praxis ist der anerkannte Immunologe Dr. Quing Li, klinischer Professor an der Nippon Medical School in Tokio. Seit über 30 Jahren forscht er zur Heilkraft des Waldes. Und dass seine Methode wirkt, ist schwer zu bestreiten. Wer regelmäßig und vor allem bewusst waldbadet, kann Stress reduzieren, seinen Stoffwechseln ankurbeln und das Herz-Kreislauf-System fit halten. Wer sich näher mit dem japanischen Waldbaden beschäftigen möchte, dem empfehle ich das Buch von Dr. Li, *Die wertvolle Medizin des Waldes,* das mir sehr geholfen hat.

Seit einigen Jahren verfolge ich aufmerksam Studien und Medienberichte zur heilenden Wirkung des Waldes, um Rückschlüsse für meine eigenen Beobachtungen zu ziehen.

Im April 2020 stieß ich auf einen interessanten Artikel des Norddeutschen Rundfunks, der verschiedene Ergebnisse zum Thema Waldbaden zusammenfasste. Laut dem Beitrag erschien eine der ersten Studien zur Heilkraft des Waldes 1984 im Wissenschaftsmagazin *Science.*

Allein der Anblick von Bäumen, die visuelle Wahrnehmung, soll bereits einen positiven Effekt auf die Genesung von kranken Menschen haben. Die Patienten, die nach einer Operation aus dem Fenster ihres Krankenzimmers in eine grüne Umgebung schauten, wurden schneller gesund als die Patienten, die nur eine Mauer vor dem Fenster hatten. Außerdem brauchten die Personen, die Bäume beobachten konnten, weniger Schmerzmittel.

Das, was ich da las, fand ich wirklich faszinierend. Mein Jugendfreund Phil hatte jahrelang mit einer schweren Abhängigkeit von chemischen Drogen zu kämpfen. Als Phil mal wieder in einer Entgiftung war, bekam er gegen die Symptome seiner Sucht jeden Tag einen Haufen Medikamente.

»Ich bin hier, um von den Pillen wegzukommen, und ihr stopft mich mit noch mehr Zeug voll, als ich vorher genommen habe«, hatte Phil zu dem Arzt gesagt. Und während er den Satz ausgesprochen hatte, schaute er aus dem Fenster der Klinik. Er sah die Wälder, die das Gelände umgaben, und verstand in dem Moment, dass die Lösung direkt vor seinen Augen lag. Er reduzierte die Medikamente gegen die Entzugserscheinungen und unternahm stattdessen lange Spaziergänge im nahe gelegenen Waldstück.

Heute ist Phil clean und einer meiner wichtigsten Mitstreiter im Kampf gegen das Waldsterben. Auch er ist inzwischen ausgebildeter Naturcoach.

***

Ich kenne viele Menschen mit Suchtproblemen. Manche von ihnen kämpfen immer noch mit ihrer Abhängigkeit. Was sie aber alle eint, ist das Folgende. Immer wenn sie versuchen, von einem Stoff runterzukommen, gehen sie in die Natur. Dort kommen sie zu Kräften und können entspannen. Auch ohne Substanzen! Die Rückfälle kommen dann meistens ein paar Tage später, wenn sie wieder in ihrem toxischen, oft urbanen Umfeld sind.

All diese Menschen, die mit einer Drogensucht zu kämpfen haben, wollen eigentlich nur eins: glücklich sein, negative Emotionen verdrängen und sich ausgeglichen fühlen. Ich weiß, dass der Wald einem das Glücksgefühl geben kann, das man in einer Droge sucht. Ich habe es selbst erlebt! Wald wirkt!

Ich würde mir wünschen, dass mehr Kliniken auf die Natur als Therapiemöglichkeit setzen. Denn der Wald kann nicht nur bei der Drogenprävention helfen, sondern auch, ich kann es nicht oft genug wiederholen, bei der Heilung von Suchkrankheiten und psychischen Problemen ein wichtiger Faktor sein. In einer Studie war ein Therapieprogramm für Menschen mit Depressionen sogar erfolgreicher, wenn es im Wald stattfand anstatt in einer Klinik.

In Japan ist man schon weiter als in Deutschland. Dort sind Naturtherapien ein wichtiger Bestandteil der Gesundheitsversorgung. Es gibt sogar eigene Naturtherapiezentren. Ein Therapieangebot dort: Einfach mit einer Hängematte in den Wald legen. So einfach kann es sein!

Deutschland hinkt da noch deutlich hinterher. Aber auch bei uns tut sich was. Eine Kooperation zwischen den Lehrstühlen »Wald- und Umweltpolitik« der Technischen Universität München und »Public Health und Versorgungsforschung« der Ludwig-Maximilians-Universität kündigte 2018 an, sich in den nächsten

Jahren intensiv mit dem Thema Heilkraft des Waldes auseinanderzusetzen. Ein Schritt, den ich wirklich begrüße. 2019 gab es sogar ein Forschungsprojekt der Technischen Universität München mit dem Titel »Wälder in der Therapie – Wie die Heilkraft der Wälder künftig in Kliniken zum Einsatz kommen könnte«. In der Zusammenfassung des Artikels der Bayerischen Landesanstalt für Wald- und Forstwirtschaft zu dem Projekt heißt es, dass sich schon jetzt die Vertreter eines Großteils der Kliniken vorstellen können, künftig noch mehr Therapien im Freien durchzuführen. Und weiter: »Sollte sich herausstellen, dass der Wald im Vergleich zu anderen Grünräumen eine besondere gesundheitsfördernde Wirkung hat, wird der Anteil der Kliniken wachsen, die den Wald gezielt in der Therapie einsetzen.«

***

Ich weiß, dass der Wald im Vergleich zu anderen Grünräumen besonders gesundheitsförderlich ist! Wir brauchen mehr Forschung und Studien in Deutschland zu dem Thema! Andere Universitäten müssen dem Beispiel aus München folgen. Damit der Anteil der Kliniken in Deutschland, die den Wald als Therapie nutzen, wirklich wächst.

Die Ergebnisse einer großen Studie des Umweltpsychologen Marc Berman aus dem Jahr 2015 an der Universität Chicago finde ich ebenfalls interessant. Je weniger Bäume in einem Wohnviertel stehen, desto höher ist die Gefahr, an Zivilisationskrankheiten wie

Herz-Kreislauf-Schwäche, Diabetes oder Bluthochdruck zu erkranken.

Auch ein Versuch des von mir geschätzten Professors Qing Li fand in dem Artikel des NDR Erwähnung. Für eine Studie seiner Universität übernachteten unter seiner Leitung zwölf Personen in einem Hotel. Bei der Hälfte der Testpersonen wurde die Atemluft mit Waldluft gemischt, die Terpene enthält. Das Ergebnis: Die Hotelgäste, die die Waldluft einatmeten, hatten in ihren Blutproben eine deutlich höhere Zahl und Aktivität von körpereigenen Killerzellen. Also den Zellen, die beispielsweise das Wachstum von Krebs behindern.

»Mein Experiment hat gezeigt, dass die Terpene Immunzellen wie die natürlichen Killerzellen stimulieren, und das verstärkt die Wirkung der Immunfunktion«, hatte Dr. Li dem Artikel zufolge gesagt. Können wir mit der Hilfe des Waldes vielleicht irgendwann sogar Krebs heilen? Das wird die Zukunft zeigen. Ich verfolge die Forschung von Dr. Li und seinem Team weiterhin mit großem Interesse.

***

Ebenfalls sehr aufschlussreich war für mich ein Interview mit der Rostocker Ärztin Karin Kraft in der *National Geographic*. Sie zertifiziert Heilwälder für das Land Mecklenburg-Vorpommern, ein Bundesland, das bei dem Thema eine Vorreiterstellung einnimmt. Das Konzept Gesundheitswald stammt aus – wie soll es anders sein – Japan und Südkorea. Der Gesundheitswald lässt sich in zwei Untertypen aufteilen: den Kurwald und den

Heilwald. Beide Typen wurden in Mecklenburg-Vorpommern definiert und gesetzlich festgeschrieben. Seit 2017 gibt es in dem Bundesland an der Ostsee den ersten gesetzlichen Kur- und Heilwald im Ostseebad Heringsdorf auf der Insel Usedom. Während der Kurwald die Gesundheit in der Breite fördert und präventiv wirkt, sind die Therapiemöglichkeiten im Heilwald auf spezielle Krankheiten ausgerichtet.

Laut Frau Kraft ist ein Heilwald im besten Fall ein natürlicher Mischwald. Ein feuchter Wald hat einen größeren Heileffekt als ein trockener. Aber auch die Lage ist wichtig. Je weiter weg der Wald von Industrie oder Massentierhaltung ist, desto besser für unsere Gesundheit.

Ein Punkt aus dem Interview hat mich wirklich überrascht: Laut Frau Kraft gab es bereits während der Tuberkulose-Epidemie um das Jahr 1900 herum von Naturheilvereinen betriebene »Waldbadeanstalten«. Und für kranke Kinder seien Waldkinderschulen eingerichtet worden, wo sie sich im Wald auskurieren konnten.

Wissenschaftlich begleitet seien diese Maßnahmen damals allerdings nicht worden – die Hochschulmedizin habe vor allem die pharmazeutische Forschung unterstützt. Diese Aussage stimmte mich nachdenklich. Wären wir in Deutschland vielleicht schon viel weiter in der Forschung zur Heilkraft des Waldes, wenn die Schulmedizin damals andere Prioritäten gesetzt hätte? Über 100 Jahre später ist das eine Frage, die man nur im Konjunktiv beantworten kann.

Was wir aber beeinflussen können, ist die Gegenwart.

Als Coach, der viele eigene Beobachtungen aufgestellt und sich einiges an Wissen angelesen hat, habe ich deswegen einfache Ratschläge für dich, wie du deine Gesundheit mit Hilfe des Waldes verbessern kannst. Das wichtigste Stichwort dabei: »Ursprung«. Der Wald ist eines unserer ursprünglichen Biotope. Vielleicht das Ursprünglichste.

Unsere Entwicklung begann am Rande der tropischen Urwälder Afrikas. Viele Menschen überall auf der Welt lebten über Jahrtausende in Wäldern. Ihre Vegetation bot uns Schutz vor Raubtieren und schenkte uns Nahrung. Wir verließen diese Biotope irgendwann, um in Städten zu leben. Städte, die uns heute durch Lärm und Abgase krank machen. In den Wald zu gehen bedeutet also, dem eigenen Ursprung näher zu kommen. Und je näher wir an unseren Ursprung zurückkehren, desto weniger künstliche Bedürfnisse müssen wir bedienen, die uns unglücklich machen, wenn wir sie nicht erfüllen. Die künstlichen Bedürfnisse sind ein Produkt unserer kapitalistischen Leistungsgesellschaft. Gerade auf junge Leute wird durch Werbung und Marketing ein enormer Druck ausgeübt, Trends folgen zu müssen, Schönheitsideale zu erfüllen und möglichst viele Statussymbole anzuhäufen. Ihr wisst selbst, in welchem Ausmaß ich diesem Irrglauben lange Zeit angehangen habe.

Auf dieser Grundannahme, dass wir uns in einem Konflikt zwischen dem Ursprungswunsch und den künstlichen Bedürfnissen befinden, baut mein 20-Minuten-Programm auf. Es kann dir dabei helfen, diesen Konflikt zu lösen und damit etwas für dein Wohlbefinden zu tun.

Du kannst es ganz einfach für dich anwenden, indem du einmal am Tag für 20 Minuten in den Wald gehst.

Setze dich, im Wald angekommen, unter einen Baum und meditiere oder mache einen ausgiebigen Spaziergang. Wichtig ist, dass du dabei achtsam bist. Atme die Waldluft bewusst ein, lausche den Geräuschen nicht nur mit deinen Ohren, sondern mit deinem Herzen. Hebe Blätter und Zweige auf und berühre den Waldboden. Spüre mit deinen Fingern, wie sich das anfühlt, und schließe dabei die Augen. Es gibt so viele Dinge in der Natur, die deine Sinne anregen.

Sei dir bewusst darüber, dass dies der Ort ist, an dem du im wahrsten Sinne des Wortes einfach Mensch sein darfst.

Wichtig ist, dass du dein Smartphone zu Hause lässt. Am besten machst du es schon eine Stunde vor deinem Waldbad aus, um bereits entspannt im Wald anzukommen.

Wenn du im Wald bist, wirst du dich von den künstlichen Bedürfnissen lösen können. Hier ist es egal, ob du die neueste Markenkleidung trägst oder wie viele Likes du auf Instagram hast. Je mehr Zeit du im Wald verbringst, desto leichter wird es dir fallen, dich auch im Alltag davon zu lösen. Und das wird letztlich zu einer größeren inneren Zufriedenheit führen. Reduziere dein Leben auf die wichtigen Dinge: eine gesunde Ernährung, genug Bewegung und ein ausgeglichenes Sozialleben. Mehr brauchst du nicht! Und der Wald wird dir dabei helfen, das zu erkennen. Back to the Roots! Zurück zum Ursprung.

Epilog

Es gibt Momente, in denen ich nicht glauben kann, dass all die Dinge, die ich erlebt habe, in einem Leben passieren können. Während ich dieses Buch schrieb, stand ich in meiner Lebensmitte. Man könnte es eine Halbzeitbilanz nennen. Ehrlich gesagt gab es eine Zeit, in der ich nicht daran geglaubt habe, überhaupt mal so alt zu werden. Viele Momente, in denen ich froh war, überhaupt den morgigen Tag erleben zu dürfen! Das Leben hat mich dennoch bis hierhergetragen. Dafür bin ich sehr dankbar.

Ich erinnere mich noch gut an die Worte des »Bahnhofspropheten«: »Dein Herz wird den Frühling erleben, Wurzeln schlagen, grüne Blätter werden sprießen. Aber erst kommt der Winter, erst kommt der Winter. Und er kommt schneller, als dir lieb ist.« Erfüllt sich gerade seine Prophezeiung? Ich weiß es nicht. Dafür weiß ich mit Sicherheit, dass sich in meinem Leben entscheidende Dinge verändert haben. Und ich bin mir sicher, dass sich zumindest die Sicht auf so manches auch bei dir verändert hat, wenn du dieses Buch ausführlich gelesen hast.

Es sind nicht die Statussymbole, die wahren Wert enthalten. Es darf auch keine Depression sein, die schleichend unser Glück frisst. Die Freude am Leben und am Dasein als Mensch liegt in der Natürlichkeit der Dinge. Wenn wir erkennen, dass wir nicht getrennt von der Natur existieren, sondern dass wir Natur sind, dann sind wir ganz nah bei uns selbst. Wir haben den Schlüssel zur Harmonie gefunden. Je weiter wir aber mit der Zerstörung der Welt voranschreiten, desto rostiger wird das Schloss, in das der Schlüssel passt. Weil wir nicht nur die Umwelt zerstören, sondern uns selbst. Je weiter wir uns von unserer Natürlichkeit entfernen, desto mehr materielle Befriedigung und Ablenkung suchen wir.

Am besten können wir beobachten, wie einfach es sein kann, bei uns selbst und somit bei der Natur zu bleiben, wenn wir Kinder beim Aufwachsen beobachten. Ganz objektiv betrachtet, egal, ob wir selbst Kinder haben oder nicht. Ihr Umgang mit ihrer Umwelt zeigt, dass es möglich ist, offen, liebevoll und ausgeglichen durch die Welt zu gehen.

Als meine Tochter sieben Jahre alt war, ging sie auf einem Spaziergang ganz von sich allein auf einen Baum zu und umarmte ihn. Sie erwartete dabei weder, dass der Baum mit ihr redet, noch eine Offenbarung. Es war eine natürliche Geste des *im Einklangseins mit der Umgebung*.

Da ich mir für meine Tochter, die ich über alles liebe, und alle Lebensformen auf der Welt wünsche, dass uns diese Momente erhalten bleiben, möchte ich abschließend einige Worte an euch richten:

Bäume sind das Symbol des Lebens. Der wichtigste Baustein vieler Ökosysteme. Jeder zerstörte, jeder kranke und jeder gefällte Baum bedeutet einen Eingriff in das

Ökosystem. Mit den immer drastischer werdenden Auswirkungen, die unsere Lebensweise hat, ist es an uns zu erkennen, dass es ohne Bäume für uns kein Leben geben wird.

Wir sollten nicht weiter ignorieren, dass das Maß an Annehmlichkeiten, das wir uns auf Kosten der Natur leisten, endlich ist. Auch das Maß an Gewalt, das wir anwenden, um das kurzweilige Fortbestehen dieser Annehmlichkeiten zu gewährleisten, können wir uns nicht länger leisten. In Abwandlung eines alten Spruches über das Pflanzen von Bäumen darf ich sagen: Der beste Zeitpunkt, das zu erkennen, wäre auch in meinem Leben schon vor 20 Jahren gewesen. Der zweitbeste Zeitpunkt ist jetzt. Überspringt die Fehler, die ich gemacht habe, und die Umwege, die ich gegangen bin, um letztendlich wieder nach Hause zu kommen. Nehmt Rücksicht aufeinander und die Umwelt.